オールカラーで
見やすい！

図解　これだけは
　　　知っておきたい

JN054874

改訂○版

監修　弁護士
鈴木幸子／柳沢里美

離婚の全体像をつかむ

離婚の進め方は
大きく分けて3通りです。

▶離婚の進め方には、夫婦での合意がどの段階でできるかによって
　ほぼ3通りの方法があります。

離婚以外の選択肢

```
                    夫婦で話し合う                    離婚しないと
                                                    いう選択肢も

  合意できる場合          ▶P168        合意できない場合
  協議離婚                            調停の申し立て

  夫婦と証人2名が
  離婚届に署名・押印
                                      調停での話し合い


  合意できる場合          ▶P174        合意できない場合
  調停離婚                            裁判提訴


  ごく一部の条件のみ      和解勧告により                      ▶P176
  合意できない場合       和解が成立した場合

  審判離婚              和解離婚              裁判離婚
```

実際の離婚の
約9割が協議離婚です。

▶P168

▶離婚の進め方はほぼ3通りといっても、実際のケースは
　協議離婚と呼ばれる形態がほとんどです。

離婚全体の割合

調停離婚
約9%

裁判離婚
約1%

協議離婚
約90%

離婚届

　離婚の総数を見ると、全体の9割が協議離婚となっています。夫婦間の協議（話し合い）が成立せず調停による離婚となるのは全体の1割、さらに調停でも決着がつかず離婚裁判となるのは、その中のさらに1割（全体の1%）となります。

　調停が成立するまでに、大体1年ほどかかるといわれています。さらに、裁判となればまた1年ほどの期間を要するとされます。離婚の基本はあくまでも「夫婦間の話し合い」であることを念頭に置き、話し合いに必要な知識を事前に身に付けておくことが大切だといえます。

協議離婚にあたって

協議離婚とはどのようなものか理解しておきましょう。

▶P168

▶夫婦の話し合いによって離婚することに合意し、諸条件などを決めるのが協議離婚です。

協議離婚の進め方

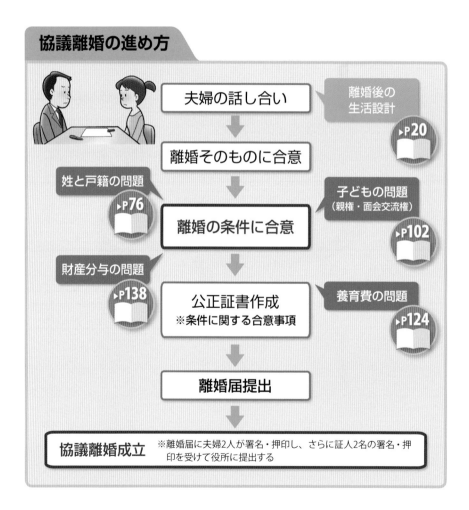

夫婦の話し合い

離婚後の生活設計 ▶P20

↓

離婚そのものに合意

↓

姓と戸籍の問題 ▶P76

離婚の条件に合意

子どもの問題（親権・面会交流権） ▶P102

↓

財産分与の問題 ▶P138

公正証書作成 ※条件に関する合意事項

養育費の問題 ▶P124

↓

離婚届提出

↓

協議離婚成立 ※離婚届に夫婦2人が署名・押印し、さらに証人2名の署名・押印を受けて役所に提出する

離婚以外の選択肢も知っておきましょう。

▶離婚にためらいがある場合、もっと話し合いたい場合などには、どのような方法があるのでしょうか。

離婚以外の選択肢

相談する ▶P40

離婚に迷っている場合や話し合いができそうにない場合、急いで決断する必要はありません。まずは夫婦で話し合いができる状態をつくりましょう。①カウンセリングを受ける、②夫婦関係円満調整調停の申し立てをする、などの方法があります。

DVから逃げる ▶P52

配偶者から暴力を受けているなら、迷う必要はありません。自分の身を守ることが何より先決です。離婚するかしないかは、安全な場所に身を置いてから考えればいいこと。まずは、身近な相談先を知っておくことが大切です。その後のことは、心身ともに落ち着いてから判断しましょう。

別居 ▶P66

配偶者が家を出てしまった場合、または自分から家を出て冷静に考えたい場合もあります。そのような場合は、離婚前に別居するのも1つの手段です。お互い距離を置くことで、かえって冷静に話し合うことができるかもしれません。

姓(氏)と戸籍

離婚したら、自分の姓と戸籍が どう変わるか知っておきましょう。

▶離婚をした際の姓と戸籍についての変化を
理解する必要があります。

 ▶P76

離婚と姓・戸籍の変化

離婚したら姓と戸籍はどう変わる？

▶結婚したときの姓と戸籍はどうだった？

❶ 新しく夫婦の戸籍をつくる

❷ 夫か妻かどちらかの姓を選択する

❸ 姓を変更しなかった者が戸籍の
筆頭者となる

▶離婚すると…

> 結婚して姓を変更した者が、結婚時の戸籍から出て旧姓に
> もどるか、結婚時の姓を継続して選択するかを決めます。

▶❶ 旧姓を選択する場合

特別な手続きなし
（「旧姓にもどる」が原則とされているため）

※ 旧戸籍（親の籍）にもどることも
新しく戸籍をつくることもできます

▶❷ 結婚時の姓を
選択する場合

「離婚の際に称していた氏を
称する届」を
提出する必要あり

子どもの姓と戸籍についての選択肢を知っておきましょう。

▶離婚したら、自分だけでなく子どもの姓と戸籍についても
考えておかなければなりません。　▶P88

離婚と子どもの姓・戸籍

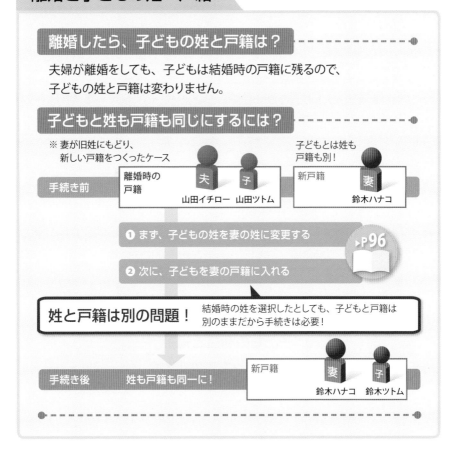

離婚したら、子どもの姓と戸籍は？

夫婦が離婚をしても、子どもは結婚時の戸籍に残るので、
子どもの姓と戸籍は変わりません。

子どもと姓も戸籍も同じにするには？

※ 妻が旧姓にもどり、
　新しい戸籍をつくったケース

子どもとは姓も
戸籍も別！

手続き前

離婚時の
戸籍

夫　子
山田イチロー　山田ツトム

新戸籍

妻
鈴木ハナコ

❶ まず、子どもの姓を妻の姓に変更する　▶P96

❷ 次に、子どもを妻の戸籍に入れる

姓と戸籍は別の問題！　結婚時の姓を選択したとしても、子どもと戸籍は
別のままだから手続きは必要！

手続き後　　姓も戸籍も同一に！

新戸籍

妻　子
鈴木ハナコ　鈴木ツトム

子どもの問題

子どもに関して取り決めておくべき問題を整理しましょう。

▶離婚する際には、
子どもの親権者を決める必要があります。

▶P102

子どもの親権

親権とは？

❶ 身上監護権（養育と教育）と義務
❷ 財産管理権（子ども名義の財産を管理）と義務
＋ 身分上の法定代理人

離婚したら親権はどうなる？

夫婦が婚姻関係　＝　共同親権

⬇ 離婚へ

夫婦の話し合いで、一方を親権者に決める
（合意できなければ調停、調停不成立なら裁判へ）

子どもの年齢	親権者判断のPOINT	生活環境
子どもの意思	子どもの利益と福祉	性　格
経済状態		生活態度

子どもと離れて暮らしても、子どもにとっては大切な親です。

▶ 面会交流は子どもの健全な成長を
助けるようなものでなければなりません。

▶P114

面会交流

面会交流とは？

子どもと別れて暮らすことになった親が、
子どもと定期的に会って交流すること

面会交流が認められるかどうかのPOINT

子どもの利益と福祉＝子どもの幸せ

YES ← のために有益？ → NO

面会交流	面会交流
認められる	**認められない**

子 離れて暮らす親からも見守られている？

面会交流で確認 ＝ 安 心 感

心身ともに健康に成長する

例
・暴力を振るう
・子どもの心を
　動揺させる
・子どもが明確に
　拒絶している…など

お金の問題

養育費について、正しく理解しているでしょうか。

▶養育費は、トラブルの多い問題の1つ。
あいまいにせず、しっかり取り決めておきましょう。

▶P124

養育費

養育費とは？

子どもが自立するまで健やかに育つために必要なお金

⬇ 離婚すると…

実際に子どもを養育している親に対し、子どもと離れて暮らす親が負担することになります。

あくまでも子どものためのお金という認識が大切！

衣　食　住　教育費　娯楽費　その他

養育費について決めておくこと

| 期 間 | 高校卒業まで、成人に達するまで、大学卒業まで…など |

| 金 額 | 両親は同程度の生活を子どもに保障する義務がある |

⬇ 夫婦の話し合いで決める

参考 **養育費算定表**
双方の年収・子どもの人数や年齢から算出する方法

| 方 法 | 毎月末までに翌月分を指定口座に振り込む…など |

⬇ 決定したら…

公正証書（強制執行認諾約款付き）を作成

財産分与の方法を知っておくこと。

▶離婚するなら、夫婦の財産を分けなければなりません。　P138

財産分与とは？

婚姻中に築いた夫婦の共有財産を清算すること

分与の割合はどうやって決める？

夫・妻それぞれがどれくらい財産の形成に寄与したか？

▶それぞれの収入にかかわらず2分の1が基本！

離婚後の年金の変化について。

▶年金分割の仕組みを正しく頭に入れておきましょう。　P26

離婚後の年金分割とは？

厚生年金の標準報酬を夫婦間で分割できる仕組み

※ 2007年4月1日以降に離婚した場合、結婚期間に対して、夫婦間の話し合いや裁判
手続きにより、年金分割の割合を決められる。

※ 2008年5月1日以降の婚姻期間のうち、第3号被保険者期間については自動的に
2分の1に分割される。

お金の問題

慰謝料について、誤解なく
知っておきましょう。

▶慰謝料は、冷静に話し合うことが難しい
　問題の1つです。

▶P152

慰謝料

慰謝料とは？

離婚の原因をつくった配偶者が、それによって
精神的苦痛を受けた相手方に対して負担する損害賠償金

慰謝料を請求できる（負担する）	慰謝料を請求できない（負担しない）

暴　力 不　貞 悪意の遺棄	双方に離婚原因がある 性格の不一致 夫婦関係破綻後の不貞

One Point Advice

慰謝料に関しては、一般的にも誤解されていることが多いのが現状です。
離婚原因をつくった配偶者によほど経済力がある場合は別として、通常
それほど多額の請求が可能なケースはあまりありません。あくまでも実情
としての支払い能力を考慮して決めるものだと理解しておきましょう。

離婚後の経済的変化をイメージしてみましょう。

▶ 離婚を考えるなら、その後の生活設計を立てておく必要があります。以下のようなものも知っておくとよいでしょう。

離婚後の生活設計

さまざまな公的支援 ▶P 24 ▶P 32

離婚してひとり親家庭になった場合、児童扶養手当や医療費助成などの公的支援が受けられます。市区町村の役所に問い合わせてみましょう。

別居中の生活費 ▶P 66

夫婦には「生活保持義務（お互いの生活を同レベルで維持するように扶養する）」があります。たとえ別居していたとしても、離婚成立前であれば**婚姻費用**として、生活費を分担する義務があります。算定表がありますので、参考にするのもよいでしょう。

離婚後の生活費 ▶P158

離婚後の生活が安定するまでの間、収入の多い側から少ない側に対して生活費を補う意味合いでの援助を、**離婚後扶養**といいます。期間や金額については、個々のケースによるので算定表などはなく、実際は財産分与や慰謝料に含めて負担されるケースが多いことを知っておきましょう。

協議離婚が成立しなかった場合、調停となります。

▶夫婦間では合意ができず、協議離婚不成立の場合は
調停を申し立てることになります。

▶P170

調停離婚の進め方

離婚を迷っていても申し立てはできる

調停の申し立て

調停室へは交代で入室するので夫婦は顔を合わせない

調停での話し合い（数回）
調停委員2名が夫・妻それぞれの話を聞き、合意点を探る

家庭裁判所

調停はいつでも取り下げられる

離婚の合意

調停委員から解決策を提示されることも

「調停調書」作成

調停離婚の届け出

「調停調書」＋「離婚届」を役所に提出

調停離婚成立

調停でも合意できなければ、最後の手段が裁判です。

▶夫婦の合意ができず調停不成立となった場合は、裁判離婚となります。

 ▶P176

裁判離婚の進め方

不貞行為　3年以上の生死不明　悪意の遺棄　強度の精神病　その他、婚姻を継続しがたい重大な事由

裁判で離婚を争うには 法定離婚原因が必要!

離婚の訴え

和解勧告
（話し合いによる解決）

和解離婚成立
というケースも

● 証拠
● 双方に対する尋問

家庭裁判所

判　決

「判決書謄本」＋「確定証明書」＋「離婚届」を役所に提出

裁判離婚成立

困ったときの相談先は

話し合いが長期化しそうなら、適切な窓口に相談しましょう。

▶離婚の方法や手続きについては、専門的な窓口に相談することで、よりよい解決に近づくことができます。

身近な窓口、法テラス ▶P230 ▶P232

離婚がトラブルに発展したとき、もっとも身近な窓口の1つが法テラスです。法テラスは解決に役立つ法制度や関係機関の相談窓口などの情報提供や無料法律相談や弁護士・司法書士費用などの立替え（利用条件あり）などを行います。解決への1つの糸口として利用するとよいでしょう。

弁護士に相談する

紹介を受けられるなら、弁護士に相談するのも1つの方法です。また、相手方が弁護士を立てていたり、実際に裁判となった場合は、弁護士に弁護を依頼した方がよいでしょう。

▶P234

配偶者暴力支援センター

男女共同参画センターや女性相談所などの中に併設されているケースが大半です。配偶者の暴力についての悩み以外にも、家庭のトラブルに関する相談を受け付けているところも多いので、問い合わせてみましょう。

▶P58

● はじめに ●

　この本を手にしたあなたは、離婚をするかしないかの分かれ道で迷っておられることでしょう。離婚の増加に歯止めがかからない昨今、「別れる」という最終的な決断が簡単にできない心境には、いつの時代も変わりはありません。

　私たちは、破綻した夫婦が無理をしながら一緒にいることが、必ずしもいいことだとは思っていません。お互いのため、そして子どものためにも、別れることで幸せになった夫婦もたくさん見てきました。

　ただ、私たちがこれまで多くの相談者から話を聞いたケースからすると、結婚しているときから自立した関係を築いている夫婦は、離婚にあたってもトラブルが少ないです。たとえば財産などは、夫と妻それぞれが対等な立場で管理していれば、離婚の際にあらためて取り決める必要も少なくなります。離婚に備えて知識をつけるというのではなく、もし別れることになってもお互いを認め合える関係であるためにも、日頃からしっかりした意識をもっていてほしいと思います。

　本書『図解 離婚のための準備と手続き』では、離婚に迷う読者の方々の助けになる知識や動向を、最新の情報をもとに豊富な図解を交えてわかりやすく説明しました。本書でさまざまな問題点をひととおり認識したうえで、個別のケースについては、それぞれの専門家から適切なアドバイスを受けるとよいでしょう。

　本書でも繰り返し述べているように、私たちは、離婚トラブルの解決において最優先すべきは「子どもの幸せ」だと考えています。離婚に際して一番の被害者は、夫でも妻でもなく子どもなのです。どんなに幼くても子どもは驚くほど親の心理を読み取り、夫婦2人の間の自分の立場を感じ、気遣う優しさをもっています。子どもは、離婚しても両親が大好きなのです。

　離婚に際してはさまざまな問題がありますが、どうかお互いの感情を抑えて、子どものことを優先的に考えて対処してほしいと強く願っています。

弁護士　鈴木幸子
弁護士　柳沢里美

CONTENTS

PART **3** 決断するなら決めるべきこと

PART 4 離婚成立までの流れ

SECTION 1 離婚の方法とは ････････････････････ 168

SECTION 2 法定離婚原因 ･･･････････････････ 180

PART 5 離婚にまつわるその他の問題

PART 6　手続き・資料

※**本書は、既刊『図解 離婚のための準備と手続き』の改訂6版です。原則として2022年12月現在の法令に基づ**いています。

編集協力／長谷川華
イラスト／大橋啓子
本文デザイン／アトリエ・ジャム
DTP／ドット・テトラ（松原卓）

現代の
離婚事情

離婚という大きな問題に
立ち向かおうとしているあなた。

悩んでいるのは
あなただけではありません。

まずは現代の離婚事情を
知っておきましょう。

疑問 1 現代の離婚事情を知りたい

どんなに円満な夫婦でも、長い結婚生活で1度や2度は「離婚」という言葉が頭をよぎる瞬間があるだろう。しかし、いざ本気で離婚と向き合うことになると、法律的な離婚の手順や解決すべき問題など、何を知っておけばいいのかと戸惑う人が大半だ。あなた自身の離婚を考える前に、現代の離婚事情をのぞいてみよう。

◆ ここ数年は減少傾向にある離婚件数

　この本を手にされたあなた。今「離婚」に向けて踏み出そうとしていますか。それともまだ迷っていますか。「離婚」にまつわる現代事情を知ることで、少しは冷静な気持ちを取り戻せるでしょうか。

　厚生労働省が発表した「令和4年度 離婚に関する統計の概況」によると、2020年の離婚件数は約19万3,000組。婚姻件数は約52万5,500組ですから、数字の上では、新婚夫婦の3分の1近くが離婚したことになります。約30年で年間の離婚件数は大幅に増加し、いまや離婚はめずらしいことではなくなりました。とくに結婚後15〜20年、あるいは20年以上たった熟年の夫婦に増加しているといわれます。

　またこの年の人口1,000人当たりの離婚率は1.57。この数字は、ロシアやアメリカには及びませんが、日本は離婚先進国といえます。離婚件数の増加は、離婚を選択しても生きていけるという社会の多様化や、結婚観が欧米諸国に近づいてきたしるしなのかもしれません。

　数字だけを見ると、過去最高だった2002年をピークに、離婚件数はほぼ毎年減少しています。2007年4月の**改正年金法実施**（☞P 26）後も減少傾向にはあるものの、「熟年離婚」という言葉が定着しつつあることからもわかるように、今後年輩者を中心に増えていく可能性も否めません。

統計に見る離婚件数の変動

離婚件数の年次推移

●平成に入ってから、離婚件数はうなぎ上りで増えました。ピークだったのは2002年。以降は減少しているものの、高い水準であることは変わりません。

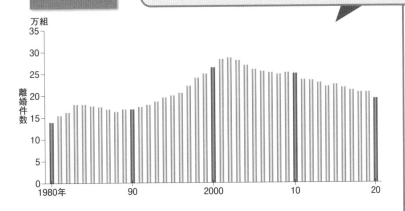

離婚の同居期間別構成割合の年次推移

●離婚した夫婦の同居期間が「5年未満」の割合は、1980年の40%未満から下降したのち、1996〜97年をピークに、その後はほぼ低下している。
一方、同居期間「20年以上」の割合は、ゆるやかに上昇している。

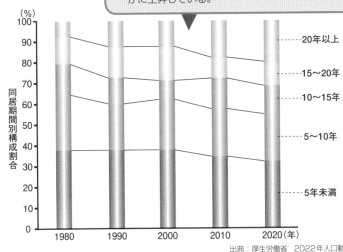

出典：厚生労働省　2022年人口動態統計

離婚にからむお金の事情

　専業主婦やパート勤務だった人の場合、経済的な自立が可能かどうかは、離婚を決断するときの切実な問題です。2007年4月より実施されている年金分割制度では、老後の生活確保を目的として、**第3号被保険者**[*1]であっても、配偶者の厚生年金の半分を上限とした年金記録を分割することができるようになりました。

　最近では、離婚時の**財産分与**（☞P 138）にあたり、配偶者の貢献度について、従来よりも重視する傾向にあります。夫婦のどちらかに、特別な技能による多くの収入がある場合は別として、原則的には、婚姻期間中に形成された夫婦の財産は2分の1ずつの権利がある、という流れになっています。また、**婚姻中に暴力でケガをさせられたような場合**（☞P 52）は、慰謝料とは別に、**独立した損害賠償を求めることもできます**（☞P 165）。

家族観の多様化・複雑化が離婚事情に影響

　現在の離婚裁判は、2004年に改正された**人事訴訟法**により、家庭裁判所で行われています。改正前に比べ、手続き[*2]がわかりやすくなり、より迅速かつ適切に審議されるようになりました。

　近年、結婚生活がすでに破綻して長い年月がたっている場合には、未成熟子[*3]がいないなどの条件のもとに、破綻の原因をつくった側からの離婚申し立てでも認めるという判例も、多く見られるようになりました。

　ただし、相手が離婚により精神的・社会的・経済的に極めて苛酷な状態におかれると認められる場合は、その状態を除去することが条件とされています。

　また、**子どもの親権**（☞P 102）についても、最近では父親の育児に対する意欲の増加や少子化などによる家族の実態の変化にともない、親権の指定や監護に関する決定をめぐる紛争が増加してきています。また、児童虐待も深刻な社会問題となってきています。このようなことから児童虐待の防止等を図り、子の権利利益を擁護するという観点から、2011年に民法や児童福祉法その他の法律が一部改正されました。

＊1 50歳以上の熟年夫婦の場合、妻の多くは第3号被保険者（会社員の配偶者など）。
＊2 2013年1月より家事事件手続法が施行され、より利便性の向上が図られた。
＊3 成人年齢に達しているかどうかに関係なく、扶養の必要性が認められる子。

生活設計

相談方法・DV・別居

姓と戸籍・親権・お金

離婚の方法・法定離婚原因

婚約破棄と事実婚の解消・外国人との離婚・婚姻

手続き・資料

離婚の許容度

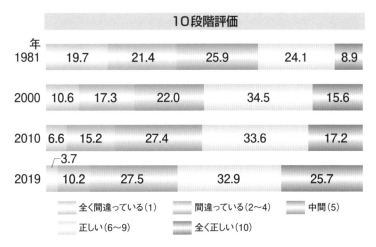

10段階評価

年					
1981	19.7	21.4	25.9	24.1	8.9
2000	10.6	17.3	22.0	34.5	15.6
2010	6.6	15.2	27.4	33.6	17.2
2019	3.7 / 10.2	27.5	32.9	25.7	

全く間違っている(1)　間違っている(2〜4)　中間(5)
正しい(6〜9)　全く正しい(10)

●離婚は正しいか、間違っているかを聞いた意識調査。1981年〜2000年の約20年間で「間違っている」と思う人と、「正しい」と思う人の割合が逆転しました。とくに「全く正しい」とする人の数は増え続けています。

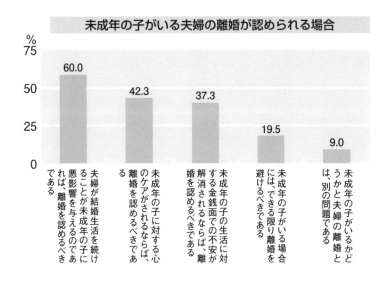

未成年の子がいる夫婦の離婚が認められる場合

%					
75					
	60.0				
50		42.3	37.3		
25				19.5	
					9.0
0					

夫婦が結婚生活を続けることが未成年の子に悪影響を与えるのであれば、離婚を認めるべきである

未成年の子に対する心のケアがされるならば、離婚を認めるべきである

未成年の子の生活に対する金銭面での不安が解消されるならば、離婚を認めるべきである

未成年の子がいる場合には、できる限り離婚を避けるべきである

未成年の子がいるかどうかと夫婦の離婚とは、別の問題である

出典：「離婚と子育てに関する世論調査」（内閣府）（https://survey.gov-online.go.jp/r03/r03-rikon/zh/z04.html）を加工して作成

◆ 「離婚」すれば幸せになれるのか

　近年の離婚率の高さから見ても、離婚はすでに特殊なことではなく、経済的な面からも、以前と比べれば離婚しやすい社会状況が整ってきたように見えます。しかし、離婚に対するハードルが昔に比べて低くなっているからこそ、離婚という選択が自分にとって幸せなのかどうかをじっくり考える必要があるでしょう。

　離婚は離婚届を出せばそれで済むというものではなく、精神的にも体力的にも想像以上に大変です。2020年度の司法統計によると、離婚の申し立ての一番の理由は夫と妻どちらも「性格が合わない」でした。

　なぜ離婚したいと考えたのか、結婚生活で望んでいたことは何だったのか、改善の余地はあるのか。そして**離婚したらどのような生活になるのかを、あらかじめ考えておくことが大切**です。

　そして、離婚する際に必要な**財産分与**や**慰謝料**（☞P 152）についてはもちろんのこと、**子どもの親権**（☞P 102）や**養育費**（☞P 124）のことなど今後のことについても、きちんとした情報や知識を得て、計画を立てて準備をしておかなければなりません。

　子どものいる夫婦が離婚する場合、母親が子どもと一緒に暮らすケースがほとんどです。2016年に行われた離婚した母親への調査によると、母子家庭で一番大変なことの1位は「生活費」でした。

　また、元夫からの養育費を「もらっていない」と答えた人は半数以上にものぼっています。子どもがいる場合、離婚の原因が夫婦間の問題だったとしても、離婚後は、子どもを含めた生活のことをよく考えた方がいいでしょう。

　離婚で解決する悩みもあれば、離婚で生まれる悩みもあります。

　それでもなお、離婚という選択肢を選ぶほうが幸せなのか。相手への愛情はもう全く残っていないのか。相手と自分を見つめ直し、歩み寄る努力をしてみたか。もしかしたら、あなたが幸せになる方法は離婚ではないのかもしれません。

　熟考した結果、「離婚」という選択肢しかないと決断したのであれば、離婚に関する法律や手続きを一つずつ学んでいきましょう。

離婚の原因（男女別）

夫からの理由

1位	性格が合わない
2位	精神的な虐待
3位	異性関係
4位	家族や親族と折り合いが悪い
5位	浪費
6位	性的不調和
7位	暴力をふるう
8位	同居に応じない
9位	家族を顧みない
10位	生活費を渡さない

妻からの理由

1位	性格が合わない
2位	生活費を渡さない
3位	精神的な虐待
4位	暴力をふるう
5位	異性関係
6位	浪費
7位	家族を顧みない
8位	性的不調和
9位	家族や親族と折り合いが悪い
10位	お酒を飲みすぎる

出典：2020年度　司法統計

離婚して大変だと思うこと

ひとり親家庭で困っていること

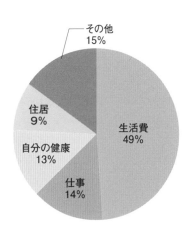

- その他 15%
- 住居 9%
- 自分の健康 13%
- 仕事 14%
- 生活費 49%

離婚しても養育費をもらっていますか

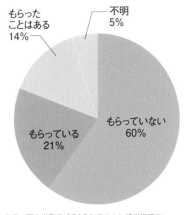

- もらったことはある 14%
- 不明 5%
- もらっている 21%
- もらっていない 60%

出典：厚生労働省 2016年度ひとり親世帯調査

離婚後の生活設計を綿密に練っておくことが重要

　離婚を思い立つまでは、それが自分自身で決断したことであっても、相手から切り出されたことであっても、気持ちの動揺は当然のことのように起こります。「離婚するのは結婚するよりも難しい」と昔から言われたものですが、その要因の1つとして挙げられるのが、離婚は自分自身だけの問題ではないからです。

　離婚後の経済的な変化は、自分だけでなく子どもも巻き込む大問題です。「破綻した結婚生活を続けるくらいなら、経済的な困難はいとわない」と考えたとしても、子どもを養育するお金に事欠くようになってしまっては、子どもに生活上の不安を背負わせることになります。

　17ページのデータからも分かる通り、父親よりも母親のほうが就業状況はよくありません。一見すると父子家庭が85.4％であるのに対し、母子家庭が81.8％とそこそこ高いように見えますが、そのうち「正規の職員や従業員」で見ると父子家庭が68.2％なのに対して、母子家庭が44.2％、「自営業」は父子家庭が18.2％なのに対して、母子家庭が3.4％、「パートやアルバイト」は父子家庭が6.4％なのに対して、母子家庭が43.8％と、いずれにおいても、母子家庭における就業状況の低さが見てとれます。

　その結果、平均年間収入（同居親族を含む世帯全員の収入）は父子家庭が573万円（父の就労収入は398万円）なのに対して、母子家庭が348万円（母の就労収入は200万円）と収入面でも格差が生じています。

　さらに養育費の状況を見てみると、「養育費の取り決めをしている」離婚母子家庭はおよそ43％、「養育費を現在も受給している」離婚母子家庭はおよそ24％と、決して高い数字ではありません。働いて得る収入が低く、また養育費も受給していない状況では、離婚後の生活で厳しい現実が待ち受けています。

　このような状況で育つ子どものことを考えれば、たとえ離れて暮らしても、子どもが健やかに育つための経済的条件を整えることは、親としての義務です。離婚についての諸条件を取り決めていく際には、夫婦間で感情的にならずに、子どものことも大切に考えて話し合いを進めていくようにしてください。

ひとり親家庭の主要統計データ

● 「2016年度全国ひとり親世帯等調査」によると、母子世帯は123.2万世帯、父子世帯は18.7万世帯（推計値）。主要なデータは次のとおり。

	母子家庭	父子家庭
❶ 世帯数（推計値）	123.2 万世帯	18.7 万世帯
❷ ひとり親世帯になった理由	離婚 79.5% 死別 8.0%	離婚 75.6% 死別 19.0%
❸ 就業状況	81.8%	85.4%
うち正規の職員・従業員	44.2%	68.2%
うち自営業	3.4%	18.2%
うちパート・アルバイト等	43.8%	6.4%
❹ 平均年間収入 （母又は父自身の収入）	243 万円	420 万円
❺ 平均年間就労収入 （母又は父自身の就労収入）	200 万円	398 万円
❻ 平均年間収入 （同居親族を含む世帯全員の収入）	348 万円	573 万円

出典：厚生労働省 2016年度ひとり親世帯等調査

※ 世帯数は、母子又は父子以外の同居者がいる世帯を含めた全体の母子世帯、父子世帯の数。母子のみにより構成される母子世帯数は約75万5千世帯、父子のみにより構成される父子世帯数は約8万4千世帯。（2015年国勢調査）
※ 「平均年間収入」及び「平均年間就労収入」は、2015年の1年間の収入。

養育費と面会交流の状況

	離婚母子家庭	離婚父子家庭
● 養育費の取り決めをしている	約43%	約21%
● 養育費を現在も受給している	約24%	約3%
● 面会交流の取り決めをしている	約24%	約27%
● 面会交流を現在も行っている	約30%	約46%

出典：厚生労働省 2016年度ひとり親世帯等調査

現代の離婚理由

　2020年度、婚姻関係について家庭裁判所に申し立てられた調停事件は58,969件。この申し立ての動機を見ると、現代の離婚理由が見えてきます。

　夫も妻も、圧倒的に多いのは「性格が合わない」。もともとは「相手の性格が好き」と思って結婚したはずですが、「釣った魚に餌はやらない」とばかりに相手への気遣いを忘れてしまうこともあるでしょう。「強くて頼もしい」人が結婚すると「自分勝手でわがまま」な人に思えたり、「優しい」性格と思っていたのに「優柔不断」な性格だったりと、相手に対し違う見方が芽生えたのかもしれません。生活しているうちに、相手への認識が変わってきたり、価値観や人生観がずれてくる。昔からよくあることですが、現代では、社会的に離婚への許容度が高くなっていることが、離婚件数の増加に拍車をかけているようです。

　夫からの理由は「性格が合わない」の件数が突出しているのが特徴的ですが、「精神的に虐待する」「異性関係」「家族親族と折り合いが悪い」と続きます。妻からはやはり「性格が合わない」を筆頭に「生活費を渡さない」「精神的に虐待する」「暴力をふるう」「異性関係」の順にかなりの件数がありますが、最近では「暴力をふるう」という理由はやや減少しています。かわりに、夫、妻とも「精神的に虐待する」という理由が増加傾向にあります。

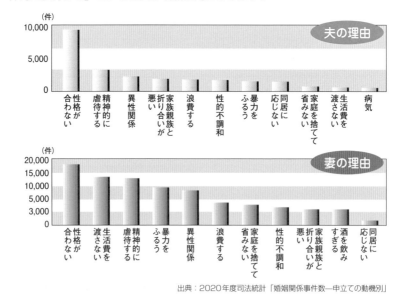

出典：2020年度司法統計「婚姻関係事件数―申立ての動機別」

決断の前に
考えておくべき問題

この章は、離婚を考え始めた
あなたのためのものです。

まず大事なのは、
離婚後の生活をイメージできるかどうか。
離婚とは、あなたの生活設計に
どんな影響を与えるものなのか。

そんなあなたの疑問に答えます。

離婚後の生活設計を考える

離婚による経済的変化をイメージできる？

離婚するかしないかに大きな影響を与えるのが、経済的な問題。「お金の問題じゃない！」と覚悟を決めたものの、専業主婦を続けてきた妻などの場合、収入のあてがなくなる現実が見えると不安も膨らむ。また、どのようなお金をどのくらい負担することになるのか、気になる夫もいることだろう。離婚を決める前に、どのような経済的変化が生じるのかを具体的にイメージし、生活設計を考えてみよう。

離婚によって生じるさまざまな経済的変化

　離婚を考えるなら、まず離婚後の生活を具体的にイメージすることが大切です。あなたには、離婚後の収入のあてはありますか？　すでに自分で生活の糧を得ている人はともかく、これから収入を確保しなければならないという人にとっては、離婚の決断を一時の感情にまかせるわけにはいきません。

　また、離婚に際し、収入の少ない配偶者への金銭的な負担が生じる可能性のある人もいることでしょう。いったいどのようなお金をどの程度負担する必要があるのか、知っておく必要があります。

　離婚を決断する前に、まずは経済面から、離婚後の生活設計を立てることが可能かどうかを考えましょう。離婚するかどうかの決断については、生活イメージができてからのことです。

　まず、離婚によって法律上、支払いが発生しうるお金について整理しておきましょう。**離婚の際、もしくは離婚後に発生するお金***は、次の3つが主なものです。

・養育費　（☞P 124）・財産分与　（☞P 138）・慰謝料　（☞P 152）

　このうち、財産分与は離婚後2年以内、慰謝料は離婚後3年以内に請求しなければ、時効により請求の権利を失います。

---

*財産分与や慰謝料は一時金、養育費は定期金で支払われることが多いが、相手に資力がなければ、財産分与や慰謝料は分割払いという場合もある。

離婚にかかわるさまざまなお金

主なもの

	こんなお金	金額の目安	請求の時効
養育費 (☞P 124)	子どもを育てる側に支払う、原則子どもが成人になるまでの子育て費用	月額6万円～8万円 (14歳以下の子ども2人、年収が夫500万円・妻100万円の場合)	ケースバイケース
財産分与 (☞P 138)	夫婦が協力して築き上げた財産を分け合う ※実質的な慰謝料などが含まれる場合もある	100万円以下が多く、1,000万円以上になるケースは少ない	離婚後2年
慰謝料 (☞P 152)	精神的苦痛に対する損害賠償	200万円～400万円 ※100万円以下も多い	離婚後3年

その他

	こんなお金	金額の目安	その他
年金分割 (☞P 26)	夫婦の老齢厚生年金の年金記録を最高2分の1まで分けることが可能	月額5万円程度 (妻が専業主婦で、夫の定年退職時の離婚の場合)	2007年3月以前に離婚した場合は、年金分割はできない
婚姻費用 (☞P 66)	離婚成立までの生活費 ※同一の生活レベルを維持できる費用	月額8万円～10万円 (年収が夫500万円・妻100万円の場合)	主に別居のときに支払われる
離婚後扶養 (☞P 158)	離婚後に安定した収入を得られるまでの生活費	月額5万円程度 (夫の年収500万円程度の場合)	財産分与や慰謝料に含めて負担されるケースが多い

●上記は、収入の多い夫が収入の少ない妻に対して負担する場合の一例です。金額の目安は平均的な実態で、婚姻期間や資産の額、離婚原因などによって異なります。

相談方法・DV・別居

姓と戸籍・親権・お金

離婚の方法・法定離婚原因

婚約破棄と事実婚の解消・外国人との離婚・再婚

手続き・資料

また、離婚を切り出してから実際に成立するまでには時間がかかります。別居して話し合いをするケースも多くありますが、一方に生活できるだけの収入がない場合には、収入の多いほうが生活費として**婚姻費用**（☞P66）を分担する義務があります。また、離婚後も一方の生活が困難な場合は、仕事を見つけるなど安定した収入が得られるまでの生活費を**離婚後扶養**（☞P 158）として受けられるケースもあります。

さらに、2007年4月からは**厚生年金の分割制度**（☞P 26）がスタートし、結婚期間中の厚生年金（老齢厚生年金）保険料納付実績を夫婦で分けることができるようになりました。離婚後の生活設計を考えるにあたり、老後の年金額がどう変わるのかを把握しておくことも重要です。

◆ 離婚前の取り決めが重要

離婚に際し、金銭その他の財産については、きちんと夫婦間で取り決めを行う必要があります。養育費や婚姻費用などは、夫婦間で収入の少ない側から多い側に対して、当然請求する権利があるものなのです。負担する側にとっても、不当な額を請求されないよう正しい知識をもっておく必要があるでしょう。取り決めを行わなかったために、受けるべきお金が受けられなかったり、また、後になって予想外の金額を請求されたりというトラブルもよく起こっています。

離婚を考えた時点では、まず「別れること」に気を取られて、お金のことは後回しにしてしまいがちです。しかし、夫婦間に子どもがいる場合などはなおさら、離婚後の生活設計をしっかり立てるのが親の責任です。

離婚のほとんどは夫婦の話し合いによる**協議離婚**（☞P 168）ですから、**調停調書**（☞P 46）などの書類がありません。後のトラブルを防ぐには、取り決めだけでなく文書で残すことが重要です。そこで、取り決め事項は契約書あるいは合意書・念書などにして夫婦の署名捺印をする必要があります。

ただし、文書に残すだけでは、相手が約束を破った場合に強制執行力がありませんから、差し押さえなどの**強制執行***ができるよう、最終的には**公正証書**にしておくことが望ましいでしょう。公正証書は、夫婦（または代理人）で公証役場に行き、公証人に取り決め内容を文書にしてもらえば作成することができます。

＊強制執行ができるようにするには、「債務不履行の場合は直ちに強制執行ができる」旨の文（執行認諾文言）を公正証書に入れておく必要がある。

離婚のときのお金の取り決め

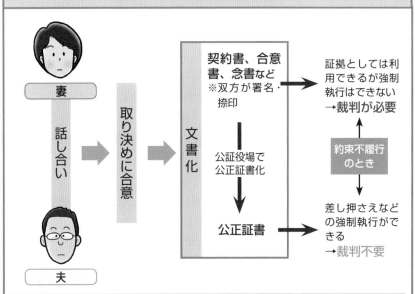

妻

話し合い

夫

取り決めに合意

文書化

契約書、合意書、念書など
※双方が署名・捺印

公証役場で
公正証書化

公正証書

証拠としては利用できるが強制執行はできない
→裁判が必要

約束不履行
のとき

差し押さえなどの強制執行ができる
→裁判不要

離婚と税金

		請求する側	負担する側
養育費		非課税	非課税
財産分与	現金	非課税	非課税
	不動産	不動産取得税、登録免許税、固定資産税	譲渡所得税
	株	非課税	譲渡所得税
慰謝料		非課税	非課税

●現状から見て不相応に多いと見なされる部分には、贈与税が課税されることがあります。

◆ 離婚後に受けられる助成制度を知っておく

　配偶者の収入が主に世帯を支えていた場合、離婚した後は、自分で経済的自立の方法を考えていかなければなりません。

　とくに小さい子どもがいる場合、子どもを引き取って離婚した側は、経済的に苦しい立場に置かれがちです。仕事に就くことが難しい母子家庭の平均年収は200万円程度しかなく、父子家庭においても、育児のために賃金の低い仕事に転職せざるを得ないなど、厳しい実態があります。そこで、このような場合、国や自治体からどのような援助が受けられるのか、離婚に当たって**公的福祉制度**[*1]をよく知っておくことが大事です。

　ひとり親家庭の公的援助としてまずあげられるのは、**児童扶養手当**[*2]です。これは、18歳以下の子どもを**養育しているひとり親**が対象で、所得に応じて全部支給と一部支給があります。所得額の計算には、同居の扶養義務者の所得、養育費の8割が収入として算入されます。

　一方、離婚家庭に限らず、子どもを養育中の全家庭を対象とする**手当**[*3]（児童手当）があります。現行制度では、3歳未満の子どもには一律月1万5000円、3歳〜小学校修了前までの子どもには月1万円（第3子以降は15,000円）、中学生には一律10,000円が支給されます。このほか、ひとり親家庭に対しては、**医療費助成や水道料金の減免、母子・父子自立支援プログラム策定事業**など、自治体によってさまざまな公的支援がありますから、離婚後居住する市区町村に問い合わせておくといいでしょう。

アドバイス

　離婚によって法的に発生しうるお金は、財産分与・養育費・慰謝料の3つ。また、自治体ごとの公的支援制度を調べるなどし、離婚後の生活設計を立てられるかどうか冷静に検討しよう。

＊1 公的福祉制度の助成には、一定の所得制限があることが多い。
＊2 物価スライド制。
＊3 所得制限限度を超える場合は、特例給付として月額一律5,000円を支給。

ひとり親家庭への公的福祉制度の例

助成制度

〔各種手続き〕
市区町村の窓口
※詳細は問合せ

 父または母

児童扶養手当

●受給の条件

18歳未満の児童（20歳未満で中度以上の障害がある児童を含む）を下記のいずれかの状態で扶養している場合

- 父母が離婚した児童
- 父または母が死亡または生死不明である児童
- 父または母に1年以上遺棄されている児童
- 父または母が裁判所からのDV保護命令を受けた児童
- 父または母が1年以上拘禁されている児童
- 婚姻によらないで生まれた児童
- 父または母に重度の障害がある児童
- 父母ともに不明である児童

●支給額（2019年4月現在）

子1人目
全部支給月額 金額 42,910円
一部支給月額 金額 10,120～42,900円

子2人目加算
全部支給月額 金額 10,140円
一部支給月額 金額 5,070～10,130円

子3人目以降加算（1人につき）
全部支給月額 金額 6,080円
一部支給月額 金額 3,040～6,070円

※一定以上の所得の場合は減額

児童手当

●受給の条件

中学校卒業までの子どもを養育している場合（離婚の有無に関わらず）

●支給額

〈0歳以上3歳未満〉
　1人につき一律月額 15,000円
〈3歳以上小学校修了前〉
　子2人まで…1人につき月額 10,000円
　3人目以降…1人につき月額 15,000円
〈中学生〉
　1人につき一律 10,000円

ひとり親家庭等
医療費助成

●受給の条件

- ひとり親家庭の父母とその児童
- 父母のいない児童と養育者
※その他、対象外の条件あり

●支給額

医療費の自己負担分の助成など

その他の公的支援制度の例

※ 児童扶養手当の受給資格があれば、受給が認められるものが多い

所得税・住民税の軽減
- 所得によって寡婦（寡夫）控除が受けられる

水道料金の減免　　　**JR通勤定期乗車券の割引制度**
公営住宅の優先入居　　**就学援助制度**（学用品・給食費・旅行費積立など）

児童育成手当（各自治体により実施状況や受給条件・支給額などが異なる）
- 18歳未満の子を扶養するひとり親家庭に支給（東京都は月額1万3,500円）
　母子福祉資金・父子福祉資金貸付

将来受け取る年金はどうなる？

とくに熟年夫婦にとって、離婚後の生活設計で重要なものの1つが、老後の生活資金として頼りとなる公的年金の変化。2007年4月から実施された離婚時の年金分割の制度により、受給できる年金額にはそれ以前と比べ、どの程度の増減がありうるのだろうか。離婚によって、受け取る年金にどのような変動が起きるのかを正しく理解しておこう。

◆ 離婚と年金のかかわりとは

　とくに結婚期間の長い熟年夫婦の場合、離婚後の生活設計で十分に考えておく必要があるのが、老後の生活を支える年金についてです。そこで、まずは年金制度の基本について整理しておきましょう。

　公的年金には、大きく分けて、**国民年金と厚生年金***の2種類があります。国民年金は、20才以上60才未満のすべての人を対象とし、離婚の有無に関係なく、夫婦はそれぞれ個人で年金を受け取ることができます。一方、厚生年金は会社員、公務員などが対象となり、**年金を受け取ることができるのは被保険者本人のみ**です。

　したがって、夫が会社員で妻が就業経験のない専業主婦の場合、年金受給年齢を迎えたときに、夫が国民年金＋厚生年金を受け取ることができるのに対し、妻が受け取ることができるのは国民年金だけ。もちろん、妻も働いていて、厚生年金が受給できるケースもありますが、就労中の報酬が少ないことや就労期間が短いことが多く、一般的には夫に比べ、年金額が非常に少ないのが現実です。

　このことは、夫婦として家計を1つにしていればとくに支障はありませんが、いざ離婚に直面したときには、老後の生活を考える上で深刻な問題です。そこで、この経済的格差を解消するために制定されたのが、**離婚後**

　　＊公的年金の支給額は物価スライド制により、毎年変動する。

公的年金のしくみと年金額

公的年金の構造

	厚生年金	

50代以上の熟年夫婦の妻の多くが、第3号被保険者

国民年金（基礎年金）		

国民年金の加入者区分

第1号被保険者 （自営業者など）	第2号被保険者 （会社員、公務員など）	第3号被保険者 （第2号被保険者の配偶者）

●第3号被保険者はいわゆる専業主婦ですが、勤務時間や収入の少ないパートなども含まれます。
●第1号・第2号・第3号被保険者の加入期間は通算できます。
●第3号被保険者は国民年金の保険料を納める必要はありません。

公的年金の支給額

※妻が厚生年金に加入していないと、**受け取る年金額に夫と大きな開きが出る！**

1 夫が会社員（厚生年金40年加入）、妻が専業主婦だった場合

夫婦の年額
約266万円
（月額約22万円）

＝ 夫 厚生年金 110万円
国民年金　78万円
計 **188**万円

＋ 妻 厚生年金 なし
国民年金 78万円
計 **78**万円

2 妻が5年間働いていた（厚生年金5年加入）場合 （夫の条件は①と同じ）

夫婦の年額
約276万円
（月額約23万円）

＝ 夫 厚生年金 110万円
国民年金　78万円
計 **188**万円

＋ 妻 厚生年金 10万円
国民年金 78万円
計 **88**万円

●国民年金は加入期間だけでほぼ年金額が決まる。支給額は2019年厚生労働省発表より。
●厚生年金は給与の額と加入期間で年金額が決まるため、人によって異なります（50歳以上なら社会保険事務所で見込額を試算してもらえます）。

の**厚生年金分割制度**です。

　以前は、夫婦が離婚した場合、離婚した夫に対して、妻から厚生年金を考慮した請求を行うことはできても、あくまで「夫が受け取る年金から妻に支払う」という形であり、夫が支払いに応じなければ、妻は泣き寝入りをするしかありませんでした。

　ところが、2007年4月にスタートした離婚後の厚生年金分割制度により、離婚するにあたり、年金額を算定する際の基礎となる保険料納付実績を夫と妻で分割し、「それぞれの保険料納付実績に基づいた年金額の支払いを直接受ける」ことが可能になったのです。これが**合意分割制度**と呼ばれるものです。

◆ 夫婦間の合意によって年金を分割できる「合意分割制度」

　合意分割制度により、2007年4月1日以降に離婚した場合、婚姻期間中に夫婦が加入していた厚生年金の保険料納付実績を、多い方（多くは夫）から少ない方（多くは妻）に分割することができるようになりました。分割割合は、離婚時に夫婦が話し合って決めますが、**最大で2分の1**です。

　たとえば、婚姻期間が30年で、この間の保険料納付実績に基づいて算定された厚生年金の月額が夫8万円、妻0円の場合、夫の8万円が分割できる対象年金額なので、最大で4万円までが妻が受給できます。

　また、夫が月額8万円、妻が結婚前の勤務等により月額2万円の厚生年金を受給していたケースでは、合計額の10万円が夫婦で分割できる対象年金額となり、これを限度の2分の1で分割したとすると、受給できる金額は、夫が5万円、妻が5万円ということになります。

　合意分割制度は、その名の通り夫婦の合意によって年金分割の割合を決定し、社会保険事務所に請求をすることが基本です。ただし、話し合いで合意が得られない場合は、家庭裁判所に申し立てを行い、審判や調停を経て決定するケースもあります。

　分割の対象となる期間は、2007年4月以前の期間も含め、過去の結婚期間のすべてが対象となります。なお、分割の請求は、夫婦のいずれか一方がすれば構いませんが、**離婚後2年を経過すると、年金分割の請求ができなくなるので注意が必要です。**

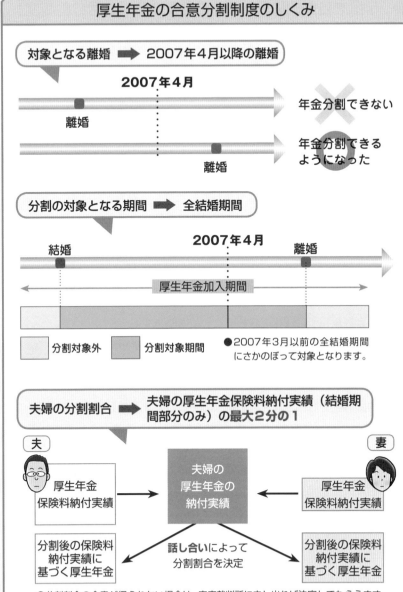

厚生年金の合意分割制度のしくみ

対象となる離婚 ➡ 2007年4月以降の離婚

2007年4月

離婚 ✕ 年金分割できない

離婚 ◯ 年金分割できるようになった

分割の対象となる期間 ➡ 全結婚期間

結婚　**2007年4月**　離婚

← 厚生年金加入期間 →

☐ 分割対象外　☐ 分割対象期間　● 2007年3月以前の全結婚期間にさかのぼって対象となります。

夫婦の分割割合 ➡ 夫婦の厚生年金保険料納付実績（結婚期間部分のみ）の最大2分の1

夫		妻
厚生年金保険料納付実績 →	夫婦の厚生年金の納付実績	← 厚生年金保険料納付実績
分割後の保険料納付実績に基づく厚生年金	**話し合い**によって分割割合を決定	分割後の保険料納付実績に基づく厚生年金

● 分割割合の合意が得られない場合は、家庭裁判所に申し出れば決定してもらえます。
● 上記のほか、夫婦それぞれに「結婚前と離婚後の厚生年金＋国民年金（老齢基礎年金）」があります。
● 妻に厚生年金がない場合は、「夫の厚生年金（結婚期間部分のみ）の最大2分の1＋自分の国民年金」の受給となります。

◆ 年金を自動的に2分の1に分割する「3号分割制度」

　厚生年金の分割に際し、合意分割制度をさらに発展させたのが、2008年4月1日よりスタートした**3号分割制度**です。これは、2008年5月1日以降に離婚をした場合、**夫婦のいずれかが第3号被保険者であった**期間中の相手方の保険料納付実績を、**合意の必要なく2分の1に分割する**というものです。第3号被保険者とは、国民年金の第3号被保険者のことで、多くは会社員を夫に持つ専業主婦がこれにあたります。

　この制度により、夫が2分の1以下の分割を要求しても、**妻は2分の1の分割を確保できる**ようになりました。ただし、対象となる第3号被保険者期間は、あくまで**2008年4月1日以降の部分に限定**されています。

　たとえば、結婚期間が30年経過して、2008年4月以降、妻が5年間専業主婦をしていた場合、2分の1分割の対象となるのは5年分だけです。2008年3月までの25年間については、合意分割制が適用されます。つまり、25年間分は、夫婦で話し合って分割割合を決め、合意が得られない場合は家庭裁判所に決定を求めることになります。

　また、3号分割制度は、**事実婚のカップルも請求可能**となりました。厚生年金に加入している配偶者の扶養家族に入り、3号被保険者であるという届出を役所に出しておけば、事実婚の場合であっても婚姻期間の年金が強制的に分割される3号分割が請求できるのです。そして、合意分割と同じく2年の時効（☞P 28）があり、事実婚を解消したときから起算されます。

　ただし、事実婚を解消する際には、一緒に暮らしていたことを証明する書類が必要となります。**事実婚は戸籍謄本では確認できない**ため、共に生活をしていたと痕跡を残しておくために、住民票を一緒にしておくなど、最低限の届出をしている必要があります。事実婚の証明ができないと、年金の分割を認めてもらうのは難しいでしょう。

　年金分割制度により、離婚後の夫と妻の経済的な格差は縮まったと言えます。しかし、妻が分割された年金だけで生活をすることは厳しいのが現実ですし、夫にとっても年金額の半減は大きな問題です。社会保険事務所には、年金額を試算してくれる窓口があります。離婚後の経済状態はどうなるのか、離婚をする前に一度相談してみるのもよいでしょう。

厚生年金の3号分割制度

対象となる離婚 ➡ 2008年5月以降の離婚

分割の対象となる期間 ➡ 2008年4月以降、離婚までの第3号被保険者期間

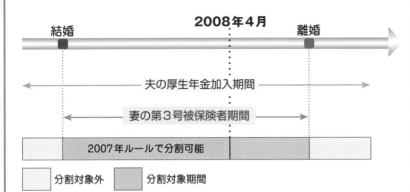

2008年4月

結婚 ……………………… 離婚

夫の厚生年金加入期間

妻の第3号被保険者期間

2007年ルールで分割可能

□ 分割対象外　■ 分割対象期間

●合意分割制度とは、夫婦の合意により**最大2分の1**の分割ができるしくみです。

2008年4月から適用

夫婦の分割割合 ➡ 自動的に夫の厚生年金（対象期間部分のみ）の2分の1

夫の厚生年金

妻の厚生年金

例：月額16万円

2008年4月以降の妻の第3号被保険者期間の分	8万円
	8万円

2分の1を移行 ➡ 8万円

●3号分割制度は夫婦の一方（第3号被保険者であった方）が申し出るだけで決定します。
●3号分割制度では、2分の1以外の分割割合は認められません。
●2008年4月以降に妻が第2号被保険者であった場合、その厚生年金部分に関しては、合意分割制度（夫婦間の協議で分割割合を決定）が適用されます。

子どもを育てながら働くなら、どんな公的支援がある？

離婚してひとり親家庭になった場合、離婚後の生活設計にあたり検討しなければならない課題がさらに多くなる。子どもを抱えての就職活動に多くのハンデがあるのはもちろんのこと、すでに働いている人にとっても、ひとりでの子育てと仕事の両立にはさまざまな困難がある。それでも離婚に踏み切るかどうか、就業や子育てへの公的援助を確認しながら考えてみよう。

◆ 子どもを抱えての就業を支援する制度

　結婚しているときは一方が働いて生活を支えることができますが、離婚してしまうと、それぞれが自分の生活を自分で支えなくてはなりません。

　幼い子どもを抱えて離婚する場合には、仕事と子育てとの両立という困難がさらに加わります。そこで、ひとり親家庭を対象とした働くためのさまざまな支援が自治体などで行われています。とくに、離婚後に就職しようとする場合、幼い子どもがいることは大きなハンデとなるのが現実です。まずは自治体などの支援を利用して働き先を確保する、就職のための経済的負担を軽減するなどが可能かどうか検討する必要があります。

　仕事を探す場合、いちばん身近なのが**公共職業安定所（通称ハローワーク）**です。とくに、子育てをしながら職探しをする親のための総合的な就職支援サービスを行っている**マザーズハローワーク・マザーズコーナー**は全国で200ヵ所以上あります（2019年4月現在）。

　都道府県などの自治体が主体で国の事業を実施する**母子家庭等就業・自立支援センター事業**は、ひとり親家庭の経済的自立の支援を目的としています。

　実施している事業は自治体によって異なりますが、無料の職業紹介・アドバイスや求人情報の提供のほか、就業に役立つ資格取得を目的としてパ

母子家庭等就業・自立支援センター事業とは

実 施

都道府県、指定都市、
中核都市

母子家庭等
就業・自立
支援センター

目 的

ひとり親家庭などの
自立支援

対 象

ひとり親家庭や
未亡人など

事業内容　個別の実施内容は自治体により異なります

- 無料職業紹介
- 就業相談、求人情報提供
- 就業支援講習会（パソコン、医療事務、ホームヘルパー
  などの資格取得）
- 各種福祉制度の情報提供
- 養育費相談
- 面会交流援助の実施
- 地域生活支援

ソコンやホームヘルパーの講習会を開くなど、ひとり親家庭の就業支援を一貫して行います。

◆ 子育てと仕事を両立するために

離婚した人が幼い子連れの場合、経済的な問題だけでなく、働いている時間に子どもの世話をどうするかが大きな問題です。とくに男性の場合、経済的な問題は少なくても、子どもの世話は悩みの種です。

日中に保育ができない場合、一般的には、保育園に預けて働くことになります。**保育料**は自治体、世帯収入、子の年齢（3歳未満、3歳、4歳以上）によって大きく異なります。また、保育時間は保育園により異なるので、早めに確認しておくことが必要です。

離婚して働きながら1人で子どもを育てている親にとっては、子どもが病気になったときや残業のときなど、どうしても予定外の託児が必要となる場合があります。そのようなときに利用できるのが、**自治体の子育て支援サービス**です。サービス内容は自治体によって異なりますので、住んでいる市区町村での実施サービスを確認する必要があります。

たとえば、保育園の送迎や保育時間外に子どもを預かってほしい場合には、各自治体に**ファミリー・サポート・センター**があります。対象は小学校6年生くらいまでで、自治体に登録している各家庭が子どもを預かってくれます。3歳くらいまでの乳幼児なら、子育てのベテランの家庭での託児制度、**保育ママ**を実施している自治体もあります。いずれも民間の託児所よりかなり割安の料金設定です。

また、保育園では日中の保育が原則ですが、残業などで夜間の託児が必要となることもあります。そんなとき自治体によっては、夕方5時くらいから午後10時くらいまで預かってくれる**トワイライトステイ**を実施しているところがあります。出張や夜勤などで家を空けなければならない場合には、宿泊で保育する**ショートステイ**を実施する自治体もあります。

その他、自宅にホームヘルパーの派遣を受けて育児や家事を手伝ってもらう**ホームヘルプサービス**などもあります。いずれも各自治体により名称や実施の有無、条件などが異なりますので、確認しておきましょう。

自治体が実施している子育て支援サービスの例

サービスの種類	内容	料金（例）	時間・対象・期間
ファミリー・サポート・センター	センターに登録した子育て支援の提供者が、保育園などへの送迎、保育園などの開始前や終了後の子どもの預かりなどを行う	• 1時間800円〜（平日午前7時〜午後7時） • 1時間900円〜（平日時間外、土曜日、休日）	• 平日午前6時〜午後10時（休日も可） • 0歳〜小学校6年生まで • 市町村によって異なる。要問合せ
トワイライトステイ（夜間の一時保育）	残業や休日の仕事が常にある場合、夕方から夜間、休日に子どもを預かる	• 1回1,000円〜2,000円	• 平日午後5時〜午後10時 • 2歳〜小学校6年生 • 1ヵ月以内（月ごとに申し込みが必要）
ショートステイ（宿泊型の一時保育）	親が病気になったとき、出張・冠婚葬祭などで一時的に育児が困難なとき、子どもを短期的に宿泊で預かる	• 1日2,000円〜4,000円	• 平日午前9時〜午後10時 • 2歳〜小学校6年生まで • 1週間以内
病児保育	子どもが病気になり、回復期にあるときに親が育児困難な場合、病院・民間の保育ルームなどで専用室を設け預かる	• 1日2,000円〜（減免制度あり）	• 平日、土曜午前7時〜午後7時の間 • 委託施設による
休日保育	親が働いていて休日に育児が困難なとき、保育園などで子どもを預かる	• 日額2,500円〜4,000円	• 日曜、祝日午前7時〜午後7時の間 • 年末年始保育は別に設けている自治体も多い • 生後6ヵ月以上小学校就学前まで
保育ママ（家庭福祉員）	自治体の認定を受けた保育ママが、保育ママの自宅で子どもを預かる	• 月額2万円〜4万円 • 延長料金30分150円〜300円	• 平日午前8時〜午後5時（延長6時まで）、土曜日は午後1時まで • 生後5週間以上3歳未満
ホームヘルプサービス（家事援助）	病気・仕事・資格取得などで家事ができない場合に、育児や家事を手伝う	• 1時間800円〜2,300円（所得に応じて）	• 平日午前7時〜午後10時 • 小学生以下 • 月12回まで

（注）●サービスの種類や内容、料金などは目安です（自治体によって異なります）。
●生活保護世帯や児童扶養手当受給世帯などには保育料や利用料の減免制度があります。
●民間のベビーシッターは、自治体のサービスに比べて料金はかなり高くなります。

就職のためスキルアップしたいなら

　少しでも有利な仕事を探すには、就職に有利なスキルを身につけたり資格を取得したりする努力も必要です。

　スキルアップや資格取得にはさまざまな方法がありますが、**公共職業訓練**^{*}を利用すると、費用面での特典などがあります。

　公共職業訓練の窓口は主にハローワークです。ハローワークでは、仕事の紹介だけでなく公共職業訓練校の受験や申し込みも受け付けています。また、民間の専門学校などに委託した公共職業訓練もあります。受講期間は1ヵ月程度から2年以上かかるものまでさまざまです。

　この制度では、受験料や受講料が無料ですから、教材費や交通費の実費だけで受講することができます。離婚前に会社に勤めていて雇用保険の受給資格のある人は、交通費の支給や失業給付の延長などの優遇措置を受けることができます。

　雇用保険の受給資格がない人のためには、雇用保険の教育訓練給付金と同じ内容の**自立支援教育訓練給付金**があります。また、看護師などの資格取得で2年以上勉強する場合には、**高等職業訓練促進給付金**という生活費の補助もあります。こうした優遇制度を利用することによって、収入の少ないひとり親家庭でも、経済的負担を少なくしてスキルを磨くことができます。

　自立支援教育訓練給付金、高等職業訓練促進給付金の詳細については、制度を設けていない都道府県等に居住している場合は支給の対象となりませんので、各都道府県または市町村の窓口に問い合わせてみましょう。

アドバイス

ひとり親が働くため、また子育てとの両立のため、自治体などでさまざまな支援制度がある。

これらも視野に入れつつ、「ひとり親が働く」生活をイメージできるか、よく考えよう。

　＊公共職業訓練は、国と自治体が運営する再就職支援の教育訓練制度。その教育訓練機関が、公共職業訓練校。

公共職業訓練とメリット

● 公共職業訓練の特典 ●

- 受験料・受講料が無料
- 教材費は、実費の場合でも割安価格
- 雇用保険受給資格者には、交通費の支給や失業給付延長などの措置がある
- ひとり親家庭の母は、自立支援教育訓練給付金や高等技能訓練促進費の対象になることがある

● 公共職業訓練の種類 ●

1 公共職業訓練校による訓練
 ※国（雇用・能力開発機構）または都道府県が運営
2 委託訓練（大学、民間の専門学校、事業主などに委託）

● ひとり親家庭の母向けの講座 ●

- 医療事務、OA事務、パソコン操作など
- 保育士、ホームヘルパー、FP（ファイナンシャル・プランナー）、社会保険労務士などの資格取得講座
- 受講期間は、講座により1ヵ月程度から3年程度までさまざま

自治体のスキルアップ助成金

自立支援教育訓練給付金

雇用保険の教育訓練給付の受給資格がないひとり親家庭の母が、指定教育訓練講座を受講した場合、修了後に経費の60%を支給。ただしその場合、1万2,000円以上で20万円を上限とする。

高等職業訓練促進給付金＊

仕事または育児と修業の両立が困難なひとり親家庭の父母が、資格取得のため、1年以上養成機関などで修業する場合に、全期間支給（上限3年）。また、修了後に入学支援修了一時金も支給される。

●事前相談が必要。問い合わせ、申し込みは各都道府県または市区町村の窓口へ。

＊高等技能訓練促進費・入学支援一時金については、課税状況に応じて支給額が変わる。

熟年層は離婚する確率が高いのか？

　熟年層の離婚件数は増加が目立ち、「熟年離婚」は決して珍しいことではなくなりました。結婚20年以上を経過した層の離婚件数は、35年間でほぼ3.5倍と以前よりもずっと増えていて、離婚のハードルは下がりつつあります。では、若年層よりも熟年層のほうが、離婚する確率が高くなっているのでしょうか。

　答えはNO。下のグラフは、2019年公表の人口統計資料（数値は2015年まで）から作成されたものです。年齢層有配偶人口とは、一定の年齢層の男性（または女性）の中で、結婚している人の数です。グラフでは、年齢層別に、結婚している人の中での離婚率を示しています。これを見ると、若年層ほど離婚率が急激に高くなっています。2015年では、19歳以下の結婚している女性のうち約80%が離婚という、高い離婚率が注目されます。確かに「熟年離婚」は増加傾向にあるものの「若年離婚」もより深刻な問題といえそうです。

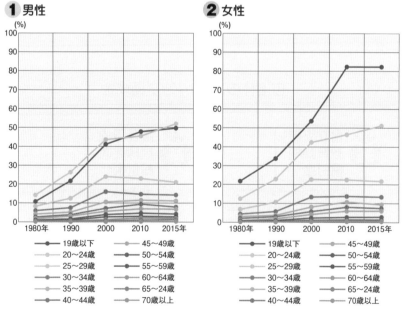

年齢層別有配偶人口に対する離婚率

国立社会保障・人口問題研究所「人口統計資料集」（2019年）より自社作成
19歳以下については、15〜19歳有配偶人口に対する率

決断に
迷っているなら

この章は、離婚の決断に迷いがある
あなたのためのものです。

離婚について迷うときは、
どこに相談すればいいのか。
配偶者から暴力を受けているがどうすればいいか。
離婚前に別居して考えたいが、それは可能なのか。

そんな疑問に答えます。

SECTION **1** 迷ったときの相談方法

SECTION **2** 配偶者からの暴力

SECTION **3** 離婚前の別居

疑問1 離婚を迷っているが、どんな相談方法がある？

かつては人生をともにしようと思った相手との別離。いろいろ考えた末で踏み切ろうとしたものの、いざ離婚を切り出した後で気持ちが揺れることもある。また、「借金癖さえなければ」「不倫相手と別れてくれれば」との期待が捨てられない、さらに「悪いところは改めるからやり直したい」などの思いがある場合、夫婦関係について相談する方法はあるだろうか。

冷静に話し合う場を見つける

　夫婦といってももとは他人ですから、多少のトラブルはどこにでもあるでしょう。しかし、離婚を考えるまでこじれてしまった関係なら、もはやお互いの気持ちだけでは解決の糸口が見つからないことも多いのが現実です。夫婦間に深刻なトラブルが起こると、毎日顔を合わせるだけに、冷静に話し合うことが難しいものです。意地の張り合いになることもあるでしょうが、まずは向き合って話し合う努力が必要です。

　離婚を回避したい気持ちが少しでも残っているなら、冷静に話し合う場を見つけることが大切です。冷静に話し合うには、第三者の立ち会いが有効です。夫婦ともに信頼できる仲人さんや共通の知人に仲介を頼んでみるのも、1つの方法です。

　適当な知人がいなかったり、身近な他人に知られるのが嫌だったりする場合は、**カウンセリングを受ける**のもよいかもしれません。法律や心理学の専門家などによるカウンセリングもありますから、このようなところに相談してみてもいいでしょう。

　また、家庭裁判所に、夫婦関係を改善し離婚を回避することを目的とした**夫婦関係円満調整の調停**＊を申し立てる方法 （☞P 42）もあります。

　＊日本調停協会連合会では、全国各地で無料調停手続相談会を実施している。

生活設計

PART **2** 相談方法・DV・別居

姓と戸籍・親権・お金

離婚の方法・法定離婚原因

婚約破棄と事実婚の解消・外国人との離婚・再婚

手続き・資料

離婚に迷いがあるなら

もう一度夫婦で話し合う

相手に心を開き、落ち着いて言い分をよく聞くこと、相手に対して思いやりをもつことが大切。立ち会いを頼む方法も。

カウンセリング

精神医学や臨床心理学的な理論や技法を持つカウンセラーによって行われる。対面して話し合ったり、いろいろな心理技法を用いることによって、自分の心の問題を解決するサポートを受けることができる。

夫婦関係円満調整の調停

家庭裁判所に調停を申し立てて夫婦双方の話を聞いてもらい、夫婦関係の調整をする方法。

離婚カウンセラー

夫婦間のトラブルの原因を探り、関係を修復する方法についてのアドバイスや心理的なサポートなどを行う。法律的な相談など実務的なアドバイスを行うところも。

夫婦(カップル)カウンセラー

夫婦(カップル)そろってのカウンセリング。それぞれの問題点を指摘し、お互いへの理解を深めるとともに、今後へのアドバイスが受けられる。

その他

夫婦間のトラブルの原因が、飲酒癖・DV・借金問題など具体的であれば、専門の相談機関や自助グループ、法律相談所などに相談する方法もある。相談先に迷ったら、各都道府県の役所、女性センターや福祉事務所などに問い合わせを。

夫婦関係円満調整の調停とは

　家庭裁判所は、離婚の調停を行うところというイメージがあります。しかし、夫婦関係が円満でなくなった場合には、**元の円満な夫婦関係を回復するための話し合いをする場としても、家庭裁判所の調停手続きを利用する**ことができます。

　調停には、家事審判官（裁判官）1人と、民間の良識のある人から選ばれた調停委員2人で構成される調停委員会が立ち会います。調停委員が双方の事情をそれぞれに聞いて、夫婦関係が円満でなくなった原因はどこにあるのか、問題の解決のために必要な助言をしたりという形で進められます。お互いが顔を合わさずに済むように、待合室も別になっています。ただし裁判所によっては、調停の開始時と終了時には同席させて、調停の進行状況等について確認しあう場合もあります。

　いきなり「家庭裁判所の調停」と聞くと、相手も身構えてしまいます。夫婦の問題を解決して夫婦関係を円満にしたいというあなたの気持ちを、あらかじめ相手にしっかり伝えておきましょう。

夫婦関係円満調整の調停の申し立て

　夫婦関係円満調整の調停の申し立ては、以下のように行います。

　必要とされる書類などについては、申立先の裁判所に問い合わせてみてください。

(1) 申し立て先

- 相手方の住所地の家庭裁判所または当事者が合意で定める家庭裁判所

(2) 申し立てに必要な費用

- 収入印紙……1,200円
- 連絡用の郵便切手……申立先の裁判所に問い合わせのこと

(3) 申し立てに必要な書類

- 申立書2通（控え1通）

　　①申立書は相手方に送付しますので、裁判所用、相手方用、の2通を作成します。なお、控えを1通とっておきます。

　　②申立書には、相手方に開示できない住所を記載しないでください。

生活設計

PART **2** 相談方法・DV・別居

姓と戸籍・親権・お金

離婚の方法・法定離婚原因

婚約破棄と事実婚の解消・外国人との離婚・再婚

手続き・資料

夫婦関係等調整調停申立書（円満）の記入例①

この申立書の写しは，法律の定めるところにより，申立ての内容を知らせるため，相手方に送付されます。

申立書の写しは相手方に送付される

認印を押す

受付印	夫婦関係等調整調停申立書 事件名（ 円満 ）
	（この欄に申立て1件あたり収入印紙1，200円分を貼ってください。）

収入印紙	円
予納郵便切手	円

（貼った印紙に押印しないでください。）

申立書を提出する裁判所名を記入する

作成した日を記入する

○○家庭裁判所 御中 令和○○年○○月○○日	申立人 （又は法定代理人など） の記名押印	田中花子 ㊞

添付書類	（審理のために必要な場合は，追加書類の提出をお願いすることがあります。）☑ 戸籍謄本（全部事項証明書）（内縁関係に関する申立ての場合は不要）□ □（年金分割の申立てが含まれている場合）年金分割のための情報通知書	準 口頭

申立人	本籍（国籍）	（内縁関係に関する申立ての場合は，記入する必要はありません。）○○ 都道府県 ○○市○○町○番地	
	住所	〒 ○○○－○○○○ ○○県○○市○○町○丁目○番○号 方）	
	フリガナ 氏名	タナカ ハナ コ 田中花子	大正 昭和 平成 ○○年○○月○○日生 （○○歳）

相手方	本籍（国籍）	（内縁関係に関する申立ての場合は，記入する必要はありません。）○○ 都道府県 ○○市○○町○番地	
	住所	〒 ○○○－○○○○ ○○県○○市○○町○丁目○番○号 ○○アパート○号室 方）	
	フリガナ 氏名	タナカ タ ロウ 田中太郎	大正 昭和 平成 ○○年○○月○○日生 （○○歳）

住所を記入する。ただし，住所を知られたくない場合は，代理人などの連絡先を記入するか，非開示の希望に関する申出書で対応する

対象となる子	住所	☑申立人と同居 ／ □相手方と同居 □その他（ ）	平成 令和 ○○年○○月○○日生
	フリガナ 氏名	タ ナカ 田中さくら	（ ○ 歳）
	住所	☑申立人と同居 ／ □相手方と同居 □その他（ ）	平成 令和 ○○年○○月○○日生
	フリガナ 氏名	タナカ ジュン 田中準	（ ○ 歳）
	住所	□申立人と同居 ／ □相手方と同居 □その他（ ）	平成 令和 年 月 日生
	フリガナ 氏名		（ 歳）

（注）太枠の中だけ記入してください。対象となる子は，付随申立ての(1)，(2)又は(3)を選択したときのみ記入してください。□の部分は，該当するものにチェックしてください。
夫婦(1/2)

- 事情説明書　1通
- 子についての事情説明書　1通（未成年の子どもがいる場合に提出）
- 連絡先等の届出書　1通
- 進行に関する照会回答書　1通
- **夫婦の戸籍謄本(全部事項証明書)　1通**

戸籍謄本等は3ヵ月以内に発行されたものを提出する。

(4) 調停手続きで必要な書類等の提出方法等

①調停では必要に応じて自分の主張を裏づける資料を提出することができます。場合によっては調停委員から資料の提出について指示があります。

②書類を提出する場合には、裁判所用のコピー1通を提出するとともに、調停期日には申立人用の控えを持参します（どの書類を提出するかについては、申立先の裁判所に問い合わせすること）。

相手方に交付したい書類等を提出するときは、相手方用のコピー1通も提出しましょう。

③書類の中に相手方に知られたくない情報がある場合、その部分（住所秘匿の場合の源泉徴収票上の住所など）は、必ずマスキングをしましょう。

④マスキングができない書面については、「非開示の希望に関する申出書」に必要事項を記載した上で、その申出書の下に当該書面をホチキスなどでとめて提出します。この申出書を参考に、裁判官が相手方の閲覧・謄写（コピー）申請を認めるかどうか判断します。

(5) 提出された書類の閲覧・コピー

申立人が提出した申立書については、法律の定めにより相手に送付されます。調停手続中に一方の当事者が提出した書類等については、原則もう一方の当事者は、閲覧・コピーの申請をすることができます。

(6) 調停の進め方

調停は平日に行われ、1回あたりの時間は2時間程度です。別々の待合室で待ち、交互に、必要があれば同時に調停室に入り、調停委員が中立の立場でそれぞれの話を聞きながら話し合いを進めていきます。

なお、必要に応じて家庭裁判所調査官が、調停期日に立ち会ったり、調停期日の間に未成年の子どもの監護に関する問題について調査を行う

夫婦関係等調整調停申立書（円満）の記入例②

生活設計

PART **2** 相談方法・DV・別居

姓と戸籍・親権・お金

離婚の方法・法定離婚原因

婚約破棄と事実婚の解消・外国人との離婚・再婚

手続き・資料

この申立書の写しは，法律の定めるところにより，申立ての内容を知らせるため，相手方に送付されます。

※ 申立ての趣旨は，当てはまる番号（1又は2，付随申立てについては(1)～(7)）を○で囲んでください。
　□の部分は，該当するものにチェックしてください。
☆ 付随申立ての(6)を選択したときは，年金分割のための情報通知書の写しをとり，別紙として添付してください（その写しも相手方に送付されます。）。

申 立 て の 趣 旨	
円 満 調 整	関 係 解 消
※ 1　申立人と相手方間の婚姻関係を円満に調整する。	※ 1　申立人と相手方は離婚する。
	2　申立人と相手方は内縁関係を解消する。
②　申立人と相手方間の内縁関係を円満に調整する。	（付随申立て）
	(1)　未成年の子の親権者を次のように定める。 　　　……………………………………について父。 　　　……………………………………について母。
	(2)　（□申立人／□相手方）と未成年の子…………… 　　　が面会交流する時期，方法などにつき定める。
	(3)　（□申立人／□相手方）は，子……………の養育費 　　　として，1人当たり毎月（□金…………円 ／ 　　　□相当額）を払う。
	(4)　相手方は，申立人に財産分与として， 　　　（□金…………円 ／ □相当額）　を支払う。
	(5)　相手方は，申立人に慰謝料として， 　　　（□金…………円 ／ □相当額）　を支払う。
	(6)　申立人と相手方との間の別紙年金分割のための情報 　　　通知書（☆）記載の情報に係る年金分割についての請求 　　　すべき按分割合を， 　　　（□0．5 ／ □（………………））と定める。
	(7)

情報通知書に記載されている住所を相手方に知られたくない事情がある場合は、その部分を覆い隠してコピーする方法により写しを作成する（原本はそのまま提出）
情報通知書が複数ある場合は、申立書に添付する写しの表面右上に「別紙1」、「別紙2」……と番号をつける

同居と別居を繰り返しているときは、一番最後の別居の日を記入する

申 立 て の 理 由			
同居・別居の時期			
同居を始めた日……　昭和 〈平成〉 令和　〇〇年〇〇月〇〇日		別居をした日……　昭和 平成 〈令和〉　〇〇年〇〇月〇〇日	

申 立 て の 動 機

※ 当てはまる番号を○で囲み，そのうち最も重要と思うものに◎を付けてください。

1　性格があわない	2　異 性 関 係	③　暴力をふるう	4　酒を飲みすぎる
5　性的不調和	⑥　浪 費 す る	7　病　気	
8　精神的に虐待する	9　家族をすててかえりみない	10　家族と折合いが悪い	
⑪　同居に応じない	12　生活費を渡さない	13　そ の 他	

夫婦(2/2)

夫婦が初めて同居をした日を記入する

場合もあります。

調停が進んだら

　調停では、お互いの気持ちを個別に聞いてもらいながら、夫婦関係を修復するためのアドバイスを受けたり、相手に望むことをそれぞれに提示したりします。調停の結果を待つまでもなく**夫婦が円満な関係に戻れたら、調停はいつでも取り下げることができます。**

　調停で合意がなされた内容は**調停調書**という書面に記されますが、調停調書に強制力はありません。調停後、いったん関係が修復しても、その後調停調書の内容が守られないこともあります。そのために改めて離婚調停の申し立てをすることになったときは、「相手が調停調書で記された約束を守らなかった」という事実が考慮の対象となるでしょう。途中で調停がうまくいかないことが明確になり、あなたにも離婚の意思がはっきり固まった場合には、**円満調停を離婚調停に切り替えて、調停手続きを進めていくなかで合意に達すれば、調停離婚**（☞P 174）が成立します。

　また、あなたがまだ離婚するかどうか結論を出していないのに、相手が勝手に離婚届を提出してしまう可能性もあります。心配な場合には、役所に**離婚届不受理申出書**（☞P 101）を出しておきましょう。離婚前に、**財産分与**（☞P 138）を避ける目的で勝手に処分されそうな財産がある場合は、財産保全措置のための手続きを取ることも考慮してみましょう。

アドバイス

　離婚を迷う気持ちがあれば、冷静に話し合う場を持とう。知人の立ち会いやカウンセリング利用のほか、夫婦関係円満調整の調停を利用する方法もある。離婚届不受理申出書の提出や、財産保全措置のための手続きについても知っておこう。

生活設計

PART **2** 相談方法・DV・別居

姓と戸籍・親権・お金

離婚の方法・法定離婚原因

婚約破棄と事実婚の解消・外国人との離婚・再婚

手続き・資料

夫婦関係円満調整の調停結果（2020年度）

申し立てられた夫婦関係円満調整の調停が、
それぞれどんな結果になったかに注目して分類しました。

- ●「協議離婚」には、調停が成立して協議離婚の届出がされたケースと、調停の途中で協議離婚が成立して調停を取り下げたケースを含みます。
- ●「婚姻継続(同居)」には、調停が成立して同居したケースと、調停中に円満同居にいたり調停が取り下げられたケースを含みます。

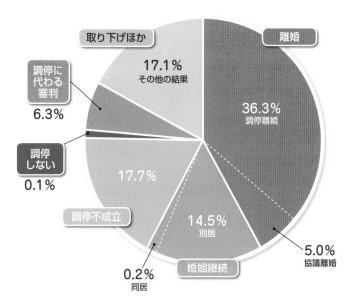

円満調整の調停を行った夫婦のうち、約15％が婚姻を継続しています。その一方で、離婚に至った夫婦は41.3％。円満調整の調停を申し立てても、必ずしもいい結果が出せるとは限らないようです。しかし調停により、互いに折り合えない点を明確にし、早く結論を出すことができるでしょう。

出典：2020年度司法統計

迷ったときの相談方法 ‥‥‥‥‥‥‥‥‥‥‥‥‥‥‥
Case Study 1

浮気している夫と一緒に暮らしたくない

経緯	結婚15年目。中学生の子どもがいる。夫が女性と浮気した。相手の女性による妻への嫌がらせの電話や手紙、その女性の夫の抗議などがあって、妻は夫の浮気を知った。腹が立つので夫の顔も見たくない。しかし、相手の女性の嫌がらせやその夫の抗議などが続く日々に困っている。
悩みの内容	夫自身に離婚する気はないようだ。専業主婦の妻は、浮気の決着がつけば、子どものためにも離婚は回避したい。しかし、今の状況にはもう我慢できない。
結論	具体的な問題解決を図るには、家庭裁判所に、円満調整の調停の申し立てを行う方法がある。別居の調停が成立した場合は、婚姻費用分担の取り決めも必要。

弁護士の ★ 解 説 ★

　異性関係・借金問題など、相手に直してほしいと思うポイントがはっきりしている場合、家庭裁判所に夫婦関係円満調整の調停を申し立てるといいでしょう。優柔不断な相手に決断を促すいい機会になります。結論が出ない場合には、「婚姻継続・別居」という形の調停も可能です。問題解決まで別居することによって精神的な安定を得た上で、互いに頭を冷やしてじっくり考えられるようになるでしょう。そして、この別居期間に離婚も視野に入れつつ、いろいろと準備を整えておくこともできます。別居の際は、婚姻費用の分担も求めておきましょう。

Case Study **2**

迷ったときの相談方法 ・・・・・・・・・・・・・・・・・・・・・・・・・・

夫婦としてもっとうまくやっていきたい

| 経緯 | 結婚12年。小学生の子どもが2人。妻が、子どもに中学受験をさせるとの理由で、塾の費用や進学資金の貯蓄のため夫の小遣いを減らす、パートに出るなどを勝手に決めた。夫は、相談なしに妻のペースで進むことが不満。会話がないことにいらだちがつのり、帰ってきても楽しくない。 |

| 悩みの内容 | 妻が自分に相談せず、勝手に決めてしまうのが夫の不満。話し合おうとしても取り合わない妻。自分としてはもう一度妻と話し合い、何とか夫婦関係を修復したい。 |

| 結論 | 夫婦の会話がうまく成立しないときは、夫婦関係円満調整の調停や夫婦（カップル）カウンセリングなどを利用して、第三者の立ち会いを求めよう。 |

弁護士の ★ 解 説 ★

　子どもの教育・住宅の購入など、夫婦で話し合うべき大切な問題があるとき、夫婦の一方だけが熱心に取り組み、相手の気持ちを置き去りにするケースがあります。相手がまともに向き合わないときは、第三者の立ち会いが有効。夫婦関係円満調整の調停を申し立て、話し合いの場を確保しましょう。通常、調停委員はそれぞれ片方ずつ呼んで事情などを聞きますが、場合によっては、2人一緒に話を聞いてもらうよう頼んでみることも。夫婦（カップル）カウンセリングを受ける方法もあります。相手を責めるのではなく、お互いへの理解を深め、関係をよくする方法を一緒に探る気持ちで受けてみるといいでしょう。

生活設計

PART **2** 相談方法・DV・別居

姓と戸籍・親権・お金

離婚の方法・法定離婚原因

婚約破棄と事実婚の解消・外国人との離婚・再婚

手続き・資料

Case Study **3**

迷ったときの相談方法 ・・・・・・・・・・・・・・・・・・・・・・・・・
自分の気持ちが相手に伝わらない

経緯 結婚7年目。4才の子どもがいる。夫は暴力を振るうわけでもなく家庭的ではあるが、家計のこと、子どもの教育など、家庭生活のすべてに自分の主張を曲げない。妻は話し合って気持ちを伝えようとするが理屈で負かされ、最後は妻のわがままということになって、謝らされてしまう。

悩みの内容 妻は夫との関係に悩み、ずっと苦しい気持ちが続いている。離婚したいのか、したくないのかも自分で判断がつかない状態。つらさから抜け出せず八方塞（ふさ）がりに。

結論 相手や離婚に対する自分の気持ちがはっきりせず、苦しい気持ちが続くときは、カウンセリングを受けることも考えよう。

弁護士の ★ 解 説 ★

　一見すると、夫に目立った落度はなく、単なる性格の不一致のようにも見えます。しかし、この夫は妻に対し、不機嫌な態度や理論的に相手を責める言葉によって、相手を自分の思い通りに動かそうとする「モラル・ハラスメント」という精神的な虐待を行っている可能性もあります。気持ちが混乱している状態なら、家庭裁判所の家事相談室に相談して、夫婦関係円満調整の調停申し立てを考えてみるのもよいでしょう。ただし、調停になっても、混乱する気持ちをすべてくみとってくれる調停委員にめぐり合うとは限らないのが現実です。まずはカウンセリングを受けて、自分の気持ちや相手との関係を整理してから調停に臨むほうが望ましいでしょう。

モラル・ハラスメント

「ハラスメント＝嫌がらせ」と訳されますが、職場などでのセクシュアル・ハラスメント、パワー・ハラスメントという言葉は、現在では一般的なものになりました。さらに近年では「モラル・ハラスメント」という言葉も、よく耳にします。

モラル・ハラスメントとは、言葉や態度による精神的な嫌がらせです。人格的に問題のある人が、ゆがんだ自己愛を充足させようと、家族や同僚などを貶め非難する行動を繰り返し、相手の心を支配する行為をいいます。一種の精神的虐待であるともいえるでしょう。

ＤＶの一種である精神的虐待には、このモラル・ハラスメントの事例が多く含まれています。身体的暴力のような証拠がなく外からは理解しにくいため、単なる亭主関白やカカア天下のように見えることも。また加害者は周囲にはいい夫（妻）のように見えるので、他人に相談しても「非難される被害者にも落ち度がある」といわれることさえあります。

言葉や態度で繰り返し示される「お前はダメだ、ここが悪い」というメッセージは、被害者の心にダメージを与えて自尊心を傷つけます。そして加害者の判断に従うしかない状況になり、ときにはうつ状態やPTSDを引き起こすこともあります。何より被害者自身が、その異常な状況に対し、精神的な虐待を受けていると認識できなくなることが問題です。加害者は「相手のことを思って注意している」「自分が正しい」と信じ、どんな問題が起きても「こうなったのは相手が悪い」と思いこみます。本人に虐待という意識はないため、カウンセリングでも状態が改善されることは厳しいといわれています。

モラル・ハラスメントのさらに複雑な点は、相手が「口うるさい」のか「人格的に問題がある」のか、線引きが難しいところにあります。単に「口うるさい」だけの言動に対しても、モラル・ハラスメントと非難するケースがないとはいえません。いずれにしても、一方が心に深い傷を負って離婚を決意した場合、夫婦関係を修復するのは難しいでしょう。

生活設計

PART 2 相談方法・ＤＶ・別居

姓と戸籍・親権・お金

離婚の方法・法定離婚原因

婚約破棄と事実婚の解消・外国人との離婚・再婚

手続き・資料

疑問 1 配偶者による暴力（DV）には、どんなものが含まれる？

離婚理由として、配偶者による暴力（DV）をあげる人は多い。DVは被害者が配偶者に離婚を切り出せない要因にもなり、離婚後も深刻なトラブルにつながることがある。DVといえば、殴る、蹴るといった身体的な暴力がまず思い浮かぶが、精神的な暴力もDVなのだろうか？　DVとは何か？　まずはそこから知っておきたい。

精神的な暴力もDV

　ドメスティック・バイオレンス（DV）は、直訳すると**家庭内暴力**。子どもが家族にふるう暴力と区別して、**配偶者による暴力**といい表されています。妻ばかりでなく、近年は夫が被害者になるケースも見られます。

　配偶者による暴力は、以前は家庭内でのトラブルとみなされて、「法は家庭に入らず」の立場から行政が積極的に関与していませんでした。しかし、犯罪行為につながる可能性があり、しかも同じ家庭に被害者と加害者がいて外からは被害の実態が見えにくいという特殊な実情から、むしろ行政など**第三者の積極的な関与が必要**と考えられるようになりました。

　2001年につくられた**配偶者からの暴力の防止及び被害者の保護に関する法律（DV防止法）**では、行政に被害者の保護と被害の防止に積極的に関与することが義務付けられています。当初はDVを**配偶者間(内縁を含む)の身体的な暴力**に限定していましたが、2004年に、暴力とは、**身体に対する暴力とこれに準ずる心身に有害な影響を及ぼす言動**と改定されました。さらに2008年には、被害者を保護するための改正、2013年には、適用対象を同居する交際相手及びその被害者にまで拡大しました。

　身体的暴力のみならず、PTSD（心的外傷後ストレス障害）など精神障害を引き起こす精神的暴力は、傷害罪で処罰の対象にもなります。

DVとは

ドメスティック・バイオレンス（DV）=「**配偶者による暴力**」

配偶者からの暴力及び被害者の保護に関する法律 **（DV防止法）**（2004年改定）

配偶者による暴力とは

配偶者間（内縁を含む）の 身体的な暴力

殴る、蹴るといった直接身体に害をおよぼす暴力

これに準ずる 心身に有害な影響を およぼす言動

心や身体に害となるような言葉や行動による暴力

刑法上の傷害罪に該当するケースも

●2001年に制定された「配偶者からの暴力の防止及び被害者の保護に関する法律」は今まで家庭内に潜在してきた女性への暴力について、女性の人権擁護と男女平等の実現を図るため、夫やパートナーからの暴力の防止、被害者の保護・支援を目的としてつくられた法律です。2008年1月からはさらに保護命令制度が拡充（☞P 61）し、各市町村での基本計画の策定や配偶者暴力相談支援センターに関する改正、裁判所から支援センターへの保護命令の発令に関する通知について、新たに改正されました。

DVとされる具体的な行動とは

実際にDVとされる暴力とはどんなものでしょうか。

◆**身体的暴力**→殴る、蹴る、首を絞める、刃物で傷つける、物を投げつける、など直接身体を傷つける行為。

◆**精神的暴力**→無視する、見下した言い方をする、長時間説教する、大切なものをわざと壊すなど、わざと心を傷つける行為。

◆**社会的暴力**→交友関係や電話を細かく監視する、実家に帰らせないなど、被害者を社会的に孤立させる行為。

◆**経済的暴力**→生活費を渡さない、お金を取り上げる、外で働かせないなど、経済的に困窮させる行為。

◆**性的暴力**→セックスを強要する、避妊に協力しない、中絶を強要するなど、性的なことを強要したり抑圧する行為。

◆**子どもを利用した暴力**→子どもに暴力を見せる、子どもを取り上げるなど、子どもを使って追い詰める行為。

配偶者からこういった行為をされていたら、警察や地方公共団体に設けられた相談窓口に訴え出て、保護を求めることができます。

DVにおける被害者と加害者

DVでは、被害者にも加害者にもDVという認識がないこともあります。思い当たるところがないか、振り返ってみましょう。

◆**被害者の特徴**

• 暴力を受けても自分が悪いと思う。

• 世間体が悪くて被害を受けていても周囲から隠す。

• 生活基盤を失うことを怖れて逃げ出せない。

• 身体や精神の暴力に耐えるために感情が麻痺している、絶望感や無力感がある。

◆**加害者の特徴**

• 配偶者に暴力をふるうことに罪悪感がない、認めようとしない。

• 殴っても「こづいた程度」などと、暴力を過小評価する。

• 身体的・精神的暴力を「お前が悪い」と配偶者のせいにする。

DV被害者と加害者の特徴

被害者 ➡
- 自分のせいだと感じる
- 逃げ出せない
- 他の人に隠す

加害者 ➡
- 暴力の過小化
- 配偶者のせいにする
- 暴力を否認

DV被害は身近にある

配偶者からの
被害経験

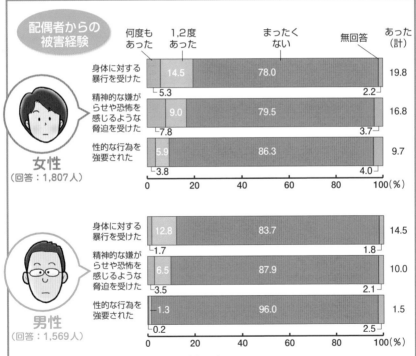

女性
（回答：1,807人）

	何度もあった	1,2度あった	まったくない	無回答	あった（計）
身体に対する暴行を受けた	14.5	5.3	78.0	2.2	19.8
精神的な嫌がらせや恐怖を感じるような脅迫を受けた	9.0	7.8	79.5	3.7	16.8
性的な行為を強要された	5.9	3.8	86.3	4.0	9.7

0　20　40　60　80　100(%)

男性
（回答：1,569人）

	何度もあった	1,2度あった	まったくない	無回答	あった（計）
身体に対する暴行を受けた	12.8	1.7	83.7	1.8	14.5
精神的な嫌がらせや恐怖を感じるような脅迫を受けた	6.5	3.5	87.9	2.1	10.0
性的な行為を強要された	1.3	0.2	96.0	2.5	1.5

0　20　40　60　80　100(%)

●配偶者には事実婚や別居中の夫婦、元夫婦を含みます。

●ほかにも、女性の10.0％、男性では2.9％の人が「経済的圧迫を受けた」と答えています。
　DVはめったに起こらないことではなく、誰の身にも起こりえることと認識しましょう。

出典：2018年度内閣府調査より作成

生活設計

PART 2 相談方法・DV・別居

姓と戸籍・親権・お金

離婚の方法・法定離婚原因

婚約破棄と事実婚の解消・外国人との離婚・再婚

手続き・資料

◆ DV被害を受けていたら

　DVは、法定離婚原因（☞P 180）となっており、法律的にも離婚の原因として認められている行為です。DV被害を受けている場合、離婚をする・しないはともかく、まず**自分自身と子どもの身を守ることが先決**です。単なる夫婦げんかとは異なり、DVは時間が経過しても自然に治まることはありません。精神的な暴力も、のちのちPTSDなどの精神障害を引き起こすことがありえます。配偶者暴力相談支援センター、社会福祉事務所、警察署といったしかるべき機関に相談して、身を守る手段を考えましょう。

　また、DVの加害者は、その父親がDV加害者であったケースが大半といわれています。家族から虐待を受けて育った被害者が成長し、心的外傷が原因でDV加害者となってしまうわけです。カウンセリングを受けることで、心的外傷が癒やされてDVが治まることもあります。

　離婚は避けられないにせよ、DV被害の連鎖を断ち切るためにも、離婚成立後にトラブルを予防するためにも、**加害者にDVを繰り返させない**よう試みたいもの。加害者から安全な距離を保ちつつ、カウンセリングを受けるように勧めましょう。カウンセリングについては、全国の各市町村に設けられているDV相談窓口や支援センター、社会福祉事務所などに問い合わせをしてみてください。

アドバイス

　DVには身体的な暴力のほか、精神的な暴力も含まれ、法律的にも離婚原因として認められている。思い当たることがあれば、ひとりで悩まずに、しかるべき機関に相談して保護を求めよう。

暴力は繰り返される

緊張形成期
（張りつめた期間）

緊張が高まり、非難、大声で怒鳴るなどが増える

爆発期
（暴力が起こる）

殴る、蹴る、首を絞める、モノや凶器を使う、セックスを強要する、言葉による脅しや罵り

開放期
（ハネムーン期）

落ち着いた段階（これは、時間とともに減ることも多い）。男性は、お酒のせいにして暴力の事実を否定したり、二度と暴力を振るわないから許してくれと言ったりする

http://www.dvp-end-abuse.com/kiso/index.html より

DVにあった場合の相談先

種類	相談窓口	問い合わせ先
公的機関	配偶者暴力相談支援センター※	各自治体
	社会福祉事務所	各都道府県の社会福祉事務所
	警察署	各都道府県の警察署
民間団体	配偶者暴力相談支援センターか、各社会福祉事務所などに問い合わせる	
その他	弁護士会	各弁護士会

※各自治体によって、配偶者暴力支援センターに指定されている機関は違い、名称も女性相談センター、健康福祉センター、配偶者暴力相談センターなど異なりますので、役場に問い合わせてみましょう。
　また、内閣府では、全国共通ダイヤル「ＤＶ相談ナビ（#8008）」や「DV相談＋（プラス）（0120-279-889）」を開設。最寄りの相談窓口の案内や、案内された相談窓口にそのまま相談できる転送サービスを行っています。

疑問 2 配偶者から暴力を 受けているときの対処は？

あなたがもし、配偶者から暴力を受けているとしたら、まずは警察や公的機関などに相談を。そのとき、行政は被害者であるあなたをどんな形で保護し、助けてくれるのだろうか。また、加害者である配偶者に対しては、どんな措置が取られるのだろう。具体的な保護の内容や法的措置について知っておくことが大切だ。

◆ 相談機関では、保護から経済的自立までを支援

　DV被害を受けたときの窓口は、各都道府県や市町村に設置された**配偶者暴力相談支援センター（名称はさまざま）、福祉事務所**などです。

　緊急性が高い場合や休日・夜間は、警察に連絡するとよいでしょう。DVは離婚事由になり、暴力によっては、加害者に傷害罪を問うこともできます。暴力の内容や被害の様子を説明できるような写真、録音テープ、日記などがあれば、相談するときに役立ちます。

　配偶者暴力相談支援センターでは、以下のような対応をしてくれます。

❶ 被害者の相談に応じる

❷ 被害者の心身の健康の回復のための医学・心理学的助言

❸ 被害者やその子どもの一時保護

❹ 被害者の自立のための情報提供と援助

❺ 保護命令の制度の利用についての情報提供、その他の援助

❻ 被害者を居住させ保護する施設の利用について情報提供

　相談機関の支援を得て、DV被害者は加害者から身を隠しながら、DVを離婚原因として離婚手続きを行うとともに、心身の健康回復や自立への準備に努めることができます。シェルターとも呼ばれている保護施設は、婦人相談所・婦人保護施設などのほか、民間団体の施設もあります。

DVから逃れるには

DV被害

↓

暴力の状況をまとめて証拠作り

DVに関すると思われるすべての物品や
記録の整理

- ケガを写した写真や診断書・壊れた家
  具や部屋の散乱状況の写真
- 暴言の録音テープ
- 脅迫状などの手紙類　など

↓

相談先に連絡して一時的に保護を求める

- 保護命令の申し立て
- 離婚調停の申し立て
- 傷害罪・暴行罪などでの告訴　…など

**逃げるときに
必要な持ち物リスト**

●すべて用意するのは大変です。加害者に気づかれない範囲で。

- ☐ いくらかの現金
- ☐ 預金通帳と印鑑（できれば自分名義、子ども名義のもの）
- ☐ 健康保険証（コピーでも可）や母子手帳
- ☐ いつも飲んでいる薬、処方箋
- ☐ 携帯電話、相談機関や親しい人の電話番号
- ☐ 運転免許証・パスポートなどの身分証明書
- ☐ 当座の生活に必要なもの（ミルク・おむつ・着替え・教科書など）
- ☐ 離婚調停・裁判の際証拠となるもの（診断書・被害届・家計簿など）
- ☐ 離婚時の財産分与請求のための財産目録

生活設計

PART **2** 相談方法・DV・別居

姓と戸籍・親権・お金

離婚の方法・法定離婚原因

婚約破棄と事実婚の解消・外国人との離婚・再婚

手続き・資料

保護命令を出してもらうには

保護命令*を裁判所に出してもらうには、加害者か被害者の所在地もしくは居所、暴力行為が行われた場所を管轄する地方裁判所に、**保護命令申立書**を提出します。申立書に記載する内容は下記の通りです。

❶ 配偶者から暴力を受けた状況

❷ 配偶者からの暴力により、被害者の生命または身体に重大な危害を受けるおそれが大きいと認められる事情

❸ 配偶者暴力支援センターの職員や警察官に相談したり、援助や保護を求めたことがあるかどうか（ある場合は以下の事実を記載）

◆ 相談した配偶者暴力相談支援センターや警察職員の所属官署の名称

◆ 相談、または援助や保護を求めた日時および場所

◆ 相談、または求めた援助や保護の内容

◆ 相談、または申立人の求めに対して執られた措置の内容

相談をしたことのない場合は、暴力を受けた状況などを公証人作成の宣誓供述書にまとめて、申立書に添付します。

保護命令の発令と、加害者が違反した場合の刑罰

保護命令の申立書が地方裁判所に出されると、**口頭弁論**か加害者を呼び出して意見を聞く**審尋**が行われます。口頭弁論とは裁判官の面前で口頭によって当事者、またはその代理人が行う弁論のことで、審尋とは裁判所が訴訟当事者や訴訟関係人に、陳述の機会を与えることです。

この手続きを経なければ、裁判所は保護命令を発することができません。ただし、緊急性があるなど、時間がたつことによって保護命令申立の目的を達することができない場合は別です。

保護命令は期日における言い渡しか、決定書の郵送によって効力を生じます。加害者は高等裁判所に即時抗告（不服を申し立てること）ができますが、即時抗告をした場合も、保護命令には効力があります。

裁判所から**保護命令が発令された場合、加害者がこれに違反すると、1年以下の懲役か100万円以下の罰金刑を与えられます。**

＊配偶者等に暴力をふるわれ、生命や身体に影響を受けるおそれがあるとき、被害者の申し立てにより地方裁判所が加害者に対して、被害者へのつきまといを禁止するなどの命令。

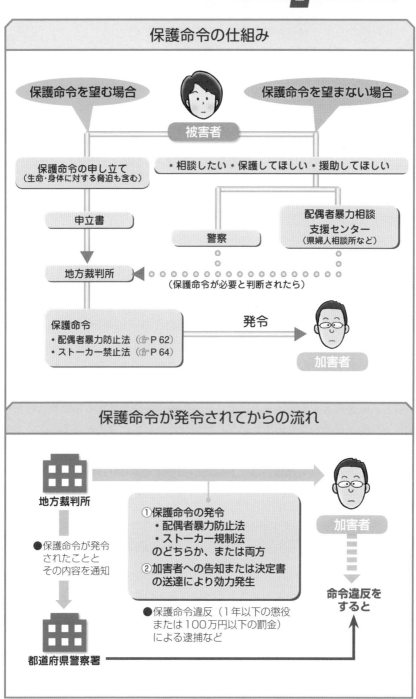

SECTION **2** 配偶者からの暴力

裁判所から出される保護命令は、以下の通りです。

❶ 被害者への接近禁止命令（10条1項1号）

被害者へのつきまといや被害者の住居・職場等の近くを徘徊することを禁止する命令で、期間は6ヵ月です。

❷ 被害者の同居の子への接近禁止命令（10条3項）

被害者と同居する未成年の子へのつきまといや子の学校等の近くを徘徊することを禁止する命令で、被害者への接近禁止命令と併せて発令されます。子どもが15歳以上の場合は、子どもの同意がある場合に限ります。

❸ 被害者の親族等への接近禁止命令（10条4項）

被害者の親族等へのつきまといや親族等の住居等の近くを徘徊することを禁止する命令で、被害者への接近禁止命令と併せて発令されます。

❹ 退去命令（10条1項2号）

被害者と加害者が生活の本拠を共にする場合、加害者にその住居からの退去及び住居の付近の徘徊の禁止を命ずる命令で、期間は2ヵ月間です。

❺ 接近禁止命令と併せて申し立てられる禁止行為（10条2項）

被害者に対する面会の要求や著しく粗野で乱暴な言動、連続しての電話やFAX・電子メール、夜間（22時から6時まで）の電話やFAX・電子メール（緊急時を除く）、汚物や動物の死体など嫌悪感を抱かせるものを送ること、名誉を害する事項を告げること、性的羞恥心を害する事項を告げたり、性的（卑猥）なものを見せたり聞かせたりして、辱めを与えるような発言や文書などを禁じています。

保護命令に違反した場合は、1年以下の懲役又は100万円以下の罰金が科せられます（29条）。

配偶者暴力防止法の改正点

配偶者暴力（DV）防止法の一部が改正され（2014年1月より施行）、名称も**「配偶者からの暴力の防止及び被害者の保護等に関する法律」**と改められました。これまでのDV防止法での適用対象を「結婚する意思はないが、生活の本拠を共にする交際相手」にまで拡大し、ストーカー規制法による禁止命令の適用が難しいとされる、同居する交際相手からの暴力の防止と被害者の保護を可能にしたのです。

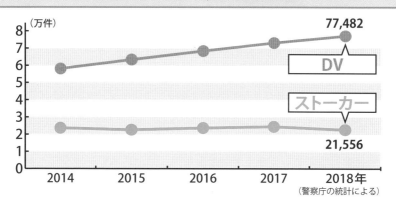

DVとストーカー行為の認知件数

（万件）

77,482

DV

ストーカー

21,556

2014　2015　2016　2017　2018年

（警察庁の統計による）

ストーカー規制法・DV防止法の改正前

- これまでのストーカー規制法は、拒まれたにもかかわらず、連続して電話やFAXを送信する行為を反復すればストーカー行為となったものの、パソコンや携帯電話などでの連続した電子メールの送信については対象外だった。

- DV防止法は、夫婦や内縁関係（事実婚）にある相手からの暴力などは法律の対象となり、交際相手との間の暴力（デートDV）は対象外だった。

改正法の主なポイント

▶ストーカー規制法

- しつこいメールを付きまとい行為に追加。
- 被害者だけでなく加害者の住所地の警察も警告を出せるよう拡大。
- 警察が警告しない場合、理由を被害者に書面で通知することを義務化。

▶DV防止法

- 同居する交際相手からの暴力も保護対象として拡大。

男女間のもめごとに対して、
警察がより踏み込める法律へと改正された。

警察への相談 電話番号 **♯9110** （短縮ダイヤル）※携帯電話も使用可

生活設計

姓と戸籍・親権・お金

離婚の方法・法定離婚原因

婚約破棄と事実婚の解消
外国人との離婚・再婚

手続き・資料

電子メールの迷惑行為もストーカー禁止法に加わった

　2012年に起きたストーカー殺人事件を機会に、ストーカー規制法が2013年に改正され、以下の4項目が新たに加わりました。

❶ 執拗な電子メールの送信行為が、ストーカー規制法の規制対象に加わる。

　被害者が拒んでいるにも関わらず、連続して電子メールを送信する行為が、「つきまとい等の行為」に加わり、ストーカー規制法の規制対象となりました。

❷ 警告を行うことのできる警察本部長等、禁止命令等を行うことができる公安委員会等の拡大等の措置が講じられた。

　法律の改正前は、ストーカー行為の加害者に対して警察署に警告を申請する場合、被害者の住所地を管轄する警察署にのみ限定されていました。被害者は自らの住所地を管轄する警察署にストーカー被害の相談をするため、警告を出した警察署の管轄内に被害者が住んでいることを加害者に知られてしまうという問題がありました。そのため、被害者はそのリスクを冒して警察署に相談せざるを得ませんでした。

　改正後は、被害者が警察署に相談に行く場合、被害者の住所地に加え、被害者の居所、加害者の住所地や、実際にストーカー行為が行われた場所を管轄する警察署のいずれかに、警告を出すよう申請することが可能となりました。被害者は自らの住所地を加害者に知られてしまうというリスクを冒すことなく、ストーカー被害の相談ができるようになったのです。

❸ 加害者に警告や禁止命令を行った場合、その事実を速やかに被害者に知らせることを義務化する。

　警察が加害者に対して警告や禁止命令を行った場合は、被害者に対して、警告や禁止命令の内容と日時を知らせることが義務化されました。

❹ 警告や禁止命令をしなかった場合、書面による理由の通知を義務化する。

　被害者が警察等に対して警告及び禁止命令を行うよう申請し、その後、警察等が警告及び禁止命令を行わなかった場合は、その理由について書面により通知を行うことが義務化されました。

配偶者からの暴力 ・・・・・・・・・・・・・・・・・・・・・・・・・・・・・・・・
DVと面会交流権

経緯	夫の暴力が原因で離婚し、長男と長女は妻が引き取った。離婚後、初めのうちは夫と子どもは面会していたが、てんかんのある長女が面会後に体調を崩したり、夫が長男に暴力をふるったり、妻を中傷し続けたりしたことから、妻は夫が子どもと面会することを拒否した。これを不服とした夫は子どもとの面会交流の調停を申し立てたが、調停は不成立となり審判に移行した。(仙台家裁・2015年8月)
争点	夫婦間の状況、夫の行動などを考慮し、面会交流を認めることが子どもの福祉に値するかどうか。
判決内容	夫婦が極めて深刻な紛争・緊張状態にあることなどから、現時点における面会交流の実施は子どもの福祉を害するおそれが強いとして申し立てを却下した。

弁護士の ★ 解 説 ★

　一般的には、父母が別居中でも子どもが別居中の親と会う機会を持つことが望ましいといえます。ただし面会を実施するためには、別居中の父と母の協力関係が必要です。そのため別居理由がDVである場合、面会を実施することで、被害者へのダメージや子どもに悪影響を及ぼすことがあるため、DV加害者からの面会交流の申し立てを認めないことがあります。このケースも、夫婦の対立状況や、別居・離婚後の夫の行動などに鑑み、面会交流は子どもの福祉を損なうと判断され面会が認められませんでした。

生活設計

PART 2 相談方法・DV・別居

姓と戸籍・親権・お金

離婚の方法・法定離婚原因

婚約破棄と事実婚の解消・外国人との離婚・再婚

手続き・資料

別居して冷静になりたいが、それは可能？

疑問 1

離婚について話し合うまでの段階で、一方が家を出て別居する夫婦も多い。お互いに距離を置くことによって冷静な判断ができることもあるが、はたして離婚前の別居は、法的に認められているのだろうか。別居中の生活費の分担はどうなるのだろうか。ここでは、離婚前の別居について整理しておこう。

正当な理由があれば別居という選択肢も

たとえ離婚への思いが固まりつつあったとしても、決断に至るまでには夫婦で話し合う時間が必要です。距離を置いて冷静になるため、離婚前に別居を望む人もあるでしょう。また、一方が家を出てしまい、すでに別居状態になっている人もいるかもしれません。

民法752条には夫婦の同居義務が定められており、正当な理由なく別居を強行した配偶者に対しては、同居を求める調停および審判を家庭裁判所に申し立てることができます。しかし、**双方が合意しているなど正当な理由がある場合は、別居は同居義務の違反にはなりません。**同居することでかえって夫婦関係が悪化するような場合は、冷却期間をおく意味で、家庭裁判所でも同居請求を認めないケースもあります。

問題は、離婚が成立するまでの別居の間も、夫婦それぞれが生活を維持できる経済力があるかどうかです。また、同居していても一方が生活費を負担しなくなるケースなどはどうすればよいのでしょうか。

法律上、**夫婦は同程度の生活を続けるために、お互いを扶養する義務が**あります。離婚の決意後も、離婚届を提出するまでは婚姻状態が続きます。ですから離婚を話し合う間も、**婚姻費用**＊**として生活費をお互いに分担し**なければなりません。**別居してもこの義務に変わりありません。**

66　　＊婚姻費用は、資産・収入・生活条件（社会的地位、夫婦子ども以外の同居人の有無など）に応じて必要な額とされる。

生活設計

PART 2 相談方法・DV・別居

姓と戸籍・親権・お金

離婚の方法・法定離婚原因

婚約破棄と事実婚の解消・外国人との離婚・再婚

手続き・資料

婚姻費用の分担

 婚姻費用とは

夫婦が同程度の生活を営むのに必要な生活費

日常の生活費 （衣食住の費用）	子どもの養育費	交際費、娯楽費	医療費

夫が会社員、妻が専業主婦（収入なし）の場合

夫（会社員）

婚姻費用は全額夫が
負担し、必要な額を
妻に支払う

妻（専業主婦）
 収入なし

夫婦共働きだが、妻の収入が少ない場合

夫（会社員）

婚姻費用の差額を夫の
分から妻に支払う

妻（会社員、パートなど）
 収入が少ない

分担分　婚姻費用　分担分

　ここでいう生活費とは、具体的にあげると、衣食住に関わる日常の生活費や子どもの養育費、交際費などです。**夫婦の一方の収入が少ない場合、収入の多い側が少ない側の生活費を分担する**ことになります。

　婚姻費用の金額は、話し合いによって決めればよいのですが、裁判所が目安を**早見表**で示していますので、参考にすることができます。早見表の見方は、婚姻費用を分担する側の年収を縦軸に、受ける側の年収を横軸にとって、交点のあるゾーンの金額が婚姻費用の目安となります。年収は、給与所得者と自営業者で異なっています。

　たとえば、年収400万円の給与所得者の夫と幼児1人を連れて別居した妻の場合、専業主婦で無収入もしくはパートで125万円くらいまでの収入なら、6万円〜8万円が婚姻費用の目安です。また、150万円くらいの収入が妻にあると、4万円〜6万円になります。

　このように、夫婦の収入のバランスに応じて、婚姻費用の目安がわかるようになっています。また、金額の目安は、子どもの人数や年齢別によっても複数のパターンが設定されています。

◆ 別居の原因と夫婦の扶養義務は別の問題

　原因がどちらにあるにせよ、収入の多い側が家を出て婚姻費用を分担しなくなった場合などは、収入の少ない側が婚姻費用を請求するのは当然の権利です。しかし、収入の少ない側が、家を出て別居状態になった場合は、収入の多い側に婚姻費用を請求することはできるのでしょうか。

　別居中であっても離婚成立以前なら、夫婦である以上は配偶者の扶養義務がありますから、婚姻費用を請求されたときは負担しなければなりません。たとえ相手方が自らの意思で家を出て別居状態になった場合でも、家を出ざるを得ない状況をつくったのが自分であればなおさらです。

　法律上は、別居の原因と夫婦の扶養義務とは分けて考えることとされているのです。ですから、別居から離婚に至った場合、その責任については、慰謝料（☞P 152）で考慮されます。

　ただし、婚姻費用の額を決める際に、**別居原因をつくった主たる責任がどちらにあるかを考慮して決定される**こともあります。裁判所の調停や判例でも、減額を認める場合があります。

婚姻費用算定表（0〜14歳の子1人の場合）

義務者（負担する側）の年収

（単位：万円）

給与	自営																	
900	681																	
875	662																	
850	641			**14〜16万円**														
825	622																	
800	601																	
775	582																	
750	563																	
725	548			**12〜14万円**														
700	527																	
675	512																	
650	496																	
625	471			**10〜12万円**														
600	453																	
575	435																	
550	410																	
525	392			**8〜10万円**														
500	373																	
475	349																	
450	331																	
425	312			**6〜8万円**														
400	294																	
375	275																	
350	256																	
325	237			**4〜6万円**														
300	218																	
275	203																	
250	185																	
225	165			**2〜4万円**														
200	148																	
175	131																	
150	113			**1〜2万円**														
125	98																	
100	82			**〜1万円**														
75	66																	
50	44																	
25	22			**0円**														
0	0																	
	自営	0	22	44	66	82	98	113	131	148	165	185	203	218	237	256	275	294
給与		0	25	50	75	100	125	150	175	200	225	250	275	300	325	350	375	400

権利者（請求する側）の年収

●給与所得者の年収は源泉徴収票の「支払金額」欄の金額、自営業者の年収は確定申告書の「課税される所得金額」欄の金額です。

出典：東京家庭裁判所HPより

婚姻費用が支払われなくなったら

　婚姻費用の分担は法律上の義務とはいっても、支払われない場合も多くあります。また、最初は約束どおり分担されていても、別居が長期化した場合は金額が減ったり、滞ってしまったりすることも珍しくありません。

　このような場合は、家庭裁判所に**婚姻費用分担請求の調停**を申し立てましょう。家庭裁判所では、**早見表**（☞P 266）を用いて**婚姻費用額を提示**＊してくれますので、互いの年収により金額の目安がわかります。

　なお、早見表に従うなら、住宅ローンの負担額も分担すべき婚姻費用額に含めて計算されるため、婚姻費用を受け取る側にとっては、実際の生活費にあてられる額がわずかとなってしまうこともあります。

　調停で合意できなければ、**審判によって裁判所で婚姻費用額を決定します**。審判も強制執行力があるので、審判で決められた額を払わない場合には、裁判所に申し立てることで**財産差し押さえ**（給料なら2分の1まで）ができます。

　もし早く結論を出したいならば、急ぐ理由を裁判所に提出し、認められれば、調停を省いて審判を行うこともできます。なお、婚姻費用が払われないときの調停申し立ては、早めのほうがよいでしょう。婚姻費用の支払い義務が発生する時期について、明確な決まりはありませんが、多くの場合は、相手に請求した時点からと考えられています。
調停を申し立てれば、請求の意思表示が明確になります。

アドバイス

　離婚前に冷静に話し合いたい場合、別居を1つの選択肢として検討するのもよいだろう。ただし、夫婦は別居しても生活を支え合う義務がある。一方の生活費が不足する場合、収入の多い側は婚姻費用を分担する義務があることを忘れずに。

　＊2003年3月までは、夫婦の収支・資産の実態などを考慮した基礎収入をもとに婚姻費用を提示していたが、特別な事情のない限り、早見表に従うこととなった。

婚姻費用分担請求の手順

 夫

 婚姻費用を分担しなく なった・減額された

 妻

婚姻費用分担請求の調停申し立て

●生活費の支払いを命ずる 仮の処分を申請しておく と、調停委員会が、調停 終了までの生活費の支払 いを命じます（ただし、 執行力はありません）。

調停申し立てに必要な書類・費用

・調停申立書
・夫婦の戸籍謄本1通
・収入印紙（1,200円）
・連絡用の切手代（裁判所により異 なる）

家庭裁判所
請求相手に通知（呼出状の送付）

調停日に家庭裁判所で調停

 調停委員会 →
裁判官（家事審判官）　1名
家事調停委員　　　男女各1名

夫婦の言い分を聞き、金額を調整して提示

 合意できない場合

審　判
裁判所が金額を決定し、支払いを命じる

●実務上は、支払い義務の発生時期を調停申立の時として扱うことが多いので、早めに調停 を申し立てましょう。

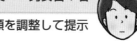

生活設計

姓と戸籍・親権・お金

離婚の方法・法定離婚原因

婚約破棄と事実婚の解消・外国人との離婚・再婚

手続き・資料

Case Study 1

離婚前の別居・・・・・・・・・・・・・・・・・・・・・・・・・・・・・・
別居中の同居請求

経緯	夫との関係悪化や夫の両親との同居から、妻は強いストレスを感じ、幼い子を連れて別居し、離婚の申し立てを行った。裁判では夫婦関係にはまだ修復の余地があるとして離婚が認められなかった。妻は適応障害を発症。別居中の妻に対し、夫が同居請求を行った。（福岡高裁・2017年7月）
争点	裁判で離婚が認められず、夫婦関係が続いている以上、妻には同居する義務があると夫は主張。しかし妻は夫をストレッサー（ストレスを引き起こす原因）とする適応障害を発症しており、ここまで関係が悪化した状態で同居をしなければならないのか。
判決内容	妻の適応障害は夫が原因であることからも明らかなように、夫婦の健全な関係は破綻している。同居を再開しても、お互いの人格を傷つけ合い、個人の尊厳を損なうような結果になる可能性が高いので、夫の同居請求を認めなかった。

弁護士の　★ 解 説 ★

　民法752条には夫婦の同居義務が示されていますが、正当な理由があれば拒むことも可能。このケースでは裁判で離婚は認められなかったものの、同居を強制することは、問題があるという判断により同居請求は認められませんでした。同居義務は任意に履行されなければ本来の目的は達せられません。同居請求を起こす前にその意味があるかをじっくり考えたいところです。

Case Study 2

離婚前の別居‥‥‥‥‥‥‥‥‥‥‥‥‥‥‥‥‥‥‥‥‥‥‥

別居中の婚姻費用

経緯　二人の未就学児のいる夫婦が別居中で妻は専業主婦。妻が夫に婚姻費用の分担を請求したが、夫が「幼児教育・保育の無償化(以下「幼保無償化」)」の開始を理由に、婚姻費用の金額を減額すべきと主張した。(東京高裁・2019年11月)

争点　父親は2018年の幼保無償化の開始を理由に減額を求めているが、それが認められるかがポイント。

判決内容　幼保無償化は、子どもを育てている親の経済的負担を軽減することによって、子どもの健全な成長を実現することを目的とした公的な支援であり、私的な扶助を補助するものに過ぎない。そのため幼保無償化の開始が婚姻費用の金額を減額する理由にはならないとして父親の主張を認めなかった。

弁護士の　★解説★

　　　幼保無償化に先立ち2010年に高校授業料が無償化されたときも、それを理由に婚姻費用の減額について争われたことがありますが、今回のケースと同じく減額は認められませんでした。しかし、今後、新たな公的制度などにより、家庭の負担が大幅に軽減されるようなことがあれば、事案によっては、減額が認められる可能性も否定できないでしょう。

生活設計

PART **2** 相談方法・DV・別居

姓と戸籍・親権・お金

離婚の方法・法定離婚原因

婚約破棄と事実婚の解消・外国人との離婚・再婚

手続き・資料

夫婦と法律

法律で定められている「夫婦の義務」をご存知ですか？ 法律や夫婦の義務など円満な夫婦には縁遠いですが、離婚問題に直面している夫婦となると、皮肉にもぐっと身近なものになります。

2020年度の家庭裁判所の申し立ての件数は58,969件。この中には、離婚調停、円満調整のほかに、家出した配偶者に同居するように求める同居請求や、生活費を入れなくなった相手に対する婚姻費用分担の請求など、夫婦の義務に基づく請求が含まれています。夫婦の同居の義務は民法752条で、婚姻費用分担の義務は民法760条で定められています。このほかに、民法には、夫婦間の契約はいつでも取り消せる（754条）、貞操の義務（770条）などの規定もあります。

離婚を考えるとき、自分や相手の行為が法律的にどう判断されるのか、ぜひ知っておきたいところです。日本の場合、調停や裁判での離婚はわずか1割ですが、残り9割の協議離婚でも、お金や親権の問題など、法律がからむ問題がいろいろと出てきます。とくに、お金に関することは口約束で済ませずに、法的に有効なものにする手段を取る必要があるでしょう。法律を調べたり、弁護士など法律の専門家に相談する機会をもつことも大切です。

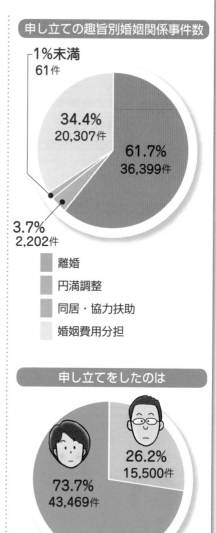

申し立ての趣旨別婚姻関係事件数

1%未満
61件

34.4%
20,307件

61.7%
36,399件

3.7%
2,202件

- 離婚
- 円満調整
- 同居・協力扶助
- 婚姻費用分担

申し立てをしたのは

26.2%
15,500件

73.7%
43,469件

- 夫から
- 妻から

出典：2020年度司法統計

決断するなら
決めるべきこと

この章は、離婚を前提に
話し合いを進めようとする人の
ためのものです。

離婚後の姓と戸籍はどうするか。
子どもの親権をどちらにするか。
離婚する2人の間で発生する
お金の問題をどうするか。

そんな疑問に答えます。

離婚したら戸籍はどう変わる？

離婚によって起こるさまざまな変化のうち、経済面に次ぐ大きなものは姓と戸籍の問題だといえるだろう。離婚と戸籍には、いったいどのような関係があるのだろうか。離婚によってあなたの戸籍にどのような変化が生じるのだろう。まずこれらについてよく理解した上で、手続きを行おう。

◆ 離婚とは、夫婦の戸籍を分けること

　離婚すると、これまで生活をともにしてきた夫婦は別々に住み、独立した所帯で生活を営むのが一般的です。しかしこの状態であっても「別居中だけれどまだ離婚は成立していない」というケースもよく耳にします。離婚と別居、その大きな違いはいったい何を指すのでしょうか。

　離婚とは、単に生活を分けることではありません。離婚するとは、結婚の際に一緒にした夫婦の戸籍を別々に分けるということ。つまり、法律上でいう**離婚の成立とは、戸籍上、夫と妻がそれぞれ別の籍になる**ことを指すのです。

　ひとり親への公的支援制度（☞P 32）などが申請できるのは、離婚が成立してからとなります。たとえば、別居していて夫婦の住民票も分かれそれぞれが独立した世帯主となっていても、また所得上の扶養関係が解消されていたとしても、**戸籍上、夫と妻がまだ同じ籍に入ったままであれば、当然のことながら離婚が成立しているとはみなされません。**

　それでは、戸籍を分けるとは実際にどのようなことを指すのでしょうか。結婚するときには夫と妻それぞれの戸籍を1つにすれば済みましたが、離婚となれば、実はそのように簡単に事は運びません。まずは、戸籍を分けることの意味を理解しておく必要があります。

離婚届に見る戸籍と離婚の関係

離 婚 届

令和○年○月○日届出

長 殿

受理 令和 年 月 日	発送 令和 年 月 日
第 号	
送付 令和 年 月 日	長印
第 号	
書類調査 戸籍記載 記載調査 調査票 附 票 住民票 通 知	

	夫	妻
(1) 氏 名 （よみかた）	たなか たろう 田中 太郎	たなか はなこ 田中 花子
生 年 月 日	昭和○年○月○日	昭和○年○月○日
住 所 （住民登録をしているところ）（よみかた）	○○県○○市○○町 ○丁目○番地○番○号	左に同じ 番地 番 号
世帯主の氏名	たなかたろう 田中太郎	左に同じ
★ 本 籍 （外国人のときは国籍だけを書いてください）	○○県○○市○○町○丁目 ○番地 ○番	
筆頭者の氏名	田中太郎	
父母及び養父母の氏名 父母との続き柄 （右記の実父母以外にも養父母がいる場合にはその他の欄に書いてください）	夫の父 田中健介 母 田中真理子 続き柄 長男 養父 続き柄 養子	妻の父 鈴木大蔵 母 鈴木郁子 続き柄 長女 養父 続き柄 養女
(3)(4) 離 婚 の 種 別	☑協議離婚 □調停 年 月 日成立 □審判 年 月 日確定	□和解 年 月 日成立 □請求の認諾 年 月 日認諾 □判決 年 月 日確定
★ 婚姻前の氏にもどる者の本籍	□夫 □もとの戸籍にもどる ☑妻 は ☑新しい戸籍をつくる ○○県△△市××町△丁目 △番地 △番	（よみかた）すずきはなこ 筆頭者の氏名 鈴木花子

記入の注意

鉛筆や消えやすいインキで書かないでください。
★ 筆頭者の氏名欄には、戸籍のはじめに記載されている人の氏名を書いてください。
届書は、1通でさしつかえありません。
★ この届書を本籍地でない役場に出すときは、戸籍謄本または戸籍全部事項証明書が必要ですから、あらかじめ用意してください。
その他に必要なもの □調停のとき　調停調書の謄本

★筆頭者の氏名欄には、戸籍のはじめに記載されている人の氏名を書いてください。

★この届書を本籍地でない役場に出すときは、戸籍謄本または戸籍全部事項証明書が必要ですから、あらかじめ用意してください。

★印のところで「戸籍」が重要となる！！

●戸籍謄本の提出が必要なのは、離婚によって戸籍が変更となるからです。

生活設計
相談方法・DV・別居
PART **3** 姓と戸籍・親権・お金
離婚の方法・法定離婚原因
婚約破棄と事実婚の解消・外国人との離婚・再婚
手続き・資料

◆ 筆頭者の戸籍は変わらない

　結婚の際に、夫と妻はそれぞれ親の戸籍から出て、新しい戸籍をつくったことを覚えていますか？ 結婚のときそのような意識はとくになかったかもしれませんが、実は婚姻届とは、それまで親と同じ戸籍に入っていた夫・妻それぞれが、独立して２人の戸籍をつくるための届けだったのです。

　婚姻届には筆頭者を記載する欄があり、現在でも慣習上、ここに夫を記載する夫婦が多いのですが、離婚に際しては、この**筆頭者であるか否かで離婚後の戸籍に大きな違い**が出てきます。

　離婚について「籍を抜く」という表現があるように、離婚にあたり、筆頭者でない側（多くは妻）は、結婚時の戸籍から離れることを余儀なくされます。望むと望まないにかかわらず、筆頭者の戸籍に変化はありません。つまり離婚するなら、筆頭者でない人は、結婚時の戸籍から抜いた自分の籍をどうするかを考えておかなければならないのです。

◆ 筆頭者でない人の戸籍の選択は２段階

　それでは筆頭者でない人は、離婚後の戸籍をどうすればいいのでしょうか。離婚届では、まず２つの段階で戸籍について記入することになります。**婚姻前の氏に戻る者の本籍**という欄には

① **もとの戸籍にもどる**

② **新しい戸籍をつくる**

という選択欄が設けられており、離婚に際し戸籍を抜く側（多くは妻）は、まずこの２つから１つを選択しなければなりません。①を選択した場合、「もとの戸籍」とは結婚前に属していた親の戸籍のことですので、**離婚後の本籍地は親と同じもの**となります。

　②を選択した場合は、さらに決めなければならないことが２つあります。つまり**本籍地をどこに定めるか**、**新戸籍の姓をどうするか**という２点です。本籍地については、どこに定めるのも本人の自由です。ただ、離婚後も諸手続きにおいて戸籍謄本・抄本が必要になる場合が多いことを考えると、申請がしやすい場所に設けるとよいかもしれません。新戸籍の姓を旧姓に戻すか結婚時の姓を名乗るかどうかも決める必要があります（☞P 82）。

基本的な夫婦の形

独身時の夫の戸籍

筆頭者：田中健介
妻　　：田中真理子
長男　：田中太郎

独身時の妻の戸籍

筆頭者：鈴木大蔵
妻　　：鈴木郁子
長女　：鈴木花子

結　婚

入籍

> 夫が筆頭者と
> なった場合

結婚時の夫婦の戸籍

筆頭者：田中太郎
妻　　：田中花子（旧姓：鈴木）

●妻も夫も、自分の父または母を筆頭者とする戸籍から出て、夫または妻を筆頭者とする戸籍を新しくつくります。

離　婚

籍を
分ける

離婚後の筆頭者側の戸籍

筆頭者：田中太郎

離婚後の筆頭者でない側の戸籍
選択肢は3つ

「もとの戸籍にもどる」を選択した場合 ①

親の戸籍に戻る

筆頭者：鈴木大蔵
妻　　：鈴木郁子
長女　：鈴木花子

「新しい戸籍をつくる」を選択した場合 ②

旧姓で
新たな戸籍をつくる

筆頭者：鈴木花子

結婚時の姓で
新たな戸籍をつくる

筆頭者：田中花子

生活設計

相談方法・DV・別居

PART
3 姓と戸籍・親権・お金

離婚の方法・法定離婚原因

婚約破棄と事実婚の解消・外国人との離婚・再婚

手続き・資料

◆ 離婚後の戸籍は慎重に

　こうして見てきたように、筆頭者でない人は、「離婚後の戸籍をどうするか」を決める必要があります。戸籍については日常生活で意識することはほとんどありませんが、いざ変更したとなると、その後さまざまに必要な手続きが生じてきます。

　たとえば、**運転免許証やパスポート、マイナンバーカードなど公的な身分証明書となるような書類には、必ず変更が必要**となります。戸籍は、私たちの一生の間に起こる親子関係・夫婦関係の移り変わりや現状を登録し、証明する公簿です。戸籍に変更が生じれば、当然その記載内容と同じになるよう身分証明書類の変更を行わなければなりません。

　また、学校に在籍中である場合や今後入学する場合には、**戸籍上の名前の記載**を求められます。たとえば在学証明書や卒業証書など、本人の学歴などを証明するための公的書類発行に際しては、記載は戸籍と同一でなければ本人証明にはならないためです。

　また、子どもがいるなら、自分自身の戸籍の決定とはいえ**子どもの姓**（☞P 88）や**子どもの戸籍**（☞P 94）も視野に入れつつ考える必要も出てきます。離婚後の戸籍を選ぶことは、離婚後の人生を自覚的に歩むことの第一歩ともいえるかもしれません。慎重に検討して決定しましょう。

アドバイス

　筆頭者でない人は、離婚すると戸籍を変更しなければならない。親の戸籍に戻ることもできるし、新たに戸籍をつくることもできる。自分の戸籍をどうしたいか、慎重に検討しよう。

結婚・離婚と戸籍の関係

1 結 婚

| 戸 籍 | 夫婦＋子ども（未婚） |
| 姓 | どちらの姓を名乗るかは2人で決める |

2 離 婚

戸籍と姓

筆頭者→結婚のときにつくった籍にそのまま残る

筆頭者でない妻または夫（下記のいずれかを選択）

① もとの戸籍に戻る→親の戸籍に戻り、旧姓となる

② 新しく戸籍をつくる
→旧姓に戻ってつくる
→結婚時の姓でつくる

複雑な
戸籍と姓の手続きに
注意しよう！

妻の戸籍
旧姓

夫の戸籍
旧姓

生活設計

相談方法・DV・別居

PART **3** 姓と戸籍・親権・お金

離婚の方法・法定離婚原因

婚約破棄と事実婚の解消・外国人との離婚・再婚

手続き・資料

疑問 **2**

離婚後の姓をどうする？

結婚して姓が変わった側（多くは妻）にとっては、離婚後の姓がどうなるかは大きな問題の1つ。離婚後の姓は、必ず旧姓に戻さなければならないのだろうか。結婚時の姓を名乗りたい場合は、どうすればいいのだろうか。離婚すると自分の姓がどうなるのかについて、ここで整理しておこう。

◆　離婚後の姓は、旧姓に戻すのが原則

　離婚後の姓は戸籍と同様、慎重に検討する必要があります。とくに筆頭者でない側（多くは妻）の場合は、離婚にともなって**新たな戸籍をつくるか、親の籍に戻るかという選択をまず行わなければなりません**（☞P 78）。新しい戸籍をつくるのであれば、それを旧姓でつくるか、結婚していたときの姓を継続して使用するかという2つの選択肢があります。

　籍を抜いた側の離婚後の姓は、旧姓に戻るのが原則となります。というのも、民法767条第1項には、結婚して姓が変わった者に関して「婚姻前の氏*に復する」、つまり、**原則として旧姓に戻る**ことが規定されているのです。もし、旧姓ではなく結婚時の姓を継続して使用したいのであれば、**離婚の際に称していた氏を称する届**（☞P 85）を離婚の日から3ヵ月以内に出さなければならない、と同条第2項で定めています。

　つまり、結婚時の姓を継続して使用したい場合は、上記の手続きを経なければなりません。離婚届提出の際、すでに結婚時の姓を使用すると決めているのであれば、離婚届と同時に上記の届けを提出します。この届けは**離婚の日から3ヵ月以内**と期間が定められており、これを過ぎると、家庭裁判所への申し立てが必要となります。また、一度選択した姓でも、**特別な事情が認められれば変更も可能**（☞P 84）です。

　　＊姓を法律的に呼んだもの。戸籍という意味もある。

離婚後の姓に関する手続き

〔離婚による復氏〕

第767条　婚姻によつて氏を改めた夫又は妻は、協議上の離婚によつて婚姻前の氏に復する。

第2項　前項の規定によつて婚姻前の氏に復した夫又は妻は、離婚の日から3箇月以内に戸籍法の定めるところにより届け出ることによつて、離婚の際に称していた氏を称することができる。

婚姻前の氏(旧姓)に戻る

たとえば仕事の場で…

名字変わったの?

同僚や取引先、顧客などにプライバシーを詮索される可能性も

保険証

旧姓

通称

通称として、結婚していたときの姓を名乗り続けることも。保険証などの公的な名義変更手続きは必要

**結婚していたときの姓を
名乗り続ける**

離婚の際に称していた氏を称する届

離婚の日から3ヵ月以内に、「離婚の際に称していた氏を称する届」を提出

● 通常は、離婚届と同時に提出するケースが大半です。

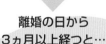

**離婚の日から
3ヵ月以上経つと…**

結婚時の姓を名乗るためには、家庭裁判所に申し立てが必要となるので注意!

◆ 旧姓に戻すか現行姓を継続するかの判断は慎重に

　離婚に際し、姓をどちらに決めるかの選択肢は、あくまでも二者択一。原則として旧姓に戻ることという規定はあるものの、一般的には、**旧姓に戻るか、結婚時の姓を続けるかの選択は本人の意思に委ねられています。**

　実際にどちらの姓を選択するかについては、慎重な判断が必要です。旧姓に戻った場合、仕事をしている人であれば、職場での呼称を変えることは何かと不便ですし、本来なら知らせる必要もない離婚の事実を公表することにもなります。しかし心情面においては、姓を結婚前に戻して心機一転し、新たなスタートを切りたいという人もいるでしょう。

　もう1つの選択肢は、**戸籍上は旧姓で、結婚時の姓を通称***として使う方法です。しかし、公的文書には戸籍上の姓を書かなければならないなど、生活上でさまざまな切り換えが必要となることを理解しておきましょう。

　いずれにしても、姓をどちらに決めるかは、その後の仕事や人間関係に大きな影響を与えうる問題です。よく検討しましょう。

◆ 一度選択した姓を変えるケースとは

　離婚したときに選択した姓を安易に変更することは、本来好ましいことではありません。しかし、妻（あるいは夫）が旧姓に戻った場合、結婚時の姓である子どもと姓が異なることで、日常生活に支障をきたすケースも少なくありません。そのような場合、戸籍法第107条第1項では例外として、**やむを得ない事由がある場合には、離婚時に選択した姓の変更も可能**としています。

　具体的に、これまでの判例などから変更の条件を抽出すると、次の3点が備わっていることが重要になります。

① 「離婚の際に称していた氏を称する届」を出した後、その姓が社会的に定着される前に申し立てをした。

② 申し立てを行うにあたってやむを得ない事情が認められ、思いつきではない。

③ 第三者に害を与えるなどの、社会的な弊害が発生する恐れがない。

　実際には、離婚後かなりの年月が経過しているにも関わらず**変更が認め**

　＊仕事上など、日常生活においての呼称。離婚して実際の姓を変えた場合でも、仕事の場で通称として結婚時の姓を使う人も少なくない。

離婚の際に称していた氏を称する届

**離婚の際に称して
いた氏を称する届**
（戸籍法77条の2の届）

令和 ◯年 ◯月 ◯日届出
　　　　◯◯区長

受理 令和 年 月 日	発送 令和 年 月 日
第　　　　　号	長印
送付 令和 年 月 日	
第　　　　　号	

書類調査	戸籍記載	記載調査	附　票	住民票	通　知	

| (1) | （よみかた）
**離婚の際に
称していた氏を
称する人の氏名** | （現在の氏名、離婚届とともに届け出るときは離婚前の氏名）
たなか　　はなこ
氏　　　　名
田 中　花 子 | 昭和
平成
令和　◯年 ◯月 ◯日生 |
|---|---|---|---|

| (2) | **住　　所**
（住民登録をして
いるところ） | ◯◯県◯△市◯△町△丁目　番地
　　　　　　　　　　　　　　△(番)　号
世帯主
の氏名　**田 中 花 子** |
|---|---|---|

(3)	**本　　籍**	（離婚届とともに届け出るときは、離婚前の本籍） ◯◯県◯◯市◯◯町◯丁目　◯番地 　　　　　　　　　　　　　　◯番 筆頭者 の氏名　**田 中 太 郎**

(4)	（よみかた） **氏**	変更前（現在称している氏） た　な　か **田 中**	変更後（離婚の際称していた氏） た　な　か **田 中**

(5)	**離婚年月日**	令和 ◯年 ◯月 ◯日

| (6) | **離婚の際に
称していた氏を
称した後の本籍** | （(3)欄の筆頭者が届出人と同一で同籍者がない場合には記載する必要はありません）
◯◯県◯△市◯△町△丁目　番地
　　　　　　　　　　　　　　△(番)
筆頭者
の氏名　**田 中 花 子** |
|---|---|---|

(7)	そ の 他	

(8)	**届 出 人 署 名** （※押印は任意） （変更前の氏名）	**田 中 花 子** 印

届出人と昼間連絡できるところを書いてください
連絡先電話：

●離婚届と同時に提出する場合の記入例です。離婚成立後に提出する場合は、
本籍にかかわる欄の記載方法が異なります。

（右側縦書き見出し）
生活設計
相談方法・DV・別居
PART 3 姓と戸籍・親権・お金
離婚の方法・法定離婚原因
婚約破棄と事実婚の解消・外国人との離婚・再婚
手続き・資料

られるケース（結婚前の姓に戻るのが原則なので、離婚の際に結婚時の姓を選択した者が、結婚前の姓への変更を求める場合には、認められやすい傾向にある）もあり、姓の変更の運用は緩和される傾向です。

◆ 自覚的な姓の選択を

離婚後の姓は、旧姓を名乗っても結婚時の姓を名乗っても本人の自由としながら、**原則として旧姓に戻ること**という規定があるところに、旧民法の家制度の影響がうかがえます。

現在の新民法は、旧民法下の家制度を廃止する原則で法制化されたものでした。しかし現実には、**夫婦・親子は同じ氏（姓）**とする原則を残しています。それにより、本来なら**個人の名字**という意味の氏（姓）が、**夫婦・親子共通の名字＝家族のひとかたまり**という概念を含んだものとなり、結果的に旧民法下の「家」的な名残をとどめてしまっているといえるでしょう。

いずれにしても、結婚時に相手の姓を選んだ人は、手続きの煩雑さに多少の差はあれ、**離婚によって自らの姓を主体的に選ぶことができる**わけです。

離婚を考えるなら、姓の選択を通じて、今後自分がどのように生きていきたいか、子どもとどのように関わっていくかを自覚的に問いかけながら、離婚後の人生をしっかりイメージできるか確認しましょう。

アドバイス

離婚して姓が変わる場合は、旧姓を名乗ることもできるし、結婚時に使用していた姓をそのまま使用することも可能。子どもの姓についても視野に入れつつ、主体的に選び取る姿勢が必要。

「姓」に含まれる2つの意味

姓（氏）

法律的に呼ぶ名字

山田　山田　山田

↓

本来の意味

家族のひとかたまり
＝戸籍を示す

山田

↓

**旧民法の
「家」制度の名残**

旧姓に戻った後の選択肢は…

example ①

**すべての名義を旧姓に戻し、
離婚した事実をオープンにする**

メリット

* 一度思い切って済ませてしまえ
ば後々の手続きは必要なくなる
* 離婚とともに気分が一新する

デメリット

* 名義変更がすべて終わるまでは
口座引き落としなどがスムーズ
にいかないことも
* 周囲が慣れるまで呼び名で混乱
することも

example ②

**プライベートのみ旧姓に戻し、
通称として結婚時の姓を名乗る**

メリット

* 離婚を知られずにすむ
* 手続きが少なくてすむ

デメリット

* 状況に応じて姓の使い分けが必
要
* 名義変更が必要なものとそうで
ないものとの区別が面倒

生活設計

相談方法・DV・別居

PART
3
姓と戸籍・親権・お金

離婚の方法・法定離婚原因

婚約破棄と事実婚の解消・
外国人との離婚・再婚

手続き・資料

疑問 3 子どもの姓はどうなる？

離婚によって夫婦が別々の姓になるならば、次に問題になるのは子どもの姓。両親が別々の姓になることで、子ども自身の姓にはどのような選択がありうるのだろうか。夫が引き取るか妻が引き取るかによって、子どもの姓は決定するものなのだろうか。離婚による子どもの姓の問題について考えてみよう。

◆ 離婚による子どもの姓の問題とは

　離婚するにあたって、夫婦の姓にどのような変更が起こりうるかは前項（☞P 82）で述べました。戸籍の筆頭者である側（多くは夫）の姓は離婚によって変更はありませんが、筆頭者でない側（多くは妻）の姓は、結婚前の旧姓に戻るか、結婚時の姓を継続するかの2つの選択があります。

　そこで次に気になる大きな問題は、**夫婦に子どもがいた場合、その子どもの姓はどうなる**かということです。筆頭者でない側が結婚時の姓を継続して使用することを選択した場合は、**夫と妻の姓は離婚しても同じ**ということになりますから、**子どもの姓も当然のことながら両親の姓と同じ**であり、離婚しても見かけ上の変更はありません。

　子どもの姓について問題となるのは、離婚したことにより夫と妻の姓が異なった場合です。つまり、**筆頭者でない人が旧姓に戻るという選択をした場合**、当然のことながら夫婦の姓は別々となり、**子どもにとっては両親の姓が異なる**ことになってしまいます。

　この場合の子どもの姓は、両親どちらの姓と同じになるのでしょうか。子どもを引き取って育てる親と同じ姓になるのでしょうか？　実は、法律上はそうではないことに問題があります。同居しているというだけでは法律上、親子は同じ姓にはならないのです。

生活設計

相談方法・DV・別居

PART **3** 姓と戸籍・親権・お金

離婚の方法・法定離婚原因

婚約破棄と事実婚の解消・外国人との離婚・再婚

手続き・資料

子どもの姓は離婚しても変わらない

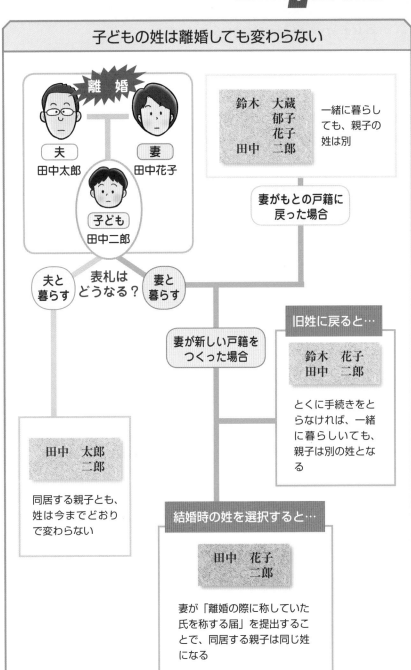

離　婚

夫
田中太郎

妻
田中花子

子ども
田中二郎

表札はどうなる？

夫と暮らす

妻と暮らす

鈴木　大蔵
　　　郁子
　　　花子
田中　二郎

一緒に暮らしても、親子の姓は別

妻がもとの戸籍に戻った場合

妻が新しい戸籍をつくった場合

旧姓に戻ると…

鈴木　花子
田中　二郎

とくに手続きをとらなければ、一緒に暮らしいても、親子は別の姓となる

田中　太郎
　　　二郎

同居する親子とも、姓は今までどおりで変わらない

結婚時の姓を選択すると…

田中　花子
　　　二郎

妻が「離婚の際に称していた氏を称する届」を提出することで、同居する親子は同じ姓になる

子どもの姓は結婚時の姓のまま

　それでは、両親が離婚した子どもの姓は、法律上いったいどのように決められているのでしょうか。民法第790条第1項では、**子どもの氏は結婚時の父母の氏を称する**と定められています。つまり、**子ども自身の姓には、両親が離婚したとしても変更は生じない**ということです。

　結婚時に筆頭者だった人（多くは夫）が子どもを引き取った場合、親子とも姓に変更はないため問題はありません。注意しなければならないのは、筆頭者でない人が子どもを引き取って育てるケースです。**筆頭者でない人（多くは妻）は原則として旧姓に戻る**（☞P 82）とされているにもかかわらず、子どもは結婚時の父母の姓を名乗ることとされていることにより、**実際に同居して生活をともにしている親子で姓が異なってしまう**ケースが少なくないのです。

 筆頭者でない親と子どもを同じ姓にするには

　子どもと姓を同じにしたい場合は、2つの選択肢が考えられます。

　まず、見かけ上の姓を子どもと同じにする方法があります。これは、筆頭者でない人が**離婚の際に称していた氏を称する届**（☞P 85）を離婚後3ヵ月以内に提出することによって、結婚時の姓を名乗るという選択を行う方法です。この場合、**筆頭者でない人と子どもの戸籍は別のまま**のため、**見かけは同じ姓でも法律的には異なる姓と見なされます**。しかし、日常生活において「戸籍上同じ姓かどうか」が問題となるケースはほとんどありませんので、便宜上同じ姓であればよいという人は、この方法がもっとも簡単かもしれません。

　法律上も子どもと同じ姓でありたいと望む人については、子の氏の変更にかかわる手続きを行わなければなりません。ここでいう**氏とは、姓だけでなく戸籍も含む概念である**（☞P 82）ことから、戸籍変更の手続きも同時に行うことになります。したがって申請は直接市区町村役場とはならず、便宜上、家庭裁判所への申し立てを経由する必要があります。詳しくは、次項の**子どもと同じ戸籍にする手続き**（☞P 96）を参照してください。

姓の選択にまつわる不都合

 原則 **子どもは、両親が結婚していたとき の姓を名乗る**

妻が旧姓に戻ると…

どうして名字が違うの？

旧姓

山田

鈴木

親権者が妻でも、旧姓に戻ると子どもと姓が異なる

妻が結婚時の姓を名乗っても

同じ姓なのに…

妻の戸籍　夫の戸籍

鈴木　鈴木

同じ姓にしても、子どもの戸籍は婚姻中のとき筆頭者だった夫のもとにある。妻とは戸籍が別

生活設計

相談方法・DV・別居

PART **3** 姓と戸籍・親権・お金

離婚の方法・法定離婚原因

婚約破棄と事実婚の解消・外国人との離婚・再婚

手続き・資料

子どもの姓は子どもの意思を尊重して

　もちろん、同居しているからといって姓が同じでなければならないということはありません。姓が変わることに抵抗がある、周囲に親の離婚を知られたくないなどという理由から、子ども自身が姓の変更を望まないケースもあるでしょう。

　姓は、その人のアイデンティティも含む重要な問題です。筆頭者でなかった人が自ら結婚時の姓を選択することによって、子どもと姓を合わせるというのならともかく、旧姓に戻った自分と同じ姓にしたいという勝手な都合で、本人の意思などおかまいなく強引に子どもの姓を変えてしまうのなら、問題があるといえるでしょう。

　「離婚の際に称していた氏を称する届」は離婚後3ヵ月以内に提出する必要がありますが、**子の氏の変更については、期間の制限はありません。**子ども自身の意向を尊重し、進学のタイミングや本人が希望する時期などを見計らって変更するという選択もあります。

　また、民法ではそうした事情をふまえ、**15歳未満の子どもの場合の氏の変更については親権者が法定代理人**（☞P 102）**として申し立てできる**のですが、**15歳以上の子どもについては、子ども自身が自らの意思で氏の変更を申し立てることができる**と規定しています。

アドバイス

　両親が離婚しても子どもの姓に変更はない。子どもの姓を変更することは可能だが、子どもにとってどちらの姓がいいのかについては、急ぐことなく、よく考えて選ぼう。

子の氏の変更許可申立書

受付印	子の氏の変更許可申立書
	（この欄に申立人1人について収入印紙800円分を貼ってください。）

東京 家庭裁判所 御中 令和〇年〇月〇日	申立人 15歳未満の場合は法定代理人 の記名押印	田中二郎法定代理人親権者母 鈴木花子 ㊞

添付書類	（同じ書類は1通で足ります。審理のために必要な場合は、追加書類の提出をお願いすることがあります。） □ 申立人（子）の戸籍謄本（全部事項証明書）　□ 父・母の戸籍謄本（全部事項証明書） □

申立人（子）

本　籍	〇〇都道府県 〇〇市〇〇町〇丁目〇番地
住　所	〒〇〇〇－〇〇〇〇　　　　電話 03（〇〇〇〇）〇〇〇〇 東京都〇〇区〇〇町〇丁目〇番地（　　　方）
フリガナ 氏　名	タ　ナカ　ジ　ロウ 田中二郎
	昭和 平成 令和 〇年〇月〇日生（　　歳）

本籍 住所	※ 上記申立人と同じ
フリガナ 氏　名	昭和 平成 令和 年　月　日生（　　歳）

本籍 住所	※ 上記申立人と同じ
フリガナ 氏　名	昭和 平成 令和 年　月　日生（　　歳）

☆法定代理人 父・後見人・母

本　籍	〇〇都道府県 △△市△△町△丁目△番地
住　所	〒上記申立人と同じ　　電話（　　）（　　方）
フリガナ 氏　名	スズ　キ　ハナ　コ 鈴木花子	フリガナ 氏　名

（注）太枠の中だけ記入してください。　※の部分は、各申立人の本籍及び住所が異なる場合はそれぞれ記入してください。　☆の部分は、申立人が15歳未満の場合に記入してください。

★申立人が15歳未満の場合、法定代理人（親権者・後見人）が申し立てることができる

★申立人が15歳以上の場合、本人の意思で申し立てることができる

申立ての趣旨

※ 申立人の氏（田中）を ① 母 ② 父 ③ 父母 の氏（鈴木）に変更することの許可を求める。

（注）※の部分は、当てはまる番号を〇で囲み、（　）内に具体的に記入してください。

申立ての理由

父・母と氏を異にする理由

※ ① 父母の離婚　　　　5 父の認知 2 父・母の婚姻　　　　6 父（母）死亡後、母（父）の復氏 3 父・母の養子縁組　　7 その他（　　　　　　　　　） 4 父・母の養子離縁　（その年月日　平成・令和〇年〇月〇日）

申立ての動機

① 母との同居生活上の支障　　5 結　　婚 2 父との同居生活上の支障　　6 その他 3 入園・入学 4 就職

（注）太枠の中だけ記入してください。　※の部分は、当てはまる番号を〇で囲み、父・母と氏を異にする理由の7、申立ての動機の6を選んだ場合には、（　）内に具体的に記入してください。

生活設計

相続方法・DV・別居

PART **3** 姓と戸籍・親権・お金

離婚の方法・法定離婚原因

婚約破棄と事実婚の解消・外国人との離婚・再婚

手続き・資料

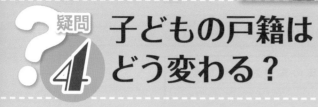

子どもの戸籍は
どう変わる？

離婚に関わる戸籍の問題は、夫婦だけにとどまらない。離婚によって夫と妻の戸籍が別々になったとき、子どもは、どちらの戸籍に入ることになるのだろうか。ここでは、離婚した場合の子どもの戸籍の決め方について、法律的な知識を整理してみたい。

◆ 離婚によって子どもの戸籍は変わるのか

　離婚に際し、筆頭者の戸籍に変化は起こりませんが、**筆頭者でない人はもとの戸籍に戻るか、新しい戸籍をつくるかという2つの選択肢がある**（☞ P 78）という点はすでに述べました。それでは、離婚する夫婦に子どもがいた場合、その子どもの戸籍はいったいどうなるのでしょうか。

　この問題を考えるには、まず離婚前の子どもの戸籍がそもそもどのようになっているのかについて認識しておく必要があります。

　まず生まれて後、出生届が提出されることにより、出生の事実が両親と同じ戸籍に記載されます。**戸籍の基本単位は夫婦と未婚の子ども**ですから、子どもは結婚してパートナーと新しい戸籍をつくるまでは、両親と同じ戸籍にとどまることが原則です。

　それでは、両親が離婚した場合はどうなるのかという点ですが、戸籍上、離婚とはあくまでも夫婦2人の問題とされています。筆頭者でない人は夫婦でつくった戸籍から離れることになりますが、それ以外の変化は戸籍にはありません。**両親の戸籍に記載された子どもは、離婚後は筆頭者とともにそのままもとの戸籍にとどまります**。つまり、離婚によって子どもに戸籍上の変化は起こりません。出生や親子関係を記録する公文書である戸籍は、両親の離婚によって簡単に変更されるものではないのです。

離婚後の夫婦と子どもの戸籍

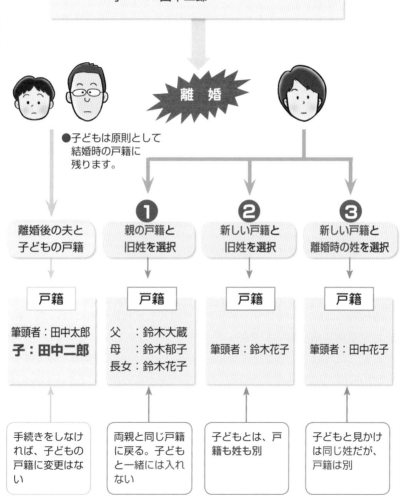

結婚時の戸籍（夫が筆頭者となった場合）

筆頭者：田中太郎
妻　　：田中花子（旧姓：鈴木）
子　　：田中二郎

離　婚

●子どもは原則として
結婚時の戸籍に
残ります。

離婚後の夫と子どもの戸籍

戸籍

筆頭者：田中太郎
子：田中二郎

手続きをしなければ、子どもの戸籍に変更はない

❶ 親の戸籍と旧姓を選択

戸籍

父　：鈴木大蔵
母　：鈴木郁子
長女：鈴木花子

両親と同じ戸籍に戻る。子どもと一緒には入れない

❷ 新しい戸籍と旧姓を選択

戸籍

筆頭者：鈴木花子

子どもとは、戸籍も姓も別

❸ 新しい戸籍と離婚時の姓を選択

戸籍

筆頭者：田中花子

子どもと見かけは同じ姓だが、戸籍は別

筆頭者でない親と子どもは別戸籍になる

　子どもが筆頭者とともにもとの戸籍にとどまるということは、離婚届を提出した時点で、筆頭者でない人は、子どもとは必然的に別戸籍になるということです。これは、**筆頭者でない人が実際に子どもを引き取って育てていたとしても、離婚届に親権者**（☞P102）**として記載されたとしても、変わらない原則**です。

　離婚にともない子どもの戸籍を夫・妻どちらと同じにするかについては、それぞれの夫婦によって考え方は異なるでしょう。しかし、**筆頭者でない人が「もとの戸籍に戻る」という選択をした場合は、子どもと同じ戸籍には入れない**ことを知っておく必要があります。戸籍は夫婦と未婚の子どもで1つの単位になっているため、親の戸籍に戻ったならばそこに自分の子どもまで一緒に入れることはできないのです。

　筆頭者でない人が「新しい戸籍をつくる」という選択をした場合には、子どもと同じ戸籍にすることが可能となります。

筆頭者でない親が子どもを同じ戸籍に入れるには

　子どもと戸籍を同じにするためには、新しくつくった戸籍に子どもを入籍させる手続きをとらなければなりません。これは、新しい戸籍を旧姓でつくった場合も結婚時の姓でつくった場合も、同様の手順が必要です。

　具体的にはまず、子どもの住所地を管轄する家庭裁判所に対して、**子の氏の変更許可申立書**（☞P93）を提出します。そして、なぜ子どもの氏を変更しなければならないのかという理由を明示し説得するわけですが、一般的には「入園・入学」「就職」「親権者変更」などがあげられるほか、「**同居生活上の支障」という理由をあげれば、社会通念上からいっても説得力をもった理由として認められる**でしょう。「子の氏の変更許可申立書」の提出を受けた家庭裁判所は、申し立ての内容が妥当なものかを精査し許可を出します。そして、許可した旨を記載した**許可審判書**を申立者に交付。申立者は、許可審判書を添えて最寄りの市区町村役場に**入籍届**を提出。この一連の手続きにより、**子どもと戸籍が異なっていた人と子どもは同じ戸籍に入り、法律的にも同じ姓を名乗る**ことができます。

子どもと法律上も同じ姓、同じ戸籍となるには

離婚時の戸籍

旧姓に戻った場合	結婚時の姓をそのまま使用する場合

旧姓に戻った場合

戸籍	戸籍
夫：田中　太郎 子：田中　二郎	妻：鈴木　花子

結婚時の姓をそのまま使用する場合

戸籍	戸籍
夫：田中　太郎 子：田中　二郎	妻：田中　花子

● 子どもを自分の籍に入れる場合は、旧姓を名乗っても、戸籍は新しい戸籍をつくります。

● 見かけ上の姓は同じですが、法律上の姓を同じにする手続きが必要となります。

1 子どもの氏を変更する

「子の氏の変更許可申立書」の提出	子どもの住所地を管轄する家庭裁判所	「許可審判書」が交付される

2 子どもを自分と同じ戸籍に入れる

「許可審判書」を添えて「入籍届」の提出	子どもの本籍地または子ども・親権者の住所地の市区町村役場

旧姓に戻った場合	結婚時の姓をそのまま使用する場合

旧姓に戻った場合

戸籍	戸籍
夫：田中　太郎	妻：鈴木　花子 子：鈴木　二郎

結婚時の姓をそのまま使用する場合

戸籍	戸籍
夫：田中　太郎	妻：田中　花子 子：田中　二郎

同じ姓を称して同じ戸籍になる＝同じ氏

生活設計

相談方法・DV・別居

PART **3** 姓と戸籍・親権・お金

離婚の方法・法定離婚原因

婚約破棄と事実婚の解消・外国人との離婚・再婚

手続き・資料

◆ 子どもの氏（姓）の変更に関する申し立て

　家庭裁判所にはさまざまな申し立てが行われています。右図は、家庭裁判所に持ち込まれる「家事審判新受事件の事件別構成比」をまとめたグラフですが、2020年度時点で、全事件件数92万6,829件に対して、「子の氏の変更」をめぐる申し立ては、14万6,747件と15%ほどの割合を占めています。

　離婚にともなって親権者となった母親は原則として、旧姓に戻ります。その場合、母親は新たな戸籍を作ることが多いです。また、婚姻中の姓を引き続き名乗る場合も、母親が新たな戸籍を作ります。その結果、子どもが母親と姓や戸籍が異なると、日常生活をするうえで何かと支障が生じてしまうのだと考えられます。

　裁判所では多くの場合、書面審査によって氏の変更を認めていますから、離婚時に子どもの氏の変更についての申し立てをするとよいでしょう。

　子どもが15歳以上になれば**自らの意思で変更の申し立てができる**（☞ **P 92**）ことは前項で述べました。また、**子どもが成人後1年以内であれば、もとの父（または母）と同じ戸籍に戻る**ことを望む場合、**市区町村役場の戸籍係に届け出て変更する**ことができます。また、成人した子どもは、**自分を筆頭者として新たな戸籍をつくる**ことも可能です。

アドバイス

　子どもの戸籍は、姓と同様、両親の離婚によって変更はない。家庭裁判所に申し立てれば変更は可能だが、実際の不便が生じてからでも遅くはない。子ども自身で変更が可能なことも知っておこう。

家事審判新受事件の事件別構成比（件数）

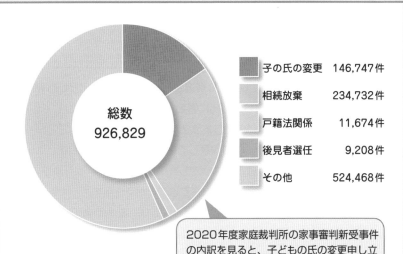

総数
926,829

子の氏の変更　146,747件

相続放棄　　234,732件

戸籍法関係　 11,674件

後見者選任　　9,208件

その他　　　524,468件

2020年度家庭裁判所の家事審判新受事件の内訳を見ると、子どもの氏の変更申し立てと相続放棄が比較的多いことがわかる。

2020年度「司法統計 第3表」より作成

子の氏の変更許可の申し立てと入籍届の手続き

子の氏の変更許可の申立手続き	申立人	子が15歳以上の場合…本人 子が15歳未満の場合…親権者（法定代理人）
	申し立ての場所	子の住所地の家庭裁判所
	必要書類等	①申立書 ②子の戸籍謄本（全部事項証明書） ③子が入る予定の親の戸籍謄本 　（全部事項証明書） ④収入印紙（子1人について800円） ⑤郵便切手（金額は裁判所に確認のこと）
入籍届手続き	届出人	子が15歳以上の場合…本人 子が15歳未満の場合…親権者
	届け出の場所	子の本籍地または子・親権者の住所地の市区町村
	必要書類等	①入籍届 ②家庭裁判所の氏の変更許可の審判書謄本 ③子の戸籍謄本（全部事項証明書）及び 　子が入る親の戸籍謄本（全部事項証明書）

生活設計

相続方法・DV・別居

PART 3 姓と戸籍・親権・お金

離婚の方法・法定離婚原因

婚約破棄と重婚の解消 外国人との離婚・再婚

手続き・資料

99

不本意に離婚届を出されてしまったら

離婚の取り消し

相手に暴力を振るわれた、もしくは脅迫された、騙されたなどという理由から、やむを得ず離婚に同意し自ら離婚届に署名・押印して離婚が成立してしまったというとき、どうすればよいのでしょう?

この「離婚届」は、本人が離婚に同意していることから偽造されたとはいえず、いったんは離婚が成立したことになってしまいます。この場合、「離婚の取り消し」を求めて家庭裁判所に調停を申し立てることができます。

ただし、本人の意思に反する離婚の取り消しは、暴力や脅迫から免れた後、あるいは騙されたことを知ったときから3ヵ月以内に行う必要があります。

離婚の無効

離婚に同意していないのに、偽造した離婚届を相手が勝手に提出した場合、家庭裁判所に離婚無効の調停を申し立てることができます。

用意するもの

- 家事調停申立書(協議離婚無効確認)
- 申立人の印鑑(認印可)
- 収入印紙1,200円分
- 本人と相手の戸籍謄本(別々の戸籍になっている)
- 離婚届の届書記載事項証明書・連絡用の切手代

調停の結果、相手が離婚は無効に合意すれば、裁判所は事実調査をした上で審判を下し、相手側から異議申し立てがなければ離婚は無効になります。その後で、戸籍を訂正する(婚姻時の戸籍に戻す)ための申請を、審判確定後1ヵ月以内に市区町村役場で行います。申請には審判書の謄本と確定証明書が必要です(確定証明書は、家庭裁判所へ申請することにより交付されます)。離婚が無効になって戸籍が訂正されると、離婚前の状態に戻ります。

離婚届を受理されないようにするには

······················· 離婚届不受理申出とは？ ·······················

　離婚をしたくないのに相手が勝手に離婚届を提出してしまう恐れがあるとき、また離婚届を作成した後で気が変わったというとき、離婚届が役所に提出されても受理されないようにするためには、**離婚届不受理申出**の手続きが必要です。

　夫婦の本籍地の役所で手続きをしますが、住所地の役所の戸籍係に提出すれば、本籍地の役所に送付してくれます。

　離婚届不受理申出の有効期限はこれまで6ヵ月間と決められていましたが、その期限もなくなりました。

　また、撤回したいときは、いつでも**不受理申出取下**の手続きを行うことができます。

　　申　出　先：住所地か本籍地の役所戸籍係
　用意するもの：「離婚届不受理申出」用紙、印鑑

Point 1　離婚届不受理申出の有効期限はない

Point 2　いつでも撤回可能（「不受理申出取下」を申請すればよい）

Point 3　「不受理申出取下」申請では申し出のときと同じ印鑑を使用

Point 4　「不受理申出取下」を申請しなければ、申し出本人からであっても離婚届は不受理

Point 5　住所地の役所で手続きすると本籍地役所へ送付

生活設計

相談方法・DV・別居

PART 3 姓と戸籍・親権・お金

離婚の方法・法定離婚原因

婚約破棄と事実婚の解消・外国人との離婚・再婚

手続き・資料

疑問 1

親権がないと子どもは育てられない？

離婚への決断に踏み出そうとするなら、子どものいる夫婦が必ず決めておかなければならないのは、親権の問題。相手とは別れたくても子どもとは離れたくないのが多くの親の心境だが、親権とは、子どもを引き取る権利なのだろうか。親権にはいったいどんな意味があるのかについて、正しく理解しておこう。

◆ 親権とはどういう権利か

　離婚を考える夫婦の間に**未成年***の子どもがいる場合、大きな問題となるのが**親権**です。親権という用語は「子どもの親となる権利」と一般的に認識されがちですが、法律的には次のように定義されています。

①子の身上監護権、およびその義務

②子の財産管理権、およびその義務

　身上監護権とは子どもを守り育てる権利、つまり養育と教育の権利であり、**財産管理権**とは、子ども名義の財産がある場合にこれを管理する権利です。これらに加え、親権には、子どもが契約その他法的手続きをする場合の**法定代理人**としての立場も含まれます。

　夫婦が婚姻している状態であれば、子どもの親権は、夫婦2人にあるということになります。しかし、夫婦が離婚する場合は、どちらか一方を子どもの親権者として定めなければなりません。親権者を記載しないと離婚届は受理されないため、夫・妻のどちらが子どもの親権者になるかは、届けを提出する前に決めておかなければなりません。

　夫・妻のどちらかが親権を放棄し、相手が親権者となることに同意する場合は、子どもの親権をめぐって争うことはありません。しかしそうでない場合は、慎重に検討する必要があります。

＊民法の改正により2022年4月1日より18歳に引き下げられた。

親権とは

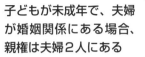

子どもが未成年で、夫婦が婚姻関係にある場合、親権は夫婦2人にある

親権を夫婦で共同行使

その内容は

身上監護権

実際に子どもの身の回りの世話や教育、しつけをして、子どもを一人前の大人に成長させる役割

財産管理権

子ども名義の財産があれば、これを管理する

+

身分上の**法定代理人**

子どもが何らかの契約をする必要が生じた場合、その代理人となる

子どもを育てる側が親権者となる場合が多い

　親権者にならなくても、子どもの実の親である事実に変わりはありません。つまり、親権者であってもそうでなくても、子どもの実の親であるかぎり、離婚後も親としての権利と義務は継続するのです。たとえば、

①子どもと面会する権利

②自分の財産を子どもに相続させる権利

③子どもを扶養する義務

などは、当然のことながら存続しています。離婚を考える夫・妻それぞれが親権者となることを望む場合、まずは上記の事実を押さえた上で、「親権」という言葉にこだわりすぎず冷静に考えましょう。

　通常は、子どもを引き取って育てる側が親権者となるのが大半です。とくに子どもが幼い場合であれば、妻が親権者となるケースが一般的だといえるでしょう。しかし、双方が親権を譲らなかったり、どうしても「跡取り」が必要であったりとの理由から、名目上の親権者と実際に養育する者が異なるケースもあります。その場合は、親権と監護権を分けるという形をとることができます。

親権の一要素として監護権を分ける

　たとえば、離婚に際して夫が親権者になったものの、仕事の都合で十分に子どもの世話や教育をすることができず、実際には妻が子どもを引き取って育てているケースを考えてみましょう。このように親権者が実生活上、子どもの養育や教育に携わらない場合、実際に養育している者が**監護者**となり、親権の要素から**監護権***を分けることができます。

　この場合、監護者である妻が、子どもの日常生活に必要な身のまわりの世話や教育などの権利と義務を負い、親権者である夫が、子ども名義の財産の管理や契約その他の財産上の代理行為を行うという形で、親権と監護権を分けることになります。

　親権と監護権を分けるといっても、監護権は、子どもの実生活上の権利と義務だけをさします。財産管理権や法定代理人としての立場は含まれないので、注意する必要があります。

　*親権は法律上、監護権は実生活上の問題であると考えるとわかりやすい。監護者はいわゆる「保護者」のようなものだと考えよう。

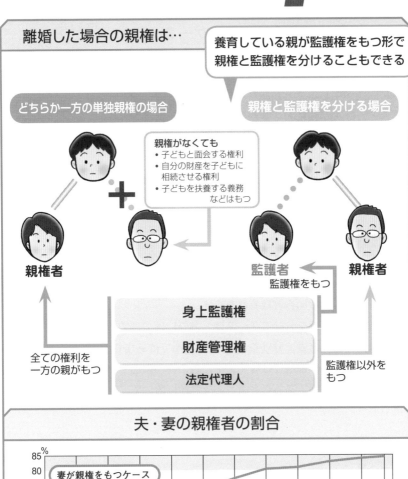

離婚した場合の親権は…

養育している親が監護権をもつ形で
親権と監護権を分けることもできる

どちらか一方の単独親権の場合

親権と監護権を分ける場合

親権がなくても
• 子どもと面会する権利
• 自分の財産を子どもに
  相続させる権利
• 子どもを扶養する義務
  などはもつ

親権者

監護者
監護権をもつ

親権者

身上監護権

財産管理権

法定代理人

全ての権利を
一方の親がもつ

監護権以外を
もつ

夫・妻の親権者の割合

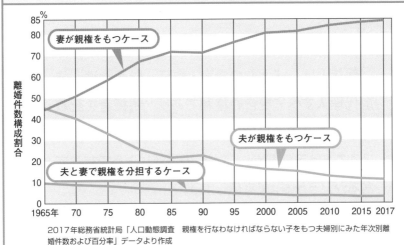

離婚件数構成割合

妻が親権をもつケース

夫が親権をもつケース

夫と妻で親権を分担するケース

1965年　70　75　80　85　90　95　2000　2005　2010　2015　2017

2017年総務省統計局「人口動態調査　親権を行なわなければならない子をもつ夫婦別にみた年次別離婚件数および百分率」データより作成

生活設計

相談方法・DV・別居

PART **3** 姓と戸籍・親権・お金

離婚の方法・法定離婚原因

婚約破棄と事実婚の解消・外国人との離婚・再婚

手続き・書類

105

◆ 親権を分けるのはまれなケース

　親権者と監護者が異なる場合、**子どもの姓と戸籍を変更する**（☞P 96）際に問題が生じることがあります。

　たとえば夫が親権者、妻が監護者となって子どもと同居しているケースで、子どもの姓を妻と同じにしたい場合、手続きには注意が必要です。

　15歳に満たない子どもは自分で姓の変更を申し立てることはできませんから、法定代理人が代わりに申し立てをしなければなりません。ところが、監護者には法定代理人の権利がないので、妻だけでは手続きができず、親権者である夫の同意を得て、夫に**子の氏の変更の申し立て**をしてもらう必要があります。

　親権者が妻の場合でも、**親子の姓を同じにするための手続きは必要**ですが、この場合は、夫の同意がなくても妻自身が手続きできるという点で、親権者が夫である場合とは異なります。

　親権から監護権を分けるケースは、実際には少数です。また、複数の子どもの親権を夫と妻で分けることも、裁判所ではあまりすすめていません。親権は親のための権利ではなく、子どもの物心両面での安定した生活を保障するためのものであることを、必ず念頭に置いて、夫婦でよく話し合いましょう。

アドバイス

　親権とは、子どもの養育・教育、財産管理、法定代理人すべてを含む権利であり、親権者を記載しない離婚届は受理されない。親権と監護権を分けることは可能だが、子どもの生活にとって有益であるかどうかをよく考慮しよう。

親権に属する問題の例

子どもの姓を監護者と同じにしたい場合、次のような手続きが必要となる

監護者 鈴木花子 ····一緒に生活···· （姓は異なる） 田中二郎

「子の氏の変更」の同意を求める

親権者 田中太郎 ―――別居――― （姓は同じ） 田中二郎

「子の氏の変更許可申立書」の提出

子どもの住所地の
家庭裁判所

許可審判書・入籍届の提出

●交付された「許可審判書」を親権者から受け取れば、監護者が手続きをすることもできる

子どもの本籍地
または
子ども・親権者の
住所地の
市区町村役場

戸籍変更

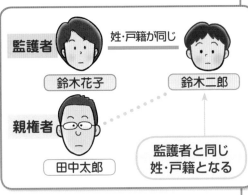

監護者 鈴木花子 ―姓・戸籍が同じ― 鈴木二郎

親権者 田中太郎 ····

監護者と同じ
姓・戸籍となる

生活設計

相談方法・DV・別居

PART 3 姓と戸籍・親権・お金

離婚の方法・法定離婚原因

婚約破棄と事実婚の解消・外国人との離婚・内縁

手続き・資料

子どもの親権は、どのような基準で決まる？

多くの権利をもつ親権者の決定は、子どもにとって重要な問題だ。離婚しようとする2人にとっては、夫婦間の問題だと考えてしまいがちだが、はたしてそうなのだろうか。親権者の選定は、いったいどのような基準で行われるべきなのだろうか。親権者となる基準とは何かについて、理解しておきたい。

◆ 親権者の決定は原則として夫婦の協議

　子どもの養育にとって重要な権利と義務を持つ**親権者**（☞P 102）の決定は、極めて重大な問題です。離婚はあくまでも夫婦間の問題ですが、子どもはたとえ離婚したとしても夫・妻双方が責任を持って養育すべき存在です。法律でも、まず夫婦の協議によって、どちらかを親権者として定めるよう求めています。**離婚届に必ず親権者の記載が求められる**のも、親権者の決定がなおざりにされないようにとの目的があるからです。

　もちろん、夫婦による話し合いではなかなか親権者が決まらないケースもあります。この場合は、夫婦どちらかの請求に基づき、裁判によって親権者を決定します。同様に、離婚そのものを**調停**（☞P 174）で決着させようとする場合も、まず親権者の選定を明確にした上で、調停離婚の成立を目指すことになります。

　では、親権者を決める際の判断基準はどのようなものでしょう。裁判所では、年齢をはじめとした子どもの事情に加え、夫婦双方の事情（経済状態や生活態度・性格・周辺環境など）を考慮した上で判断します。

　中でも最も重視しているのが、**子どもの利益**です。子どもにとって夫・妻のどちらを親権者として選定することが真の利益にかなうのかを、総合的に判断することになります。

生活設計

相談方法・DV・別居

PART **3** 姓と戸籍・親権・お金

離婚の方法・法定離婚原因

婚約破棄と事実婚の解消
外国人との離婚・再婚

手続き・資料

親権はどちらに？

親権は
どっち？

夫 ? 子ども ? 妻

親権者を決めるには

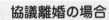 **協議離婚の場合** 夫婦間の話し合いで

市区町村役場に親権者が記載された「離婚届」を提出。監護者を
記載する必要はない

調停離婚または審判離婚の場合 家庭裁判所で

調停の場合		
離婚の問題、親権の問題、その他を調停で話し合い、調停を成立させるか、審判で裁判官が決定する	**調停調書**の作成	**調停調書の謄本**と**離婚届**を、市区町村役場へ提出する
	審判の場合	
	審判書の作成	**審判書の謄本**と**離婚届**を、市区町村役場へ提出する

裁判離婚の場合 家庭裁判所で

裁判所の判断で判決が下され、判決主文で指定される	**判決書**の作成	**判決書の謄本**および、判決に対し不服申し立てがなかったことを証明する**確定証明書、離婚届**をそろえて市区町村役場へ提出する

109

監護者を置く場合は証明する書類を残す

監護者（☞P104）は、離婚届に記載する必要がありません。そのため、協議離婚の場合、親権者のみを決定し、監護者を選定しないケースが少なくありません。しかし、子どもの親権を分けるのであれば、監護者については離婚の時点で明確に定めておく必要があります。場合によっては、後になって親権者から「監護者を決めたという証拠なんかどこにもない、子どもを引き渡せ」といった一方的な主張が展開されることにもなりかねません。親権者のほかに監護者を設定する場合は、**夫か妻のどちらが親権者であり監護者であるかを証明する書類を作成し、記録として残しておく**ことが望まれます。

ちなみに、監護者の選定方法は、親権者の場合とほぼ同じです。協議離婚では夫婦の話し合いが原則ですし、話し合いで決定できなかった場合、あるいは話し合いすらできない場合は、家庭裁判所での調停や審判を求めることになります。また調停離婚の場合、親権者とともに監護者についても**調停調書**に記載されるため、トラブルは回避されやすくなります（審判離婚では**審判書**で、裁判離婚では**判決**によって監護者が指定されます）。

親権者や監護者の変更は子どもの利益が最優先

親権者と監護者は、子どもの利益のために必要とされるもので、夫婦の身勝手な判断で左右されるのは望ましくありません。したがって、親が再婚などを理由に親権者もしくは監護者であることを放棄したり、変更を求めたりすることはできません。もし親権者や監護者を変更する必要が生じた場合は、その**変更が子どもにとってメリットのあるものでなければならず、その判断に際しては、子どもの意志も考慮**されます。

具体的には、親権者あるいは監護者が長期の入院や海外赴任を余儀なくされるケース、あるいは、子どもへの暴力や労働の強要などのような、子どもの養育の責任を果たそうとしないケースなどは、親権者・監護者変更の正当な理由となります。なお親権者の変更は、必ず家庭裁判所の調停あるいは審判で決定することと定められており、子どもの**親族**[1]であれば誰でも、**親権者変更調停の申し立て**[2]ができます。

＊1 親権・監護権を持たない親、祖父母、おば、おじなど。
＊2 子どもが15歳以上の場合、必ず本人の意見を聞かなければならない。

親権者や監護者を変更するには

変更申し立てが可能な理由

- 長期の入院で子どもの世話ができない
- 海外への転勤で子どもの世話ができない
- 親権者や監護者が子どもを虐待している
- 親権者や監護者が養育の義務を果たさない
- その他、子どもの利益と福祉に反する場合

こんなケースはNG！

- 再婚するため
- 子どもが邪魔

変更申し立ての手続き

1 子どもの親族が、親権者または監護者の変更を申し立てる

子どもの親族 ⇒ 親権・監護権を持たないほうの親、祖父母、おじ、おば など

2 家庭裁判所で調停または審判を行う

調停 ⇒ 申立人と現在の親権者または監護者が、裁判所の仲裁によって 話し合い、調停合意を成立させる

審判 ⇒ 裁判所の判断で、親権者または監護者を変更させる

● 監護者の変更は、調停・審判以外でも夫婦の話し合いで合意できれば認められます。

裁判所の判断基準

- 変更の理由が正当かどうか
- 子どもの権利実現のためにどちらの親がふさわしいか

◆ 親権者を喪失した場合の対処

　離婚の際に定めた親権者が、離婚後に死亡してしまう場合もあります。そのようなときは、前述の親権者変更の調停申し立ての手続きを家庭裁判所に行い、**親権者を選任します**。しかし、離れて暮らしていたもう一方の親が何らかの理由で事実上親権を行使することができない、といったケースも考えられます。

　このような場合は、家庭裁判所の見解が分かれるところですが、親権者が不在の場合と同一視して後見＊が開始するものと解釈し、**死亡した親権者が、遺言で後見人の指定を行っていた場合は、指定された人（子どもの祖父母など）が後見人**となります。

　しかし、親権者が死亡した時点ですでに遺言によって後見人が指定されているケースは、かなり少ないと考えられます。そのような場合は、**子どもの親族の請求によって、家庭裁判所が後見人を選定する**ことになります。

　また、離婚の際に定めた親権者が健在であっても、たとえば子どもを虐待する等、子どもの養育に深刻な問題のある場合は、関係者（子ども、子どもの親族、児童相談所長など）が家庭裁判所に申し立てることにより、親権喪失の審判を請求することができます。「親権喪失」は期限を定めずに親権を奪う制度ですが、平成23年より「親権停止」が追加されました。これは２年間を上限として一時的に親権を停止する制度です。親権を停止している間に家庭環境を改善し、親子の再統合を図ることを目的としています。

アドバイス

　子どもの親権者は、子どもの福祉と利益を基準に夫婦が話し合って決めるのが原則。親権者を変更する場合も、子どもから見てメリットを見込めることが前提となる。

　＊親権者がいない未成年の子どもの財産を管理し、また世話をすること。

親権者変更調停申立書

この申立書の写しは、法律の定めるところにより、申立ての内容を知らせるため、相手方に送付されます。

| 受付印 | 家事 | ☑ 調停 | 申立書 | 〔 親権者の変更 〕 |

（この欄に未成年者1人につき収入印紙1,200円分を貼ってください。）

収入印紙　　　円
予納郵便切手　　円

（貼った印紙に押印しないでください。）

| 家庭裁判所 御中 | 申立人 （又は法定代理人など） の記名押印 | 鈴木花子 ㊞ |
| 令和 ○年 ○月 ○日 | | |

| 添付書類 | （審理のために必要な場合は、追加書類の提出をお願いすることがあります。） ☐ 申立人の戸籍謄本（全部事項証明書）　☐ 相手方の戸籍謄本（全部事項証明書）　☐ 未成年者の戸籍謄本（全部事項証明書） | 準口頭 |

申立人	本籍（国籍）	○○ 都道府県 ○○市○○町○丁目○番
	住所	〒○○○-○○○○　○○市○○町○丁目○番○号　（　　方）
	フリガナ 氏名	スズキ ハナコ 鈴木花子　昭和・平成 ○年○月○日生（○歳）
相手人	本籍（国籍）	×× 都道府県 ××市××町×丁目×番
	住所	〒×××-××××　××市×××町×丁目×番×号　（　　方）
	フリガナ 氏名	タナカ タロウ 田中太郎　昭和・平成 ○年○月○日生（○歳）
未成年者	未成年者(ら)の本籍(国籍)	☑ 申立人と同じ　☐ 相手方と同じ ☐ その他（
	住所	☑ 申立人と同居　☐ その他（
	フリガナ 氏名	タナカ ジロウ 田中次郎
	住所	☐ 申立人と同居　☐ その他（
	フリガナ 氏名	
	住所	☐ 申立人と同居　☐ その他（
	フリガナ 氏名	
	住所	☐ 申立人と同居　☐ その他（
	フリガナ 氏名	

（注）　太枠の中だけ記入してください。　□の部分

この申立書の写しは、法律の定めるところにより、申立ての内容を知らせるため、相手方に送付されます。

申　立　て　の　趣　旨

※　申立ての趣旨は、当てはまる番号を○で囲んでください。
　　☐の部分は、該当するものにチェックしてください。

※
1　未成年者の親権者を、（ ☑相手方 ／ ☐申立人 ）から（ ☑申立人 ／ ☐相手方 ） に変更するとの（ ☑調停 ／ ☐審判 ）を求めます。

（親権者死亡の場合）
2　未成年者の親権者を、（ ☐亡父 ／ ☐亡母 ）
氏名
本籍
から　申立人　に変更するとの　審判　を求めます。

申　立　て　の　理　由

現在の親権者の指定について

☑ 離婚に伴い指定した。　　　　　その年月日 平成・令和 △年△月△日
☐ 親権者の変更又は指定を行った。　（裁判所での手続きの場合）
　　　　　　　　家庭裁判所　　　　（☐支部／☐出張所）
　　　　　　　　平成・令和___年（家）___第_____号

親権者指定後の未成年者の監護養育状況

☐ 平成・令和 △年△月△日から平成・令和 △年△月△日まで
　　☐申立人 ／ ☑相手方 ／ ☐その他（_____）のもとで養育
☐ 平成・令和 ○年○月○日から平成・令和 ○年○月○日まで
　　☐申立人 ／ ☐相手方 ／ ☐その他（_____）のもとで養育
☐ 平成・令和 　年　月　日から平成・令和 　年　月　日まで
　　☐申立人 ／ ☐相手方 ／ ☐その他（_____）のもとで養育

親権者の変更についての協議状況

☐ 協議ができている。
☑ 協議を行ったが、まとまらなかった。
☐ 協議は行っていない。

親権者の変更を必要とする理由

☑ 現在、（☑申立人／☐相手方）が同居・養育しており、変更しないと不便である。
☐ 今後在、（☐申立人／☐相手方）が同居・養育する予定である。
☑ （☐相手方／☑未成年者）が親権者を変更することを望んでいる。
☐ 親権者である相手方が行方不明である。（平成・令和___年___月頃から）
☐ 親権者が死亡した。（平成・令和___年___月___日死亡）
☐ 相手方を親権者としておくことが未成年者の福祉上好ましくない。
☐ その他（_____）

別れた後の、子どもとの接触はどうなる？

離婚するなら、どちらか一方の親は子どもと離れざるを得なくなる。子どもと別れる側にとって、離婚後の子どもとの接触は大きな問題であることはいうまでもない。同居する親にとっても、今後別れる相手と子どもとの面会は気になる点だろう。離婚を決断するなら、親子の面会交流権について知っておくことも大切だ。

◆ 夫婦関係が解消されても親子関係は変わらない

　離婚はあくまでも夫婦間の事柄です。婚姻関係にあった夫婦に子どもがいた場合、夫婦の関係が解消されたといっても、親子の関係までが解消されるわけではありません。とくに、子どもと別れて暮らすことになった側にとって、離婚によって子どもとの生活までが失われるのは大きな悲しみです。もちろん、子どもが離れて暮らす親に会いたいと願うのも当然のことです。2011年の民法等の一部改正により、離婚に際しては**離婚によって離ればなれに暮らすことになった子どもと別居親との面会交流権**について、子の利益を最優先して必要な事項を定めなければならないことが、明記されました。

　面会交流権の**「面会」は子どもに対しての接触**を指し、**「交流」は一緒に食事や旅行をするなどの、ともに過ごす行為**を意味しています。つまり、面会交流権とは、親子として自然な感情に基づく行動を認めようというものです。親子間の円滑なコミュニケーションは、子どもの福祉と利益に有益であると認められた結果といえるでしょう。

　したがって、真に子どものための面会交流を行うためには、子どもの置かれている状況も考慮し、また父母の間でよい信頼・協力関係を保つことが大切であるといえるでしょう。

面会交流権とは

面会交流

離婚後、親権者または監護者にならなかった親が、子どもに面会したり一緒に時間を過ごしたりする（交流）こと

面会交流が認められる基準

子どもの利益と福祉。子どもの幸せに反する場合は、面会交流が制限される場合がある

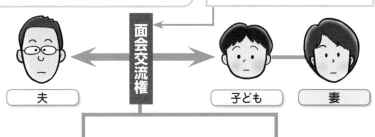

面会交流権

夫 ←→ 子ども　妻

認められるケース

子どもの利益と福祉に有益

食事をしたり遊びに行ったり、相談ごとを聞くなど親子のコミュニケーションが子どもにとって有益と判断される場合

[事前に確認しておくとよい点]
・面会の頻度、面会時間の長さ、宿泊の有無
・どのようにして子どもを受け渡すか
・別れた夫婦間の連絡方法はどうするか

認められないケース

子どもの利益と福祉に反する

・アルコール依存症や性格破綻
・子どもに暴力をふるう
・子どもの心を動揺させる、悪影響を与える
・子どもが面会交流を望んでいない
・その他、子どもの利益と福祉に反すると判断される場合

生活設計

相談方法・DV・別居

PART **3** 姓と戸籍・親権・お金

離婚の方法・法定離婚原因

婚約破棄と事実婚の解消・外国人との離婚・再婚

手続き・資料

面会交流が困難な場合

　一般的に、面会交流が認められた親子は、月1回程度の割合で時間と場所を指定し、一緒に食事をしたり遊びに出かけたりするケースが多いようです。

　もちろん、月1回という決まりがあるわけではありません。調停の条項上で面会交流を認める場合、とくに回数や期限を決めずに記載することもあります。したがって、月に何回も会っているような親子もいれば、誕生日などの特別な日のみ会っている親子もいるのが実情です。

　しかし、面会交流が認められていながら、実際に子どもと暮らしている親が、子どもを不当に会わせないようにしているケースも少なくありません。とくに子どもが幼く自分の意思で行動できない段階などでは、子どもを養育している親が非協力的だった場合、離れて暮らす親と子が面会交流することは困難だといわざるを得ません。

　そのような場合、離れて暮らす親は家庭裁判所に申し立て、**子どもに会わせてもらえるよう勧告を出してもらう**ことができます。また、子どもを会わせない親に対し、**制裁金を課す間接強制***の申し立てを認めた裁判例もあります。

離婚成立前から面会交流権は認められる

　離婚をめぐって夫婦間の争いが激しくなることがあります。その場合、一方の親が子どもを連れて出ていってしまい、それによってもう一方の親と子どもが離ればなれになってしまうケースも想定されます。

　このような場合であっても、家庭裁判所に**面会交流の申し立て**を行うことは可能です。子どもの福祉と利益を守る観点から、子どもが別居親と面会交流できる状態を回復する必要があります。

　子どもにとって、よほどのことがない限り、別れて住む親も大切な親であることに変わりはありません。離婚前であろうと後であろうと、別居という現実が子どもにとって深刻な影響を与えるものであるのはいうまでもないことです。夫・妻それぞれが自分の意思を通そうとするのではなく、子どもにとってどうするのが一番いいか、冷静に考えましょう。

　＊人間の行為に関しては強制はできないため、制裁金を課すことによって履行を促すことをいう。

子どもとの面会交流権を確保するには

離婚（または別居）
しているけれど、
子どもに会いたい！

子どもと暮らす親が
面会交流に非協力的
だった場合

・離婚前の別居中
・離婚成立後

離婚成立前の対策例

家庭裁判所

調停の段階で、**子どもに会わせない場合の制裁金**について取り決め、**調停調書**に記載

面会交流の申し立て

家庭裁判所

調停

↓

審判

子どもに会わせるよう
勧告

●間接強制の申し立ても可能です。

子どもに会わせるよう
命令

＝
間接強制

●従わない場合、制裁金が課せられます。

生活設計

相談方法・DV・別居

PART 3 姓と戸籍・親権・お金

離婚の方法・法定離婚原因

婚約破棄と事実婚の解消・外国人との離婚・再婚

手続き・資料

◆ 子どもの心情を思いやる夫婦の気持ちが大切

　面会交流は、親と子どもの重要なコミュニケーションです。したがって、面会交流権が認められているのにそれを制限することは、いくら親権者だとしても認められるものではありません。しかし実際には、制裁金などの取り決めをしていても、後になって「多少のお金を払ってでも子どもに会わせたくない」と居直ってしまう人も少なくなく、親同士の感情的な対立が、親子の面会交流の機会を奪ってしまうケースが散見されます。

　民法第766条「離婚後の子の監護に関する事項の定め等」では、「**父母が離婚の協議をするときは、子の監護をすべき者、父または母と子の面会およびその他の交流、子の監護に必要な費用の分担、その他の子の監護について必要な内容は、その協議で定める。この場合においては、子の利益を最も優先して考慮しなければならない**」と明記されています。

　離婚を考えている夫婦が、相手に対して悪印象を抱き、二度と会いたくない、話したくないと考えるのは仕方ありません。しかし、親子の関係という観点で考えれば、子どもの気持ちを思いやるのは親として当然の努めです。自分の心情を優先するのではなく、あくまでも**子どもの福祉と利益を最も優先にした状況判断**を行いましょう。

　もちろん、親と面会することで子どもに悪い影響を与えるような場合には、親が「会いたい」という気持ちを抑える姿勢も必要でしょう。とくに思春期のような微妙な年齢のときや、離婚後に再婚話が浮上している時期は、別れて暮らす親と会うことで心が動揺することも多いため、大人としての冷静な判断が求められます。

アドバイス

　夫婦が離婚しても、親子の面会交流は重要である。あくまでも子どもの心情を最重視した上で、細かい条件を決めよう。

子どもの心のケア

●別居している親へ●

離れて暮らす子どもに会う場合の心得

- 子どもの成長のペースをよく見ながら接する（自分の思い込みで振り回さないこと）
- 過度なサービスはしない。節度を持って接する（大げさな態度や物で釣ることは禁物）
- 過去の愚痴、別れた相手の愚痴をいわない

●同居している親へ●

離れて暮らす離婚相手が子どもと会う場合の心得

- 気持ちよく送りだしてやる
- 面会のときの様子を根掘り葉掘り聞かない
- 子どもから話してきたことは一生懸命に聞く
- 子どもに嘘をつかせない（気遣いをさせない）

●両方の親へ●

日頃から気をつけておきたい子どもとの接触の心得

- 離婚したこと、今の暮らしに関する愚痴をいわない
- 嘘をついたり、隠し事をしたりしない
- 離婚した相手の悪口をいわない

生活設計

相談方法・DV・別居

PART 3 姓と戸籍・親権・お金

離婚の方法・法定離婚原因

婚約破棄と事実婚の解消・外国人との離婚・再婚

手続き・資料

Case Study **1**

子どもの親権を決める ・・・・・・・・・・・・・・・・・・・・・・・・・・・・・・

子どもの引き渡しを求める処分

経緯 母親が3人の娘を連れて出る形で夫婦は2年前から別居中。しかし母親と家を出た翌日、長女は自分の意思で自宅に戻った。その後、父親が長女を、母親が次女と三女を育てている。父親が次女と三女を、母親が長女をそれぞれ自分の方に引き渡せという申し立てをした。（東京高裁・2020年2月）

争点 これまでそれぞれを誰が育ててきたか、姉妹を分離させて育てることに問題がないのか、長女は12歳のため本人の意思はどうなのか、といった点がポイントに。

判決内容 別居後も、夫婦それぞれの家は徒歩で数分のところにあり、姉妹同士には面会する機会がもたれている。さらに家族5人でも、誕生日等には定期的に交流を続けている。二女および三女は母親のもとで問題なく成長し、また長女は自分の意思で父親と暮らしているという経緯もあり、双方の申し立ては却下された。

弁護士の ★ **解 説** ★

　　　　子どもの生育環境を安定させるため、多くの判例では現状維持が優先されます。現状、長女は父方で問題なく暮らしているため、姉妹の分離は一考慮要素に過ぎず、これまでと現在の監護環境に問題はないという判断をしました。親権を争う場合には、既成事実が重視される傾向が高いため、長く育てている側ほど有利になります。

SECTION **2** 子どもの親権を決める

生活設計

相談方法・DV・別居

PART **3** 姓と戸籍・親権・お金

離婚の方法・法定離婚原因

婚約破棄と事実婚の解消・外国人との離婚・再婚

手続き・資料

子どもの親権を決める・・・・・・・・・・・・・・・・・・・・・・・・・・・・
子の面会交流の間接強制

経緯　妻が長女と長男の親権者となり離婚。毎月子どもたちを父親に会わせる調停が成立していたが、2019年からの新型コロナウイルスの流行で、直接会うことがかなわず、夫は妻に対し子どもたちと面会交流させるよう間接強制を申し立てた。（大阪高裁・2021年8月）

争点　コロナ禍という、これまでにない状況の中、母親はオンラインでの面会の実施など、できることをしており、実際に面会ができなかったのは緊急事態宣言中の一度のみであった。これ以上の履行が可能だったかどうかがポイントに。

判決内容　オンラインでの面会以外にも、クリスマスプレゼントの受け渡しなど、母親は父親に子どもたちを会わせてきており、父親が間接強制により、子どもたちへの直接面会を母親に求めることは過酷であるとして父親の要求を却下した。

弁護士の ★ 解 説 ★

　　　　判決を守らなかった場合に一種の制裁金を課す間接強制は、2013年の最高裁判所の判決により、「面会交流」についても対象となりました。面会交流が具体的に決められた判決が出たにもかかわらず、子どもと一緒にいる親が面会を実行しない場合には、間接強制が認められます。しかし今回はコロナ禍という状況のため、直接面会を求める間接強制は困難と判断されました。

子どもの引き渡しを請求したいとき

………………親の身勝手から始まる子どもの奪い合い………………

離婚をめぐるトラブルの中で最も大きいのが、子どもをめぐる問題かもしれません。とくに、子どもの奪い合いが問題になるケースは多く、身勝手な親の態度が子どもを傷つけてしまうこともあるので注意が必要です。

たとえば、親権者や監護者になった親のところにいる子どもを引き渡すよう、もう一方の親がしつこく求めるケース。またその逆に、親権を持っていない親のところにいる子どもに対して、親権を持った親が引き渡しを求めるようなケースは、頻繁に起きている事柄です。

ちなみにこうしたケースにおいても、離婚が成立した段階では、どちらが子どもを引き取るかについては双方とも納得していた場合が多いのです。ところが、時が経過する中で子どもが恋しくなり、かつ別れた相手に対する不信や憎しみなどとも相まって、自分の元へ引き取ることが子どもにとって幸せだと考える親が増えてくるのです。

また、正式に離婚はしていないものの、すでに別居状態にあるような場合、子どもを夫婦で取り合うケースが少なくありません。ひどいときには、力ずくで幼い子どもを奪い合うようなケースもあり、中には子どもの生命や健康状態を左右する事態も考えられるので要注意です。

子どもが可愛いのは、どの親にとっても同じこと。おそらく、先にあげたケースのいずれにおいても、最初は子ども可愛さの行為として始まったものがほとんどだと思われます。しかし、離婚した相手との関係の中でその思いがエスカレートしてしまい、結果として親の身勝手な行動へと変貌してしまうのでは、子どもはたまったものではありません。

「子どもの福祉と利益」に基づいて判断すること。これは、本書で何度も繰り返している大原則ですが、感情的になったときほど、この大原則を思い出し、真に子どもの幸福につながる判断を心がけていきたいものです。

………………最終的には家庭裁判所の調停・審判に委ねよう………………

子どもの監護に関する処分権限を持っている公的機関は、家庭裁判所です。したがって、子どもをめぐる問題が大きくなってしまったときは、最終的に家庭裁判所の判断を仰ぐことになります。

もちろん、夫婦と子どもの問題は、当事者同士で解決できればそれにこしたことはありません。家庭裁判所でも、まずは夫婦の間に立って、それぞれが納得できる解決方法を模索することになります。そうした手続は、調停と呼ばれており、子どもの引き渡しを望む親から「子の引き渡し請求」を受けた家庭裁判所は、夫婦の間に入る形で間接的に話し合いを進め、それぞれの言い分をもとに解決策を提示することになります。

　そして、その解決策で互いが納得すれば、調停は終了。逆に、話し合いで決着できない場合、あるいは前述したように、力ずくで子どもを奪い合う関係になってしまったようなケースでは、家庭裁判所の審判手続に移行し、裁判所が出した結論に従います。

　通常は、調停もしくは審判で事態は収束に向かいますが、中には、子どもの安全が脅かされるなど、緊急度の高いケースも想定されます。そうした場合は、審判前の保全処分として、裁判所が速やかに子どもの引き渡しを求めることもあります。

　いずれにしろ、このような紛争の一番の被害者は、常に子どもです。親としては子どものためによかれと思ってとった行動でも、子どもにとっては不都合であるケースも少なくありません。夫婦の最後の共同作業として、子どもにとって最も幸福な選択をしてやるべきでしょう。

● 引き渡し請求が認められる判断基準 ●

- 子どもと親との結びつきの度合い
- 子どもに対する愛情の度合い
- 子どもの養育に対する関わり方の実態
- 夫・妻の性格、生活状態、経済状態
- 子どもをめぐる環境　　　　　　　　他

「どちらの親に子どもの養育監護をさせれば、より子どもの幸福につながるか」が基本

生活設計

相談方法・DV・別居

PART **3** 姓と戸籍・親権・お金

離婚の方法・法定離婚原因

婚約破棄と事実婚の解消・外国人との離婚・再婚

手続き・資料

?疑問 1 養育費は そもそも誰のためのお金？

離婚を前にした2人に子どもがいる場合、誤解なく知っておくべきなのは養育費の問題。養育費については、離婚時ではなく離婚後に発生するお金のため、離婚前から正しい知識をもっている人は意外と少ない。知らないためにお互いの感情で決めてしまうことのないよう、まずは養育費がそもそも誰のものなのかについて確認しておこう。

◆ 養育費は子どものためのお金

　離婚にからむお金のうちでも、養育費は他とは明らかに違う性質があります。離婚する2人のものではなく、子どものためのお金だからです。

　離婚の条件を話し合う中で、養育費その他の金銭を請求しないと夫婦間で合意するケースが見られます。しかし、財産分与や慰謝料の放棄は2人の自由ですが、養育費はまったく別問題として考えなければなりません。

　親である以上は、親権の有無や実際に子どもを養育しているかどうかにかかわらず子どもを育てる責任があり、養育費を分担する義務があります。ですから、**養育費は本来、子ども自身に請求権がある**のです。子どもを育てている側が元配偶者から養育費を受け取らない約束をしても、子どもの請求権は失われません。

　よって、たとえ親がいったん養育費の請求を放棄したとしても、本来は子どもの権利であることを根拠に、改めて請求することができます。ただし、離婚時の合意内容は最優先されなければならないという趣旨から、それが変更できるのは、**合意内容が子どもに大きな不利益をもたらす場合などに限られるとの考え方***が裁判所では主流です。

　ただし、過去の分の養育費については、請求した時点を基準とするか、請求以前の養育費もさかのぼって請求できるとするか、裁判所の見識は分

　＊1975年8月29日の宇都宮家庭裁判所の審判でこの考え方が示され、以後の審判例の方向づけとなった。

養育費に対する親の請求権と子どもの請求権

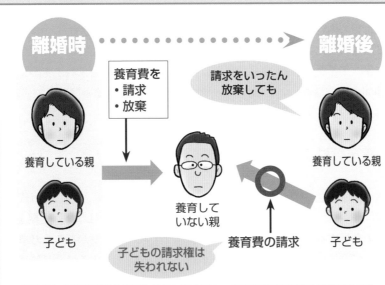

離婚時 ・・・・・・・・・・・・・ ▶ 離婚後

養育費を
・請求
・放棄

請求をいったん
放棄しても

養育している親

養育している親

養育して
いない親

子ども

養育費の請求

子ども

子どもの請求権は
失われない

● 子どもの養育費請求が認められた場合でも、過去の養育費の請求は困難です。

養育費の対象となる費用

養育費とは、子どもが社会人として自立するまでに
必要となるすべての費用

衣食住の経費

教育費（主に学費）
※塾などの費用も含む

医療費

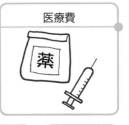

薬

娯楽費
※趣味・レジャー・旅行
など

お小遣いなど

交通費

東京→160円

その他
※ベビーシッター
費用など

生活設計

相談方法・DV・別居

PART **3** 姓と戸籍・親権・お金

離婚の方法・法定離婚原因

婚約破棄と事実婚の解消・外国人との離婚・再婚

手続き・資料

かれています。やはり、離婚時にきちんと取り決めをしておくことが非常に重要です。

養育費の内容については、具体的には、衣食住の経費・教育費・医療費・最低限度の文化費・娯楽費・交通費など、子どもを育てるための費用をさします。子どもの小遣いやお稽古ごと・塾の費用なども含まれます。支払い期間の目安はだいたい20歳までですが、18歳（高校卒業）まで、22歳（大学卒業）までというケースもみられます。

◆ 養育費は定期的に負担するのが基本

慰謝料や財産分与などは、一括で支払うのが原則です。しかし養育費の場合は、毎月かかってくる費用という性質から一時金ではなく、**定期金**[*1]**として負担するのが基本**です。ただ、将来の支払いに不安があるなど事情によっては、負担する側の同意があれば、一時金で請求するほうが無難な場合もあります。

養育費の額は、負担する側の経済力や生活水準によって異なりますので、いくらとは一概にいえません。ただ、具体的に決めておかないと後々トラブルの元になります。養育費の負担には合意したものの、際限のない額を請求されてはたまりません。子どものためという名目だと要求も断りづらくなります。

話し合うときの目安としては、婚姻費用と同様、裁判所が**早見表**（⇨**P256**）を示しています。負担する側の年収を縦軸、請求する側の年収を横軸にとり、交点のゾーンの金額が養育費の目安（月額）となります。

たとえば、年収450万円の相手と幼児1人を連れて別居した人の場合、本人の収入が100万円くらいまでなら4万円～6万円、100万円超なら2万円～4万円が養育費の目安です。このように、**夫・妻それぞれの収入のバランスに応じて養育費の目安を示す**[*2]ことが基本的な考え方です。

なお、子どもの年齢については0歳～14歳と15歳～19歳の2区分があり、子どもの人数（1人～3人）と組み合わせて9種類の早見表があります。年齢区分が2種類あるのは、子どもが大きくなると学費など費用が多くかかるためです。年齢が高くなるにつれて養育費も多く示されています。

実態としては、子ども3人くらいまでなら、1ヵ月当たりの負担額は2万円～6万円程度の取り決めが多いようです。

＊1 一定期間、一定の金額を支払うので「分割払い」とは異なる。
＊2 子どもの小遣いやお稽古ごと、塾の費用などは含まれない。

養育費算定表（0～14歳の子1人の場合）

義務者（負担する側）の年収

（単位：万円）

義務者の年収	金額
900	681
875	662
850	641
825	622
800	601
775	582
750	563
725	548
700	527
675	512
650	496
625	471
600	453
575	435
550	410
525	392
500	373
475	349
450	331
425	312
400	294
375	275
350	256
325	237
300	218
275	203
250	185
225	165
200	148
175	131
150	113
125	98
100	82
75	66
50	44
25	22
0	0

帯（金額区分）：8～10万円、6～8万円、4～6万円、2～4万円、1～2万円、0～1万円

権利者（請求する側）の年収

| 自営 | 0 | 22 | 44 | 66 | 82 | 98 | 113 | 131 | 148 | 165 | 185 | 203 | 218 | 237 | 256 | 275 | 294 |
| 給与 | 0 | 25 | 50 | 75 | 100 | 125 | 150 | 175 | 200 | 225 | 250 | 275 | 300 | 325 | 350 | 375 | 400 |

●給与所得者の年収は源泉徴収票の「支払金額」欄の金額、自営業者の年収は確定申告書の「課税される所得金額」欄の金額です。

出典：東京家庭裁判所HPより

生活設計

相談方法・DV・別居

PART **3** 姓と戸籍・親権・お金

離婚の方法・法定離婚原因

婚約破棄と事実婚の解消・外国人との離婚・再婚

手続き・資料

◆ **事情の変化によっては額の変更も可能**

　養育費は、子どもが成人するまでの長期間の支払いですから、時がたつと事情が大きく変化することがあります。子どもが成長すると学費がかさみ、**公立校か私立校かによっても費用は大きく違います**＊。受け取る側が失職して収入が減った場合など、養育費の増額を望むこともあるでしょう。

　一方、養育費の変更は増額の希望ばかりでなく、減額の希望もあります。会社の倒産・失職などで収入が減り、養育費を負担する余裕がなくなってしまうかもしれません。また、元配偶者が再婚し新たな伴侶の扶養となるなど経済的な余裕があるようなら、養育費を負担する側は減額してもらいたいと思うでしょう。逆に、負担する側が再婚して新しい家族の費用がかかるようになった場合も、養育費の軽減を望むことが多いでしょう。

　基本的には、離婚時に取り決めた養育費の額や支払期間は、変更することができません。しかし、**経済的な事情が離婚時と大きく変化した場合には、養育費の増額や減額が認められる**ことがあります。話し合いで合意が得られない場合は、家庭裁判所に調停を申し出ることができます。

　正当な理由であれば、養育費の変更は認められる可能性が高いでしょう。なお、**どちらが再婚しても養育費の負担義務は消えません**。ですが、子どもを養育している側の再婚相手と子どもが養子縁組をしたり、養育費を負担している側と再婚相手との間に子どもができたりという場合は、減額が認められる可能性があります。

アドバイス

　養育費は子どもが健やかに育つためのお金であり、子どもには受け取る権利がある。成長に合わせて継続的に必要なものなので、一時の感情で決めてしまわないように気をつけよう。

＊裁判所の養育費の早見表では、公立校の学校教育費相当額が考慮されている。

養育費変更が認められる事情の目安と手続き

養育費変更が考慮される事情変化

増 額

- 進学による学費の増加
  （養育費を負担している側の事前の同意が必要）
  ※高校から大学へなど上位学校に進むときの増加や、公立ではなく私立に進学したときの増加など

- 養育している親の失業や転職による収入の減少
- 子どもまたは養育している親の病気やケガによる医療費の大幅増加
- インフレによる大幅な物価上昇

減 額

- 進路変更による学費の減少
- 養育費を負担している親の失業や転職による収入の減少
- 養育費を負担している親の病気やケガによる医療費の大幅増加
- 養育費を負担している親の再婚で、再婚相手との間に子どもができた
- 養育している親の再婚で、再婚相手と子どもが養子縁組をした
- 養育している親の再就職などによる収入の増加

養育費変更の手続き

双方が事情を説明
して話し合う

合意でき
ないとき

家庭裁判所に調停
を申し立てる

合意でき
ないとき

審判による養育費
の決定

疑問 ② 養育費に関する トラブルを避けるには？

たとえ離婚したとしても、夫・妻それぞれ子どもの親であることに変わりはなく、養育費をきちんと負担するのは親の義務。とはいえ、養育費は長期にわたって必要なお金だ。負担する側の事情の変化などにより、受け取りが困難になることもある。子どものためにも、養育費に関するトラブルを避けるにはどうしたらよいか知っておこう。

◆ 離婚時の具体的な取り決めが肝心

養育費は離婚後から長期にわたって負担されるものですので、時間がたつにつれ当初の約束が守られなくなることも多くあります。

離婚した後に子どもを妻が育てているケースでは、養育費を受け取っているのは全体の3割程度といわれるのが現実です。それぞれに事情の変化はあるにせよ、長期にわたる養育費の支払いを確実にするには、離婚する前に夫と妻の間で支払条件を具体的に話し合い、滞ることのないように取り決めておくことが大切です。

離婚時に養育費について合意できない場合には、安易に離婚に応じずに**調停**（☞P 170）を申し立てましょう。

また、話し合いができず、離婚を先行させた場合は、後に養育費の支払いを求めて調停を申し立てることができます。この場合、原則として**養育費調停申立時に遡って過去の未払い分を一括して請求することが可能**です。調停が不成立の場合は審判で決定されます。

取り決めた養育費が支払われなくなった場合、その理由はさまざまであり、必ずしも悪意あるものばかりではありません。会社が倒産して転職した、病気で休職したなどやむを得ない事情で収入が減ることもあります。ですから、支払いが滞った時点で、話し合いの機会をもつことが必要です。

養育費の取り決めは重要！

養育費の支払状況（全体）

受け取る権利者が妻の場合

2割〜3割

養育費の取り決めをしない主な理由

- 自分1人で育てたい
- 別れる条件として養育費の支払いを請求しないことを約束
- 一刻も早く別れたい
- 相手にお金がない
- 離婚後はきっぱり縁を切りたい
- 相手の暴力から逃げたい
- 相手が逃げていなくなった
- 養育費を受け取る権利があることを知らなかった

出典：厚生労働省など各種調査より平均的な実態を抽出

滞った養育費を取り立てる手段

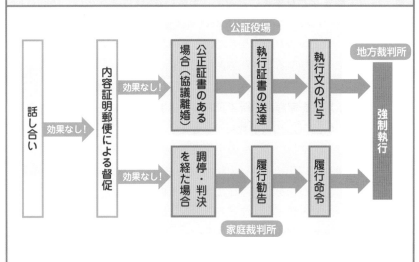

　相手が養育費を負担する意思があるならば、相手の事情を受け入れたほうがよい場合もあります。相手の収入が減った期間は、減収に応じて養育費の減額を受け入れれば、相手も義務を意識し今後も負担を続けるかもしれません。単にルーズな性格で支払いが滞っている場合でも、話し合いを持つことによって養育費負担を再開する可能性もあります。

◆　負担しない相手には裁判所から勧告や命令を出してもらう

　相手が話し合いに応じないときや合意が得られない場合には、以下の手段をとることになります。

　まず、相手に内容証明郵便で養育費の支払いを督促し、相手が応じない場合は法的な処置を検討します。協議離婚（☞P 168）ならば、離婚時に、**強制執行認諾文言付きの公正証書**を作成しておけば、地方裁判所による強制執行で差し押さえを実行することができます。

　公正証書がない場合は、家庭裁判所に調停を申し立てることから始めなければなりません。まずは調停により養育費について正式に取り決めた後、その支払いが行われなくなってから、ようやく履行勧告や履行命令の申し立てができます。

　履行勧告とは、家庭裁判所が支払状況を調査し、**相手に支払うように助言・指導・勧告などをすること**です（手数料は無料）。ただし、法的な拘束力がありませんので、相手が従わなければ支払わせることはできません。それでも、裁判所からの勧告などになじみのない一般の人にならば、心理的プレッシャーを与えることができます。

　履行勧告に従わない場合には、より強い措置である**履行命令**になります。**養育費の支払期限を家庭裁判所で設定し、相手に支払いを命令するもの**です。申し立てには500円の手数料が必要です。

　履行命令でも、支払いそのものを強制する力はありません。しかし、従わなければ最高10万円の過料（制裁金）を支払うことになってしまいます。実際に相手にダメージを与えることができる措置です。

　離婚時に調停や審判・判決などであらかじめ養育費の取り決めをしていた場合には、再度の調停は必要ありません。申し立てにより、家庭裁判所から履行勧告や履行命令を相手方に出してもらうことができます。

養育費支払いの履行勧告と履行命令の違い

	制度の内容	条件	手数料	効力
履行勧告	養育費支払いの状況を家庭裁判所が調査し、相手に支払いを勧告する	調停・審判・判決などによる離婚の際、養育費の取り決めをした人	無料	法的拘束力なし

従わない場合

	制度の内容	条件	手数料	効力
履行命令	相手に養育費支払いを期限内に行うように命令する	調停・審判・判決などによる離婚の際、養育費の取り決めをした人	500円	従わない場合は最高10万円の過料（制裁金）

●家庭裁判所による調停・審判・裁判による判決または和解を経ていないと利用できません。

◆ 拘束力のある文書で約束しておけば強制執行ができる

　履行勧告や履行命令でも相手が支払わない場合には、地方裁判所による**強制執行（直接強制）**で取り立てることになります。

　なお、強制執行を行うには、**債務名義**と呼ばれる書類が必要です。債務名義として認められる書類には、**公正証書（強制執行認諾文言付き）・調停調書・審判書・判決書**などがあります。

　強制執行は、**支払義務者の給与や退職金・預貯金口座・不動産・家財道具などを差し押さえ、養育費の支払いに充当する措置**です。給与は2分の1まで差し押さえることができ、過去の未払い分だけでなく将来の分も**差し押さえ**が可能です。給与の差し押さえができるので、相手がサラリーマンの場合は確実な効果があります。自営業者の場合は、売掛金なども差し押さえの対象となります。

　もし、相手の勤務先や財産の状況がわからなくなったとしても、地方裁判所に申し立てれば、情報を開示させることができます（財産開示制度）。以前は、公正証書によって金銭の取り決めをした場合は、財産開示制度を利用することができませんでしたが、2019年の民事執行法の改正により、それができるようになりました。強制執行は強い効果がありますので、養育費を負担する側の立場からすれば、実行されると大きなダメージを受けます。負担が困難な状況になったときは、むしろ進んで減額交渉を元配偶者に持ちかけるべきでしょう。

アドバイス

　養育費の支払いを確保するには、離婚時の取り決めが肝心。公正証書など強制力のある文書を取り交わしておくとよい。

養育費支払いの強制執行のしくみ（直接強制）

債務名義（強制力のある約束が記載された文書）があることが必要
→公正証書（強制執行認諾文言付き）・調停調書・判決書・和解調書など

子どもを養育している親
（養育費の受領権がある）

1 強制執行の申し立て

地方裁判所

2 強制執行（差し押さえ）の実行

3 養育費の支払い

養育費を
負担する親
（支払義務がある）

差し押さえ財産
→給与・賞与・退職金、預金口座、家財道具・車・不動産、自営業者の売掛金など
・給与・退職金は手取り額の2分の1まで
・将来分も差し押さえ可能。たとえば、支払期間が20歳までなら20歳までの分

●間接強制の手続きもできるようになりました。裁判所から一定の制裁金を支払うよう命じることによって心理的圧迫を加え、自発的な支払いを促すもので、相手の財産を直接差し押さえることはできません。間接強制金の支払いを得るためには、別に直接強制の手続きが必要です。

親子のコミュニケーションと
養育費の意外な関係

························**養育費の差し押さえ効果は強力**························

　養育費の支払いが止まった段階で、
いくら「きちんと払って！」と要求し
てもなかなかうまく運ばないのが現実
です。

　事を荒立てたくないとはいえ、養育
費確保の法的な最終手段は、相手財産
の差し押さえということになります。
実際、2004年の法改正によって、養
育費の差し押さえが強化されました。

　相手が会社員の場合、慰謝料などで
は給与（手取り額）の4分の1までしか認められない差し押さえが、養育費に限
っては、2分の1までの額を差し押さえることができます（また、いずれも給与
が33万円を超える部分は全額差し押さえが可能）。

　さらに、滞納分（過去の不払い分）しか差し押さえができない慰謝料（分割払
いの場合）などとは違って、養育費に関しては、将来分もまとめて差し押さえる
ことができます。

　たとえば、毎月5万円の養育費を、子どもが20歳になるまで負担すると取り
決めたケースを考えてみましょう。最初はきちんと払っていた相手が1年間滞納
（60万円）したため、受け取る側が養育費の差し押さえに踏み切ったとします。
差し押さえの時点で、子どもが20歳になるまでの将来分の残高が300万円（5
年分）あったとしたら、差し押さえはどこまで認められるのでしょうか。

　慰謝料なら、過去の滞納分60万円しか差し押さえることができません。しか
し養育費であれば、過去の滞納分に加えて将来分の300万円も、同時に差し押
さえることができるのです。

　この点でも、養育費は慰謝料などと異なり、滞納が起きるたびに差し押さえる
必要がありません。一度だけ手続きをすれば、相手が会社員の場合、毎月の給料
の2分の1を300万円に達するまで差し押さえることができます。ただし、転

職した場合は、改めて差し押さえ手続きをする必要があります。

　このように、相手が会社員であれば、まず確実に養育費が確保できることになりますので、差し押さえの効果は抜群です。養育費がとくに有利な条件で差し押さえできるようになったのは、深刻な少子化が背景にあると見られます。国の宝である子どもを健全に育てようとする機運の高まりが、法律にも影響しているようです。いわば国民みんなの親心ともいえるでしょう。

######### **子どもと会っていると養育費を支払う率がアップする** #########

　いくら養育費の差し押さえ効果が強力だとはいっても、いざ実際に差し押さえに踏み切るとなると、手続き的にも心理的にも負担が大きいのが事実です。できればそのような最終手段をとることなく、穏便に養育費を確保する方法はないのでしょうか。

　これに関して、家庭裁判所調査官の研究に、興味深い結果が出ています。養育費を負担する側の親が子どもとスムーズに会っているケースほど、養育費を支払う確率が高くなっているというのです。

　子どもを引き取った側が、別れた相手と子どもの面会を頑なに拒み続けるというケースはよくあります。しかし、子どもにとっては別れても親ですし、相手にとっても血を分けた子どもである事実に変わりはありません。ですから意地を捨て、子どものために大きな気持ちで、相手と子どもの面会を認めることも大切です。相手のほうも、会わなければ子どもへの愛情も日々うとくなりがちでしょうが、実際に顔を見ていれば、子どもに何かしてやりたいという気持ちになるものです。

　養育費が滞りがちな相手に対し、いざ差し押さえだと息巻くより、まずは「親子の情」に訴えかけてみてはどうでしょうか。

　どんなお金の問題も、かけがえのない子どもには換えられないのが親心というものです。

夫婦の財産は どうやって分ける？

離婚を決断するなら、夫婦で築いてきた財産の分け方を考えなければ
ならない。しかし、離婚という決断を前にした2人が、財産をどう分け
るか冷静に話し合うのは難しいのも事実だ。ここでは、夫婦の財産分
与について知識を整理し、分け方でトラブルが生じることのないよう
にした上で、あらためて離婚への決断を考えよう。

◆ 離婚時の財産分与の目的

　離婚へと踏み出そうとするなら、これまで夫・妻2人で所有してきたも
の、築き上げてきた財産などを、それぞれ個別に分ける方法について考え
なければなりません。別れたいという思いが強ければ強いほど、離婚とい
う決断とその実行にばかり気が向きがちで、財産の分け方については注意
深く考えない人も多いでしょう。また、自分名義の財産が離婚の際もその
まま自分のものだと判断して、わざわざ夫婦で話し合いをしないケースも
多いかもしれません。しかし、離婚を決断しようとするなら、夫婦の経済
面での清算もきちんと行ってから別れる必要があります。

　離婚時の財産の分け方については、**財産分与**という言葉で表されます。
まず最初に、財産分与の目的は何かを理解しておかなければなりません。

　財産分与の基本的な目的は、**結婚生活で夫婦が協力して得た財産を公平
に分配する**ことです。これは財産の清算ですから、**清算的財産分与**と呼ば
れています。通常の財産分与は、この清算的意味合いのものが中心です。

　次いで、離婚後に生活が困難になる側への生活費支援の目的で行われる
扶養的財産分与（☞P162）があげられます。また、財産分与に慰謝料（☞
P152）を含めた**慰謝料的財産分与**や、**婚姻費用**（☞P66）の清算を財産
分与で行うというケースもあり、財産分与の目的は多様です。

財産分与とその種類

離婚時の
財産分与とは

→

離婚する際に、夫婦が結婚生活の中で協力して築き上げた財産を分けること

●離婚後でも請求可能ですが、慰謝料的財産分与は3年、その他は2年を過ぎると請求できなくなります。

財産分与の種類

清算的財産分与　**主なもの**

結婚生活で夫婦が協力して得た**財産の清算**

・清算割合は財産形成の寄与度で決めるが、家事労働を評価し、専業主婦でも原則2分の1の寄与度を認める傾向にある

扶養的財産分与

離婚後の生活に経済的支障がある場合に、**経済的なメドが立つまでの支援**

・就職するまでなど短期的な支援が目的

・離婚後扶養（☞P 158）として支払われることも多い

慰謝料的財産分与　**その他**

精神的苦痛に対する慰謝料

・慰謝料は財産分与とは別に支払われる場合もある

婚姻費用の清算

婚姻費用（離婚までの生活費）の不払い分

・離婚前に支払われなかったり、不足していたりする場合

生活費

分与割合の基準は財産形成の貢献度

　離婚するなら、財産の清算は必ず行うことになります。夫婦といっても共同名義の財産は意外と少なく、預貯金や不動産など多くの財産が、夫・妻どちらかの個人名義となっていることが多いでしょう。そのような場合、それぞれの個人名義のものが自分の取り分だと考えてしまいがちです。しかしそれでは、割合が著しく一方に偏るという夫婦も多いことでしょう。これでは、公平な清算とはほど遠いことになってしまいます。

　離婚による財産分与の規定については民法768条で触れていますが、その記載はわずかであり、夫婦が「その協力によって得た財産の額その他一切事情を考慮して」決定するとの規定のみです。このほかには、具体的な算定基準を法的に定めたものはありません。

　とはいえ、清算的財産分与においては、分与の割合は公平であることが必要です。そのため判例では、分与割合について、**財産形成に対する夫・妻それぞれの寄与度（貢献度）によって決まる**との考え方をとっています。

　それでは、その寄与度とはどのように決まるのでしょうか。単純に財産形成への寄与度といってしまうと、夫婦の一方が働いて家計を支え、もう一方が家事を受け持って生活を支えている場合などでは、公平な分与が難しくなります。また、夫・妻ともに収入がある場合でも、一方が家事のため勤務時間を制限するなどのケースも多く、一概に収入割合を財産形成の寄与度としてしまうと不公平なことが多いのが現状です。

　そのため判例では、収入額のみではなく家事労働も評価し、**夫婦の分与割合を原則2分の1として認める傾向**にあります。

分与の対象となる財産

　寄与度は、個別の財産ごとに考えるのではなく、預貯金や不動産・家財道具もすべて合計し、分与割合を適用するのが基本です。財産分与の対象は金銭などが最も多く、半数以上を占めています。そのほか、土地・住宅などの不動産や現金以外の動産（車・家具など）もあります。さらに、借金や住宅ローンなど負の財産も財産分与の対象になるので、注意が必要です。結婚期間が長いほど、財産分与の額も多くなる傾向にあります。

財産分与の対象財産と金額

財産分与の対象財産

種類	件数	割合
金銭など	4,634件	58.1%
不動産	1,322件	16.6%
金銭・不動産・動産他	1,241件	15.6%
動産・その他	629件	8.7%
計	7,974件	約100%

●裁判所の1年間の取り扱い分だけであり、全体の9割とされる協議離婚は含まれていません。しかし、傾向はほぼ同様と思われます。
●「金銭・不動産・動産」は複数の種類で分与されたケースです。
出典：2021年度司法統計年報（最高裁判所事務総局）

財産分与の金額（結婚期間別）

結婚期間＼財産分与額	100万円以下	200万円以下	400万円以下	600万円以下	1,000万円以下	2,000万円以下	2,000万円超
2年未満	183件	53件	23件	3件	5件	5件	1件
2年以上5年未満	421件	149件	91件	24件	31件	28件	8件
5年以上10年未満	455件	245件	198件	102件	89件	59件	20件
10年以上15年未満	300件	170件	193件	94件	149件	90件	48件
15年以上20年未満	202件	134件	163件	125件	155件	119件	63件
20年以上25年未満	104件	971件	145件	110件	128件	144件	69件
25年以上	110件	119件	180件	179件	300件	285件	189件
計	1,775件	1,841件	993件	637件	857件	730件	398件

出典：2021年度司法統計年報（最高裁判所事務総局）

◆ 分与できる財産と分与できない財産がある

　財産分与では、財産を**共有財産・実質的共有財産・特有財産**の3つに分けて考えます。

　共有財産とは、共同名義の不動産など共同所有が明らかなものばかりでなく、結婚後に購入した家具なども共有財産にあてはまります。

　実質的共有財産とは、配偶者の名義であっても実質的に夫婦共有の財産とみなされるものです。たとえば、家などの不動産や車をはじめ、株や国債などの有価証券・ゴルフ会員権などがあります。預貯金などの現金も、結婚後に蓄えたものであれば、たとえ名義が配偶者のものであっても原則2分の1（最終的には寄与度で調整）の権利があります。ですから、離婚前に相手名義の預金口座から自分の口座にこっそりお金を移し替えておいても半分までなら大丈夫ということになります。ただし最終的には、全体の分割割合で調整されます。

　特有財産とは、夫婦それぞれの個別財産とされるもので、**清算的財産分与の対象にはなりません**＊。独身時代の預貯金・嫁入り道具、結婚後に相続や贈与で得たお金・不動産・動産などです。

アドバイス

　名義に関わらず、結婚期間中に夫婦が協力して得た共有財産は、貢献度に応じた割合で分け合うことになる。ローンなどの支払いについても分与の対象となることを知っておこう。

＊特有財産であっても、財産の取得や維持に配偶者の貢献があったとみなされると、清算的財産分与の対象となる場合がある。

財産分与の対象となる財産の分類

共有財産

結婚後に夫婦が協力して築いた共有名義（名義のないものも含む）の財産

• マイホームなど共有名義の不動産
• タンス預金やへそくりなど家庭内の現金
• 共有名義の住宅ローンや自動車のローン
• 結婚後に購入した家財道具（家具・電化製品など）

実質的共有財産

結婚後に夫婦が協力して築いた財産のうち、一方の名義のもの

• 預貯金
• 有価証券（株・国債など）、ゴルフの会員権
• 不動産
• 自動車
• 生命保険・個人年金など
• 子どもの学資保険

財産分与の対象となる

特有財産

共有財産・実質的共有財産以外の夫婦の個別財産

• 結婚前に貯めた預貯金・有価証券など
  ※名義が自分のもので、明確に区別できること
• 嫁入り道具、結婚前に取得した家具など
• 結婚後に親兄弟から贈与された物や相続遺産

財産分与の対象とならない

●特有財産であっても、夫婦の協力で維持できた場合や扶養的財産分与となる場合など、例外的に財産分与の対象となる場合があります。

生活設計

相談方法・DV・別居

PART 3 姓と戸籍・親権・お金

離婚の方法・法定離婚原因

婚約破棄と事実婚の解消・外国人との離婚・再婚

手続き・資料

疑問 **4** 金銭以外の所有物、分ける基準はある？

これまでともに生活してきた夫婦にとって、結婚生活の中で築いた財産は金銭だけではない。夫・妻2人の話し合いによって、誰が何を所有するかが決まれば問題はないが、そのように分けられないものについてはどうすればいいのだろうか。住宅ローン残額などはどう分ければいいかなどについても知っておきたい。

◆ 財産価値の評価と分配はこうして行う

　預貯金や現金は、分与割合さえ決まればそのまま分けられます。しかし、それ以外のものは、現金に換算して価値を評価する必要があります。もっとも、値が張らない家財道具などはわざわざ査定しなくても、欲しいものを話し合いで単純に分けたほうが面倒がありません。

　ただし、高価な家具が交じっていたり、一方がほとんどを持っていったりする場合は、現金分を減らすなどの調整をするとよいでしょう。

　株式や国債などの有価証券といった投資商品は、売却して分けるか、時価評価して現物を分けるかの2つの方法があります。評価は購入時の価格ではなく、時価で行います。投資商品は高値のときも安値のときもありますから、時期によって分配方法を考える必要があります。高値のときなら売却したお金を分けるのもよいのですが、安値で短期的に上昇が見込めそうなら、現物で分けるほうがよいかもしれません。

　高価な美術品などは鑑定してもらえますので、売却しない場合は、品物をもらう側が評価額を現金分から差し引くなどします。加入中の**生命保険などは、名義変更したり解約して返戻金を分割するなどで処理します**＊。

　悩ましいのは、住宅などの不動産です。売却してお金で分けるのがすっきりするのですが、どちらかが住み続ける場合には、譲渡するなどの手続

　＊解約しなくても、返戻金相当額で清算する方法もある。また、子どもの学資保険は、親権者に渡すことが多い。

お金以外の資産の財産分与の方法

財産	評価方法	分配方法
マイホーム（住宅などの不動産）	時価またはローンの支払い済み額（元金相当額のみ）	売却して現金で分配する方法と、どちらかに譲渡して住み続ける方法がある。賃貸の場合は、返還される敷金を分ける
自動車	時価	どちらかが使用する場合は、名義変更により譲渡
家具	時価	算定できないものは、話し合いでどちらの所有にするか決める
有価証券（株・国債・社債など）、ゴルフ会員権	時価	実際に売却して現金で分配してもよいが、時価相当で現物を引き取ってもよい
生命保険・個人年金など	解約返戻金や満期払戻金	加入中であれば、解約して返戻金を分配するのが一般的。名義変更して契約を継続する場合もある
コレクション（絵画などの美術品・骨董品・マニア商品）	時価	マニア商品などは売却するより、必要なほうが対価を払って引き取るのがよい。時価がわかりにくいので注意が必要
ペット	時価	法律的には物として扱われる。対価を払ってどちらかが引き取る。愛着があるので売却は難しい

きが必要です。不動産を分ける場合には、財産価値を評価しなければなりません。住宅ローンがなければ時価評価になります。購入価格ではないので注意してください。時価は、不動産鑑定士の鑑定などで評価します。

さらに、不動産の場合は税金の問題があります。譲渡する側には**譲渡所得税***がかかり、受け取る側には、所有権移転登記（名義変更）のときに**登録免許税**（不動産価格の1％）がかかります。また、財産分与として不動産を受け取った場合には不動産取得税がかかります。

◆ 住宅ローンが残っているマイホームはどうなるか

マイホームの場合には、住宅ローンが残っているとさらに複雑になります。売却する場合には、売却してローンが返済できれば残額を分配すればよいので、比較的簡単です。しかし、昨今のように売却価格が取得価格を下回ることの多い状況では、ローン残高が売却価格を上回ってしまう（オーバーローン）こともあり、その場合には売却もままなりません。

売却せずに一方が住み続けると決めた場合、時価評価がローン残高を上回っていれば、手放す配偶者に時価評価とローン残高の差額に対する分与率分を現金で支払うことになります。逆に**オーバーローンの場合は、財産分与の対象にしない**というのが、最近の裁判所の考え方です。

この場合、評価時点までに返済した元金部分（利息部分除く）を対象額とする考え方もありますが、**婚姻中すでに支払った金額は離婚時の財産分与の対象にならない**とされています。

しかし、それでは、夫が所有者である自宅不動産に、離婚後も妻が子どもとともに残る場合、居住の確保が危ぶまれます。

そこで、自宅不動産を誰が所有するのか、住宅ローンを誰が支払っていくのか、誰がどのようなかたちで居住するのかは、年齢、健康状態、収入の有無や額、扶養する家族の有無等、離婚後の双方の生活状況を考慮して、柔軟な解決策が講じられるべきです。

＊財産分与が現金なら、原則非課税。不動産でも、居住用住宅の譲渡なら特別控除を受けられる（ただし、譲渡する側の住民票があること、譲り受ける側が配偶者でないことが条件）。（ P 150）

住宅ローンが残っているマイホームの財産分与

例 住宅の購入価格／ 4,000万円（夫名義、離婚後も夫が住み続ける）
財産分与の比率／夫：5割　妻：5割（妻が専業主婦の場合でも）

1 売却価格 3,000万円、ローン残高 1,000万円
（売却価格がローン残高を上回っているケース）

購入価格4,000万円

売却価格 3,000万円

夫分 1,500万円	妻分 1,500万円

ローン残高1,000万円

夫分 ▲500 万円	妻分 ▲500 万円

夫分　1,500万円－500万円＝1,000万円
妻分　1,500万円－500万円＝1,000万円

 夫が妻に1,000万円支払う

2 売却価格 2,000万円、ローン残高2,500万円
（売却価格がローン残高を下回っているケース）

ローン残高2,500万円

夫分
▲2,500万円

最近の裁判所の考え方は、
売却価格がローン残高を
下回っている場合は、財
産分与の対象にしないと
している

生活設計

相談方法・DV・別居

PART 3 姓と戸籍・親権・お金

離婚の方法・法定離婚原因

婚約破棄と事実婚の解消・外国人との離婚・再婚

手続き・資料

◆ 対象になるかどうかでトラブルになる財産

　財産分与の対象となる財産かどうかは個別に判断しますが、その判断をめぐってトラブルになりやすいものもあります。

　たとえば**退職金**[*]は、結婚期間中に支給されていれば、預貯金・現金などに還元されて財産分与の対象になりますが、支給される前に離婚したときはどうなるのでしょうか。若いときの離婚では対象になりにくいのですが、いわゆる熟年離婚の場合ならば、離婚時に退職したと仮定した退職金の予想額について、あるいは、結婚期間に相当する金額について、財産分与の対象として認められる可能性は高くなります。

　借金も財産ですから、住宅ローンや車のローンなどは分与の財産とみなされます。しかし、**夫か妻のどちらかの個人的な借金は、連帯保証をしていない限り、財産分与の対象になりません**。つまり、配偶者が消費者金融で知らないうちに借金していたなどの場合、返済の義務は発生しないのです。

　また、離婚前に別居していれば、別居中にそれぞれが築いた財産は対象にはなりません。夫婦の協力の元に得た財産とはみなされないからです。

　変わったところでは、医師など高収入が得られる特殊な資格も、分与の対象となることがあります。資格取得を配偶者が支えていた場合、夫婦間の協力のもと、現在の生活を得たとされるからです。しかし、資格を金額でどう評価するかはなかなか難しい面もあります。

　話し合いで合意できない場合は、裁判所に判断を求めることも可能です。

アドバイス

　お金以外の財産は、財産分与の対象となるかどうかを1つ1つ確認することが大切。売却して分けるのが原則だが、ローンの残っている住宅は、離婚後の生活設計も視野に入れて考える必要がある。

　＊財産分与は、実際に退職金が支給された時点で行われることが多い。また、結婚前の期間に相当する部分・離婚後の期間に相当する部分は対象外となる。

トラブルになりやすい財産分与の資産

資産の種類	財産分与の対象になる	財産分与の対象にならない
退職金	・すでに支払われ、預貯金・現金に還元されたもの ・支払時期が近づいて支払いが確実なもの（3年後程度）は離婚時の分与が可能	・離婚後に支払われたもの ※結婚期間が長い場合は、対象となることもある ・支払時期がかなり先であるものは、実際に支払われた時点での分与となる
借金（負債）	・住宅ローン・マイカーローンなど夫婦の共有財産とみなされる負債	・配偶者の消費者金融などからの借金（連帯保証人になっている場合を除く）
別居中の形成資産	・夫婦協力して形成したとみなされるもの（例外的）	・左のケースを除いては、原則としてならない
特殊な資格	・医師など高収入な資格取得を支えた場合	・一般の資格
生命保険	・支払われた満期保険金 ※預貯金・現金などに還元される	・離婚後に満期となる保険金 ※解約返戻金やその相当額で分配
夫婦の一方が経営する会社	・経営している株式会社の本人（経営している配偶者）の保有株 ・実質的に個人経営で個人と変わらない会社の財産	・会社名義の財産

財産分与請求に必要な書類と費用

家庭裁判所

請求する相手の住所地または合意した所

申し立て →

対象が不動産の場合

- 家事調停申立書（財産分与）
- 申立人の戸籍謄本　1通
- 相手方の戸籍謄本　1通
- 不動産登記簿謄本　1通
- 未登記の場合は固定資産評価証明書　1通
- 収入印紙（1,200円）
- 連絡用の郵便切手（額は裁判所によって異なる）

Case Study 1

決めておくべきお金の問題 ・・・・・・・・・・・・・・・・・・・・・・・・・・・・・・

財産分与と譲渡所得税

| 経緯 | 離婚した夫から妻への財産分与および慰謝料として、妻子が居住する不動産が妻に譲渡された。この不動産の譲渡に際し、税務署が夫の譲渡所得とみなして所得税の更正処分等を行ったため、夫と税務署長間で、譲渡所得税が課税されるかどうかで争われた。(最高裁・1975年5月) |

| 争点 | 離婚の財産分与での不動産の譲渡で、分与義務者(与える側)の譲渡所得が発生するかどうかがポイント。 |

| 判決内容 | 財産分与での不動産の譲渡であっても、通常の不動産売買の譲渡と同じように、経済的利益があったとみなされ譲渡所得税課税の対象になるとした。 |

弁護士の ★ 解 説 ★

　財産分与で不動産を与えた側（このケースでは夫）は、利益を得たわけではないので譲渡所得がないと思いがちです。しかし、所得税法は、不動産により年々発生して蓄積された利益そのものを所得としてとらえ、それが、所有者の支配から離れるときに一挙に所得が実現したものとして、これを清算して、譲渡所得税を課税しているのです。したがって、分与の時点で時価で売却したことと同じ経済的利益があったとみなされて、取得金額を上回った額に対して課税されます。しかし、居住用の不動産を財産分与した場合は、3,000万円の特別控除や軽減税率が適用されますが、この規定は配偶者や親族に対する譲渡については認められません。したがって、特別控除等を受けるためには、離婚が成立してから不動産の譲渡を行う必要があります。

Case Study 2

決めておくべきお金の問題‥‥‥‥‥‥‥‥‥‥‥‥‥‥‥‥
退職金の財産分与の算定

経緯 離婚に際して、60歳の定年まで、最長であと7年間勤務することが見込まれている夫の退職金の財産分与を妻が求めた事案。（東京家裁・2010年6月）

争点 財産分与として退職金の支払いを行う場合、判決時に定めた一定額の支払いが適正であるかどうかがポイント。

判決内容 実際に別居を開始する1年前から家庭内別居状態だったが、そこは勘案せず、実際に夫が家を出て別居がはじまった時点で自己都合退職した場合の退職金額を基礎に、財産分与額を算定した。

弁護士の ★解説★

判決時の夫の勤続年数30年に対し、婚姻同居期間は約24年でした。また、財産形成について妻の寄与割合は2分の1と認められました。夫は、別居及び離婚後、定年まで7年間の期間がありましたが、別居以降の期間は、退職金について妻の寄与はありません。したがって、判決(審判)では別居時点で自己都合退職した場合の退職金額と勤続期間を踏まえ、そのうち、妻の寄与があったと評価できる婚姻同居期間部分の金額を算出し、その金額の2分の1の額を財産分与として妻に支払うことが相当とされました。退職金を財産分与の対象とする場合、退職金の算定基礎である俸給の変動や退職事由などにより退職金額が変動する可能性もありますが、この事例は夫の勤続年数が長く、退職金が支給される可能性が高いということを踏まえた判決(審判)と言えるでしょう。

慰謝料はどんな場合に請求できる？

離婚前に話し合うべきお金の問題の中でも、慰謝料に関しては、最も感情に左右されやすいものだといえるだろう。しかし、法的な意味を理解しないかぎり冷静な話し合いはできない。慰謝料とはどのような場合に請求できるのか、現実的な額の実態はいくらかなど、正しい知識を身につけたうえで離婚の話し合いに臨みたい。

◆ 慰謝料の法的な意味を理解しよう

　損害を与えた者が、損害を受けた者に被害弁償することを**損害賠償**といいます。**慰謝料**は損害賠償のうち「**精神的苦痛**」に対する被害弁償金です。離婚の慰謝料は、**離婚の原因になった相手方の行為により被った精神的苦痛に対する損害賠償金**ということになります。

　精神的苦痛といっても程度や感じ方はさまざまで、明確な基準はありません。では、どういった場合に慰謝料が認められるのでしょうか。

　典型的なのは、不貞行為（配偶者以外と肉体関係を伴う関係を持つこと。いわゆる浮気や不倫と呼ばれる行為）と暴力です。証拠があれば確実に慰謝料が認められます。配偶者に対する暴力は、最近では**DV**＊（☞ P 52）と呼ばれて注目されるようになりました。

　慰謝料が認められるには、**相手方の行為が違法であることが前提**であり、本人が精神的苦痛を感じても、**相手方の行為が違法とまでいえなければ認められません**。単なる不仲や性格の不一致、価値観の違いなどによる相手方の行為は、ただちに違法とまではいえないので、通常、慰謝料は請求できません。

　また、ダブル不倫など夫婦双方の行為が違法である場合は相殺され、慰謝料の請求はできなくなります。違法性の程度に差があるときは、減額さ

　＊DVの多くは妻に対する夫の暴力だが、夫に対する妻の暴力の場合もある。

生活設計

相談方法・DV・別居

PART **3** 姓と戸籍・親権・お金

離婚の方法・法定離婚原因

婚約破棄と事実婚の解消・外国人との離婚・再婚

手続き・資料

離婚の慰謝料と慰謝料が認められるケース

離婚の**慰謝料**とは

➡ 不倫などの違法行為によって、離婚原因をつくった配偶者から受けた精神的苦痛に対する損害賠償金

例
• 配偶者などの行為による苦痛
• 離婚で配偶者の立場を失う苦痛

⭕ 慰謝料が認められるケース

• 不倫（不貞行為）を行った
• DV（配偶者に対する暴力行為）を行った
• 生活費を渡さないなど配偶者としての義務違反をした（悪意の遺棄）
• 通常の性的交渉を拒否する

⬆

代表的なケースが
不倫と暴力

❌ 慰謝料が認められないケース

• 相手に離婚原因の責任（有責性）がない
• 夫婦どちらにも離婚原因の責任がある
• 離婚原因に違法性がない（性格の不一致など）
• 対象となる行為が離婚原因と無関係（不倫の前にすでに夫婦関係が破綻してしまっている場合など）
• すでに損害が補てんされている（財産分与の一部など）

慰謝料が請求できるのは 離婚後３年以内

れます。相手が不倫しても、その原因がもう一方にあったなら一方的に相手の責任を問えなくなるので、請求も難しくなります。

　また、慰謝料は本来の精神的苦痛に対する賠償だけでなく、**離婚後の生活支援の目的で支払われる**場合もあります。財産分与が十分でないまま子どもを抱えるなどで、離婚後の経済的自立が困難な場合には、慰謝料の名目で**扶養的なお金**＊が支払われることがあります。

　さらに、慰謝料は**財産分与に含めて支払われる**場合もあります。財産分与によって慰謝料が支払われている場合には、別途慰謝料を請求できません。逆に、慰謝料が支払われた場合には、財産分与に慰謝料分を含めることはできないのです。ただし、損害の補てんが不十分な場合は、別途慰謝料や財産分与の一部として差額を補てんすることは可能です。

慰謝料は平均200〜300万円程度

　精神的苦痛は客観的算定が難しいので、慰謝料の明確な基準はありません。しかし、算定に際しては、支払う側・請求する側それぞれの要素、また双方に共通する要素が考慮されます（具体的には右ページ参照）。

　有名人の離婚報道では、「慰謝料1億円」などといった派手な金額が話題になりますが、一般の離婚の場合に払われている慰謝料の額は、実態としては400万円くらいまでが多く、100万円以下もかなり見られます。**平均としては200〜300万円程度**のようです。

　また、慰謝料が財産分与と一緒に支払われた場合でも、合わせて500万円程度です。現実的に、1,000万円以上のケースはほとんどありません。慰謝料を請求する側からすれば、代償としては不当に安いような気もしますが、それぞれの経済力に応じた支払いになるということです。

　1,000万円以上の高額の慰謝料が発生するケースは、支払う側に十分な経済力があることが前提で、しかも長期にわたって不倫を重ねてきたなど悪質な場合に限られます。

　慰謝料の請求ができるのは、離婚後3年までです。離婚時に経済力がなくても、その後事業に成功するなどで支払能力ができた場合、3年以内なら慰謝料の請求は可能です。ただし、離婚時に慰謝料を放棄してしまった場合には請求できません。

　＊このような性質の慰謝料は「扶養的慰謝料」と呼ばれている。

慰謝料の金額と考慮される要素

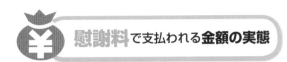

慰謝料で支払われる**金額の実態**

平均200〜300万円程度

- 400万円くらいまでが多い
- 100万円以下も多い
- 財産分与と合わせても500万円程度

1,000万円以上はほとんどない

※支払能力が十分にあるなどの場合は、認められることもある

慰謝料算定に関わる主な**チェックポイント**

支払う側に関するポイント

- 離婚原因となった違法行為（不倫や暴力など）の責任（有責性）の程度
- 社会的地位や支払能力（収入や財産）

請求する側に関するポイント

- 精神的苦痛の程度
- 請求者側の責任の有無や程度
- 請求者の離婚後の経済的自立性（扶養の必要性）

双方に共通するポイント

- 結婚期間と年齢
- 子どもの有無と親権（どちらが養育するか）
- 結婚生活での夫婦の協力度合い

◆ 配偶者の不倫相手にも慰謝料は請求できる

　慰謝料は、**離婚原因となる違法行為**＊をした相手に対し、**精神的苦痛を受けた側が請求**しますが、実際には離婚の責任がどちらにあるのかわからないようなケースも多くあります。

　ですから、責任が明確でなくても**和解金**や**解決金**という名目で、別れたいほうが慰謝料を負担することもよくあります。また、扶養的慰謝料の場合は、責任の有無にかかわらず生活支援の意味で、経済力のある側がない側に支払うこともあります。

　慰謝料を請求するにはまず夫婦の話し合いですが、合意が得られなければ、家庭裁判所に調停を申し立てます。調停が成立しなければ、裁判で決着をつけるしかありません。

　慰謝料を請求する場合は証拠も必要ですから、不倫相手との手紙、暴力を受けたときの医者の診断書などを保管しておきましょう。

　慰謝料の請求相手は、違法行為をした配偶者だけではありません。不倫などの場合には、**既婚者であることを知りながら交際していた不倫相手に対しても、慰謝料を請求**できます。通常は、不倫相手に対して慰謝料請求の内容証明郵便を送り、相手が応じなければ調停を申し立て、不成立なら訴訟を起こします。

　不倫相手から支払われる慰謝料の額は、不倫の状況や期間・経済力にもよりますが、実態としては、多くても200〜300万円程度のようです。配偶者が不貞行為による慰謝料も負担した場合には、不倫相手に二重に請求することはできません。

アドバイス

　慰謝料は「精神的苦痛」に対する損害賠償だが、実際には高額は望めない。自分たちの実態に沿った現実的な交渉を行いたい。

　＊慰謝料の請求が認められるためには「違法行為」かつ「その行為が離婚原因」であることが必要。

慰謝料請求の手続きと証拠の確保

 慰謝料請求の**手続き**

不貞行為に対する慰謝料は、配偶者と
不倫相手に対してそれぞれ請求できる

配偶者に対する請求

 →

夫婦による話し合い	不成立	家庭裁判所に調停を申し立て	不成立	裁判

不倫相手に対する請求

内容証明郵便送付	応じない場合	簡易裁判所もしくは家庭裁判所に調停を申し立て	不成立	裁判

証拠の確保
- 不倫相手からの手紙や一緒にいる写真
- 肉体的・精神的苦痛などを記した日記　など

不倫相手への慰謝料請求

不倫相手への主な請求理由

- 精神的苦痛を受けた
- 不倫が原因で結婚が破綻した

→ **配偶者に対する慰謝料額よりも少なくなることが多い**

- 100万円～200万円が実態
- 配偶者がまとめて負担することもある

生活設計

相続方法・DV・別居

離婚の方法・法定離婚原因

婚約破棄と事実婚の解消・外国人との離婚・再婚

手続き・資料

疑問 **16** 離婚後の生活が困難な人に、離婚後も扶養がある？

離婚後の生活を考えるにあたって、収入のあてがない側にとっては、当面の間だけでも何らかの援助を受けたい人もいるだろう。また、現在は安定した収入がある側にとっても、相手にどの程度の援助をする可能性があるのか知ることによって、離婚後の経済的変化が明確になる。離婚後扶養の具体的な内容について把握しておこう。

離婚後に一時的な援助が行われることもある

　離婚後の生活にあたり、とくに経済的支柱を失う側（多くは妻）の収入の確保は容易でありません。収入面で考えると、得られる**養育費**（☞P124）や**財産分与**（☞P138）、**慰謝料**（☞P152）だけで離婚後の生活を支えるのに十分なケースはほとんどなく、現実的には厳しい生活が続くことになります。高齢の場合は就職そのものが困難ですし、若くても幼い子どもを抱えている場合には、収入のいいフルタイム正社員になるのは事実上難しいといわざるをえません。

　こうしたことから、離婚後の働き口を見つけたり、子どもの預け先を確保したりなど生活基盤が安定するには、しばらく時間がかかります。そのため、離婚前の話し合いにより、離婚後も一定期間、**収入の多い側から収入の少ない側へ、生活費の援助を行う**という取り決めがされることがあります。この離婚後の生活費援助は、**離婚後扶養**と呼ばれています。

　ただし、**離婚後扶養には法律的な規定がありません**ので、調停や裁判などでは、財産分与や慰謝料の名目で支払われるケースが多くあります。しかし基本は、当事者同士の話し合いによる取り決めです。夫婦それぞれの年齢、子どもの有無や人数、お互いの収入などによって、金額や支払期間が変わってきます。

婚姻費用と離婚後扶養

	婚姻費用 （☞P 66）	離婚後扶養
目的	収入がない、または不足している配偶者に対して、生活費を援助する	
期間	離婚が成立するまでの期間	離婚後、生活の経済的基盤が整うまでの期間 ※1〜5年程度が多い
法的な保障	生活保持義務 ※夫婦は、相手が自分と同レベルの生活を続けていけるよう、お互いを扶養する義務がある	特になし ※話し合いを基本とし、法的には個別に判断
金額	裁判所が早見表（☞P 266）を示している	明確な目安なし
その他	同居・別居にかかわらず請求でき、離婚原因がある側からも請求できる ※離婚原因がある側からの請求は、減額されることが多い	財産分与（扶養的財産分与）や慰謝料として支払われる場合もある

婚姻費用　　　　　　　離婚後扶養

離婚の話し合い　　離婚　　　　　　　　　　　　　就職など
　　　　　　　　　　　　　　　　　　　　　（生活のメドがつくまで）

離婚後扶養が受けられるのは、財産分与が少ない、病弱で働けない、幼い子どもを抱えていて働くのが難しい、現在の収入だけでは生活を支えられない、高齢などで就職先を見つけるのが困難、といった事情がある場合とされています。

支払期間や金額はケースバイケース

離婚後扶養の支払い期間や金額についての、客観的な目安はありません。あくまでも**離婚後の生活基盤ができるまでの一時的な生活費の援助**という趣旨に基づき、取り決めることになります。

支払期間については1〜3年程度、長くても5年ほどというケースが多いようです。離婚後の住居や働き口も決まり、生活が落ち着くのに妥当な期間ということです。就職が困難な状況にある場合には、さらに長めの期間になることもあるでしょうが、**生活のメドがついた時点まで**と考えるのが一般的です。

離婚後扶養を負担する側にとっても、離婚後に経済的事情が変化する場合があります。リストラなどで職を失ったり、病気やケガで支払いを続けることが困難になったりというケースもあるでしょう。再婚して新しい扶養家族が増え、離婚後扶養に回す経済的余裕がなくなるかもしれません。あくまでも一時的な援助ですから、負担する側の経済的事情により取り決め内容も変化しうると認識しておきましょう。

金額についても、明確な基準はありません。**婚姻費用**（☞P266）を1つの目安とするなら、年収500万円程度で子ども1人のケースでは、月額5万円くらいが一例と考えられますが、あくまでも金額はケースバイケースです。

支払方法は、毎月支払う場合と離婚時に一時金で支払う場合とがあります。時がたつと状況は変化しますから、後のトラブルを避けるためにも、可能なら一時金での支払いにしたほうがお互い安心かもしれません。

扶養的財産分与の名目で支払われることも

法律に規定がない離婚後扶養の支払いについては、調停や裁判において

離婚後扶養の金額と支払期間の例

〈離婚後扶養の例〉
夫（会社員）の年収　500万円
妻の年収　　　　　　150万円
3歳の子ども（妻が養育）1人あり

 養育

夫・年収／500万円

妻・年収／150万円　子ども／3歳

離婚後

離婚前

離婚後扶養

婚姻費用（ P 266）

月額
6万円～8万円

月額5万円を
3年間

または

一時金
180万円

● 離婚後扶養の額は一例、婚姻費用は裁判所の早見表（ P 266）
による金額です。

● 子どもの養育費は含まれていません。

● 離婚後扶養の一時金は、月額5万円の3年分を合計した額です。

は、財産分与や慰謝料の名目で扱われるケースが多くあります。たとえば、一方の配偶者に経済的困難が見込まれる場合に、通常は公平である**財産分与**（☞P 138）に対し、扶養的な加算が認められるケースなどです。これを**扶養的財産分与**と呼びますが、実質的な**離婚後扶養**の意味合いを含んでいるといえるでしょう。

扶養的財産分与の金額や支払方法はさまざまですが、判例では、離婚原因の責任を考慮して金額を決めるなど、**慰謝料**（☞P 152）の意味を含めている場合もあります。支払期間は3年程度が多いようです。

扶養的財産分与が認められる基準*には、離婚後扶養と同様に、配偶者の経済的自立支援、病弱、高齢、子どもの監護などがあります。なお、扶養的財産分与は、子どもの養育費とは別のものとして扱われます。

通常の財産分与は夫婦の共有財産が対象となりますが、**扶養的財産分与で共有財産が少ない場合は、負担する側の固有財産も含めて分与の対象となる**こともあります。これは、収入の多い側の扶養能力が考慮されるためです。たとえば、住宅ローンが担保割れになってしまったなど共有財産がない場合でも、一方の配偶者に経済力がある場合には、扶養的財産分与が認められるケースがあります。

なお、扶養的財産分与は離婚時だけでなく、離婚後に請求することもできます。しかし、通常の財産分与と同様に、**離婚から2年を過ぎると法律上請求できなくなる**ので注意が必要です。

アドバイス

離婚後も生活が困難な側は、収入が多い側から離婚後扶養を受けられる場合がある。あくまでも一時的な援助なので、お互いの経済的変化を十分に考慮しよう。

＊定職がないなど離婚後の収入が見込めず、慰謝料や財産分与の対象となる資産もない場合には、扶養的財産分与が認められることが多い。

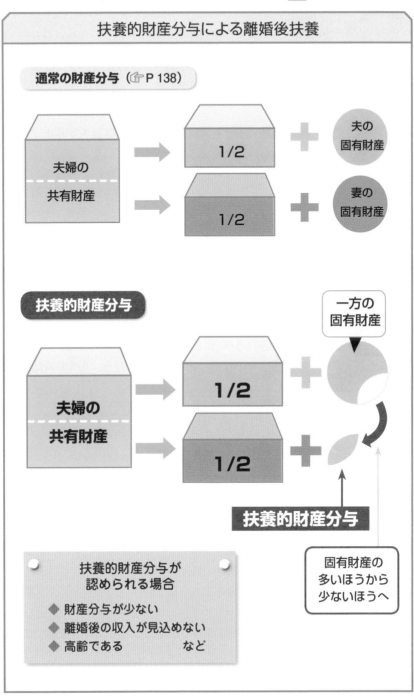

扶養的財産分与による離婚後扶養

通常の財産分与（☞ P 138）

夫婦の共有財産 → 1/2 ＋ 夫の固有財産

夫婦の共有財産 → 1/2 ＋ 妻の固有財産

扶養的財産分与

一方の固有財産

夫婦の共有財産 → 1/2

夫婦の共有財産 → 1/2

扶養的財産分与

固有財産の多いほうから少ないほうへ

扶養的財産分与が認められる場合

◆ 財産分与が少ない
◆ 離婚後の収入が見込めない
◆ 高齢である　　　　など

Case Study **1**

決めておくべきお金の問題‥‥‥‥‥‥‥‥‥‥‥‥‥‥
成人に達した子からの扶養申し立て

経緯	両親の離婚以来、子どもA（大学3年生）は成人するまでの間、父から毎月、養育費の援助を受けていた。成人に達したAは父に対し、さらに大学卒業までにかかる学費への援助を求める申し立てを行った。家庭裁判所では父が負担する義務はないとしたため、Aは高等裁判所に抗告した。（東京高裁・2010年7月）
争点	成人に達した子どもでも、まだ大学生である場合、親に扶養を求めることができるかがポイント。
判決内容	成人に達した子への扶養の要否は、いろいろな事情を考慮した上で決められるべき。昨今の大学進学率の高さ、Aのアルバイトや学業の状況、親の資力などから、Aへの援助が認められた。

弁護士の ★ 解 説 ★

　離婚した際に、養育費の支払い期限や月額を決めますが、子どもの進学状況や双方の再婚などの事情によって、扶養を要する期間や金額などが変わってくるのが実情です。このケースの場合、父親側と大学進学に関する費用の取り決めはなされていませんでしたが、本人が卒業までの扶養を求め、裁判所は、昨今の大学進学率やその後の就職への影響などを鑑みて、支払いを命じました。成人に達した子への扶養義務の程度は、子どもの進学状況やそのときの家庭環境によって変動することがあると認識しておきましょう。

Case Study 2

決めておくべきお金の問題‥‥‥‥‥‥‥‥‥‥‥‥‥‥‥‥
慰謝料

経緯 1971年に結婚。婚姻中、夫の暴力がしだいに強まり、1995年には妻を投げ飛ばした上、顔面・頭部・腰などを殴る、蹴るなどした。妻は鎖骨を骨折し、腰椎椎間板ヘルニアの障害を負った。妻から離婚訴訟と合わせて、慰謝料などの損害賠償請求が行われた。(大阪高裁・2000年3月)

争点 DVによる身体的な被害を、財産分与や離婚による慰謝料ではなく、傷害を負ったことに対する損害賠償として請求を行った点が注目される。

判決内容 離婚にともなう慰謝料350万円、財産分与2,300万円に加えて、夫の暴行で負った傷害および後遺障害として1,713万円も別途、認められた。

弁護士の ★ 解 説 ★

慰謝料は、もともと離婚を強いられたことによる精神的苦痛を癒やすとともに、破綻の責任の所在をはっきりさせ、財産分与の不十分さを補う意味も含むものです。とはいえ、このケースのように、離婚原因に暴行などの違法行為があった場合でも、慰謝料の請求だけでは、身体的被害の賠償も慰謝料の額に反映される範囲のみでした。しかし、独立した損害賠償請求を行うことで、暴行自体によって被った損害に対し、正当な賠償を受けることができます。

父子家庭への支援が年々増えていく

ひとり親家庭の生活の安定と向上を図る「母子寡婦福祉法」に、父子家庭も対象と位置づけられたのは、2002年でした。それまでも家事ヘルパー派遣などの支援はありましたが、利用者は少なく、経済的な支援はありませんでした。

その後、2010年には1人で子どもを育てる親に支給される「児童福祉手当」の対象に加えられました。2014年からは、介護福祉士や看護師などの資格を取るため養成学校で学ぶ際、最高で月10万円を2年まで支給する「高等技能訓練促進費」の対象にもなりました。

父子の支援が増えている理由に挙げられるのが、経済的に困窮している父子家庭の増加にあります。「男性は一家の稼ぎ頭である」「女性よりも男性のほうが経済力がある」などとする旧来の考え方は、雇用者全体のおよそ4割近くが非正規雇用が占めるようになった今日において、現実とは合わなくなってきているのです。

国の全国母子世帯等調査によると、ひとり親家庭は2016年にはおよそ142万世帯と推定され、1993年のおよそ1.5倍に増えました。父子家庭はその13%にあたるおよそ19万世帯で、1.3倍になりました。ひとり親になった理由の7～8割は、父子・母子ともに離婚です。

平均収入や正規雇用で勤める割合などは、今でも父子が母子よりも高いのですが、パートやアルバイト、派遣社員といった非正規の割合をみると、父子家庭で上昇しています。就労による年収の平均金額は母子で200万円、父子で398万円と2011年よりはどちらも増えているものの、児童のいる世帯の平均所得からくらべると低いのが現状です。

そのような背景をもとに、支援は拡充されていますが、実際のところ利用できる支援があっても父子家庭の半数近くが「知らない」と答えています。そこで父子家庭の支援を拡充するため、「母子自立支援員」の名称を「母子・父子自立支援員」、「母子福祉団体」から「母子・父子福祉団体」へと変わることになりました。これによって、2014年10月より法律の名称も「母子及び父子並びに寡婦福祉法」となったのです。今後も父子家庭の支援がますます充実されていくものになると思われます。

離婚成立まで
の流れ

この章では、離婚成立までの基本的な流れを
整理するとともに、離婚への話し合いが
行き詰まった場合の解決への方法をまとめました。

離婚の種類とはどんなもので、
話し合いで成立しない場合は
どのような離婚の進め方があるのか。
法的に離婚を争うなら、どのような原因が必要なのか。

そんな疑問に答えます。

離婚成立までの基本的な流れを知りたい

離婚が成立するまでのプロセスは、あくまでも夫婦間の話し合いが基本。実際のところ、離婚全体の約9割が夫婦での話し合いによる離婚、いわゆる協議離婚という形態だ。ここではまず、協議離婚について基本的事項を確認した上で、夫婦間の話し合いが行き詰まった場合の方法として、調停の進め方についてもおさえておこう。

◆ 話し合いで合意するのが協議離婚

　離婚は、その手続きの過程によって**協議離婚・調停離婚・審判離婚・裁判離婚・和解離婚**の5種類に分けられます。

　全体の約9割を占めるのは、**協議離婚**です。これは、夫婦が話し合って

① **離婚に合意すること**

② **離婚届を作成して役所に提出すること**

というだけの、最も簡単な離婚の方法です。

　民法763条は、「夫婦は、その協議で離婚をすることができる」としています。夫婦2人の話し合いによって、**離婚自体・姓と戸籍・親権・お金**について合意に至れば、離婚届に必要事項を記載し、署名・押印します。これを役所に提出して、受理されれば協議離婚は成立します。

　その際、養育費・財産分与・慰謝料などのお金に関する取り決め事項があるときは必ず、公的文書であり強制力を持つ**公正証書（強制執行認諾文言付き）**を作成しておきます。公正証書には、調停調書や判決と同様の効力があり、お金に関する支払いの約束が守られなかった場合、相手の財産を直ちに差し押さえることができます。

　協議離婚の場合、各種取り決めは夫婦間の口約束で済ませてしまいがちです。しかし後のトラブル防止のためにも、公正証書は必ず作成しましょう。

協議離婚の仕組み

1 話し合い

夫婦で離婚について話し合う。第三者に間に入ってもらい協議する場合もある。

2 取り決め事項

子どもの親権者をどちらにするか、養育費や財産分与、慰謝料の額などを決める。

3 協議の合意

すべての取り決め事項について合意したら、公正証書を作成する。

3 取り決めごとが合意に至らない場合

協議離婚不成立

調停離婚へ

4 協議離婚成立

夫婦と成人2名の証人が署名・押印した離婚届を、役所に提出。受理されると、離婚が成立する。

協議離婚の場合、公正証書（強制執行認諾文言付き）の作成は重要！

トラブル発生！

離婚協議の合意

お金に関する取り決め事項がある

→ **公証人役場**
公正証書（強制執行認諾文言付き）を作成

→ **相手を信じ口約束のみ**

支払いが滞った場合

→ 裁判を起こさず直ちに強制執行！財産差し押さえ

→ 裁判を起こすor 泣き寝入り？

169

調停の基本は話し合いを進めること

　離婚についてのさまざまな取り決めは、あくまでも夫婦の話し合いが原則です。しかし、夫婦2人の話し合いだけでは、離婚自体もしくは親権者や養育費・財産分与・慰謝料などの条件面での合意ができず、なかなか離婚が成立しない場合があります。このような場合や、そもそも相手が話し合いに応じない場合には、家庭裁判所に**調停**を申し立てます。

　調停の申し立てが受理されると、第1回目の調停期日は裁判所によって指定され、双方に**調停期日呼出状**が送られます。もし、どうしても指定された日時に都合がつかない場合は、**期日変更申請書**を提出します。2回目以降の調停期日は、調停の席上で双方および調停委員のスケジュールを照合し、調整した上で決定します。

　調停では、夫婦が持ち寄ったそれぞれの言い分をもとに、男女各1名ずつの調停委員が間に入り、双方が納得できるような合意点を探っていきます。**調停の基本はあくまでも話し合いを進めること**ですが、夫婦が直接話し合うわけではなく、調停委員を通じてやりとりを進めます。

　また、調停が進行する中で、**離婚に対する夫婦の考えが変化した場合は取り下げる**こともできます。このとき、相手の同意や取り下げる理由は必要ありません。

調停での話し合いはどう進められるか

　第1回調停期日では、**先に申立人が調停室に入ります**。この間、相手方は相手方控え室で待機しています。申立人は、調停を申し立てるに至った経緯、夫婦の現在の状況、子どもの問題などについて、**調停委員から質問**されます。所要時間はケースバイケースですが、大体30分が目安です。

　次に、**申立人と交代して、相手方が調停室に入ります**。申立人は申立人控え室で、調停委員が呼びに来るまで待機しています。調停委員が申立人の話した夫婦の状況について、相手方に確認をします。それから相手方の言い分や離婚の意思について、話を聞きます。

　調停委員は夫婦の状況を把握した後、解決策を提示します。この調停での話し合いは、1ヵ月に1度くらいの頻度で数回に渡って行われます。こ

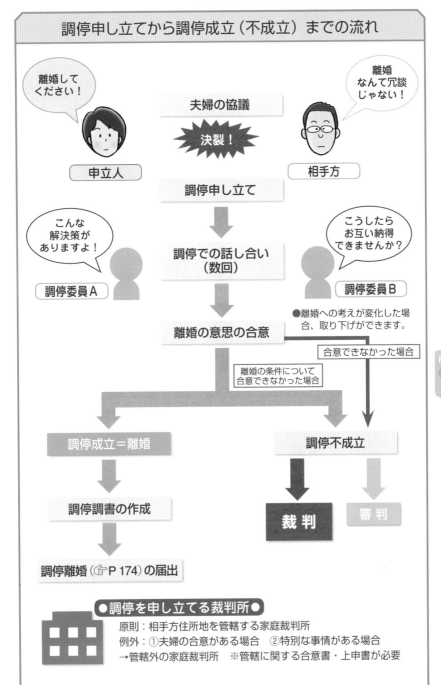

調停申し立てから調停成立（不成立）までの流れ

離婚してください！

申立人

離婚なんて冗談じゃない！

相手方

夫婦の協議

決裂！

調停申し立て

こんな解決策がありますよ！

調停委員A

こうしたらお互い納得できませんか？

調停委員B

調停での話し合い（数回）

●離婚への考えが変化した場合、取り下げができます。

離婚の意思の合意

合意できなかった場合

離婚の条件について合意できなかった場合

調停成立＝離婚

調停不成立

調停調書の作成

裁判

審判

調停離婚（☞P 174）の届出

●調停を申し立てる裁判所●

原則：相手方住所地を管轄する家庭裁判所
例外：①夫婦の合意がある場合　②特別な事情がある場合
→管轄外の家庭裁判所　※管轄に関する合意書・上申書が必要

の時点で双方が離婚とその条件について合意をすれば、調停離婚（☞P
174）が成立します。数回の話し合いを経たにもかかわらずどうしても合
意に至らない場合は、調停は不成立となり、終了します。

　調停は、弁護士や代理人をつけたとしても、原則として本人が出席しな
ければなりません。相手が離婚に応じないケースでは、相手が出頭しない
事態も考えられます。この場合、家庭裁判所の調査官が事情を調べて出頭
を促します。それでも出頭しない場合は、調停は不成立となります。

◆ 調停の利点とは？

　調停には、以下のようなメリットがあります。
①第三者が間に入り解決策を提示してくれる
②配偶者と顔を合わさず話し合いができる（ただし裁判所によっては、調
　停開始時と調停終了時に配偶者と同席しなければならない場合もある）
③難しい手続きがないので弁護士に依頼しなくても自分の力でできる
④裁判と違い当事者以外の者から一方的に判決を下されない
⑤法定離婚事由を必要としない
⑥調停で離婚が成立したとき作成される調停調書には強制力がある
⑦公正証書作成より調停費用＊のほうが安いが、同じ強制執行力がある
　夫婦間で離婚の話し合いに行き詰まっているのであれば、調停へと踏み
出すのもよいでしょう。

アドバイス

　相手が離婚に応じなかったり、条件面で折り合わ
なかったりする場合は、調停を申し立てる方法があ
る。調停委員を交えて話し合うことができるので、
夫婦間だけでの話し合いでは合意に至らない場合、
選択肢の1つとして検討してみるのもよいだろう。

　＊調停申し立てには、印紙代約1,200円、呼出通知の切手代800円程度が必要（裁判所に
　より若干異なる）。

調停前の準備マニュアル

①スケジュール帳
次回の調停期日決定の際に必要

②筆記用具
調停で話した内容（とくに相手の発言）を極力メモしておく

③証拠や書類等
裁判所から次回用意するようにいわれていたものは必ず持参

④服装や髪型は清潔・清楚に
第一印象は見た目で判断されがち。少しでもよい印象で

⑤言葉遣いは丁寧に
言葉遣いも大切です。敬語・丁寧語・謙譲語で

⑥子どもを連れて行くか、預けるか
待合室にはベビーベッドがある。子どもが2歳以上なら預けて来るほうがよい

調停に臨むときの対策

自分に有利に進めるために……

→ 離婚理由を正当化させるためにも、文章化してきちんと整理しておくことが必要

①夫婦の出会いから結婚までの経緯

②結婚から夫婦間に問題が起きるまで

③夫婦間に問題が生じた事件（原因）から現在までの経緯

④家族構成（子どもの年齢など）

⑤夫婦の職業、世帯の収入、資産

⑥世帯の生活状況

⑦現在の気持ち

⑧相手に対する要望

①～⑧のように、これまでの夫婦の関係と問題について、書面にまとめておくこと。

疑問 2 夫婦間で協議して 離婚の合意ができない場合

夫婦間同士の協議で離婚の同意が得られなかった場合には、「調停離婚」・「審判離婚」・「和解離婚」・「裁判離婚」の4つの選択肢がある。ここでは4つの離婚の方法についてそれぞれ説明し、状況に応じて選択できるようにしよう。

◆ 調停による離婚成立が調停離婚

　夫婦間での協議だけでは離婚に関する諸問題の合意に至らず、調停（☞P 170）での話し合いによって離婚を成立させる場合があります。つまり、**調停の期日に調停合意という形で離婚を成立**させる方法ですが、これを**調停離婚**といいます。

　調停離婚では、双方が離婚とその条件について合意した段階で、初めて夫婦が同席し最終意思の確認をした後、**調停調書**が作成されます。この調停成立日を離婚の成立した日とし、原則として10日以内に、申立人が調停調書の謄本と離婚届を、夫婦の本籍地もしくは住所地の役所の戸籍係に提出します。本籍地以外に届けるときには、夫婦の戸籍謄本が必要です。離婚届には、調停の申立人の署名・押印だけあれば、相手および証人2名の署名・押印は必要ありません。

　決定した調停条項が守られないときは、家庭裁判所の書記官に連絡します。すると、**履行勧告**として、調停条項を守るよう相手に話をしてくれます。また、期限を決めて相手に履行を命じる**履行命令**も出してくれます。

　金銭を支払わなかったり、家を明け渡さなかったりなどというケースでは、相手の財産を差し押さえたり、強制的に退去させたりという**強制執行**もできます。

調停で離婚が成立した場合は

調停成立日に離婚成立

But!

届け出をしなければ離婚手続きは完了ではない

届け出に必要なのは？

■調停調書の謄本（1通）

金銭面の支払いなどの細かい記載があることも。その場合は、戸籍の届け出に必要となる　①離婚したこと　②親権者の決定　のみ記載した抄本にしてもらうことができる

■離婚届

申立人のみの署名・押印があればOK！

（相手や証人の署名などは不要）

■夫婦の戸籍謄本

（本籍地以外の役所に提出する場合のみ）

届け出　→　住所地の役所に提出

調停成立後10日以内に申立人が届け出を行う

手続き完了！

調停条項が守られない場合

調停条項が守られない

家庭裁判所の書記官に連絡

● 履行勧告　● 履行命令　● 強制執行

審判離婚はまれなケース

　調停が成立する見込みがないときや、離婚そのものには合意しているもののごく一部の条件のみ折り合わない場合などに、裁判官が調停に代わる審判を下し離婚を認める判断をするのが**審判離婚**です。審判離婚の際、裁判所で作成される審判書にも判決と同様の効力があり、強制執行ができます。しかし、審判には異議申し立てができ、2週間以内に申し立てれば審判はその効力を失います。異議申し立てがなければ、10日以内に審判書と確定証明書を役所に提出し、審判離婚が成立となります。

　ただし、2004年に改正された人事訴訟法により、離婚裁判を家庭裁判所で行うことが可能になったため、調停の後そのまま訴訟へとスムーズに進むことができるので、現在では審判離婚が行われるケースはほとんどなくなりました。

裁判上の和解でも離婚が成立する

　調停が不成立で終了、または審判離婚も異議が認められた場合は、裁判で決着をつけることになります。「調停前置主義」という言葉が示すように、まず**調停を経なければ、いきなり裁判を起こすことはできません**。

　裁判離婚とは、夫婦の一方が家庭裁判所に離婚訴訟を起こし、判決によって成立する離婚です。ここでは、協議離婚・調停離婚・審判離婚では問われることのなかった、**民法で定める法定離婚原因**（P 180）が**必要**となります。

　離婚訴訟では、訴訟を起こす当事者（**原告**）がまず訴状を提出し、それに対し、訴訟を起こされた当事者（**被告**）が答弁書を提出します。その後、双方の主張を補充する準備書面のやりとりがあります。裁判所は争点を整理し、双方から提出される、主張を裏づける証拠の取り調べを行います。

　この段階で、当事者に対し裁判所から**和解勧告**として、話し合いによる解決を勧められることがあります。ここで夫婦が離婚について合意すれば和解が成立し、判決を待たずに和解調書が作成され**和解離婚**が成立します。

　この和解離婚も、人事訴訟法改正により新設された離婚方法です。これにより、和解によっても離婚の成立が可能となりました。

調停離婚・審判離婚の仕組み

1 調停申し立て

協議離婚が成立しない場合、夫婦の一方が家庭裁判所に調停を申し立てる。

3 合意に至らない場合

2 調停での話し合い

調停委員を通して、離婚自体や折り合わない条件について、合意に向けて話し合う。

調停に代わる審判

裁判所が職権で審判を下し、強制的に離婚を成立させる。

3 調停での合意

調停を経た結果、夫婦が離婚に関するすべてについて合意すると調停調書が作成される。

裁判離婚へ

異議申し立て

異議なし

4 調停離婚成立

調停調書と離婚届を、10日以内に役所に提出(離婚成立日は調停が成立した日)。

審判離婚成立

審判が下されて2週間以内に当事者から異議申し立てがなければ、離婚が確定。10日以内に審判書と確定証明書と離婚届を提出。

PART **4** 離婚の方法・法定離婚原因

177

◆ 裁判離婚は最後の手段

　裁判の最終段階では、本人および証人の尋問が行われた後、再度、和解勧告がなされることもありますが、この段階でも和解が成立しなければ、判決言い渡し期日が指定され、判決が下されます。判決に不服があれば、2週間以内に、高等裁判所に控訴することもできます。判決が確定すると、離婚届に**判決書**と**確定証明書**を添えて役所に届け出て、離婚成立となります（離婚成立日は判決が確定した日となります）。

　このように裁判離婚では、裁判所が原告の請求を認めるか退けるかの二者択一、つまり離婚が認められるか否かを決めることになります。

　しかし、調停を経て裁判まで進めば、相当のお金と時間がかかり、また精神的負担もともないます。これらを考慮し、折り合わない条件については譲れるものと譲れないものを再考し、離婚成立への道を進むとよいでしょう。

　婚姻は男性・女性両方の合意を必要としており、離婚においても協議離婚・調停離婚のいずれの場合も合意を必要とします。しかし、裁判離婚が前者と決定的に違うのは、**男性・女性両方の合意は不要**ということです。ですから、裁判離婚は、「離婚の最終手段」であることを、覚えておきましょう。

アドバイス

　夫婦間で離婚の条件が折り合わない場合は、家庭裁判所での調停や離婚裁判を起こすなどの方法があり、最終的には裁判官の判決で決着をつけることも可能。ただし、金銭・時間・精神面での負担が大きくなることを念頭においておこう。

裁判離婚・和解離婚の仕組み

1 **法定離婚原因が必要**

調停や審判でも離婚が成立
しない場合、裁判離婚をす
ることになるが、これには
法定離婚原因が必要。

2 **離婚訴訟提起**

夫婦の一方が訴状を作成し、
家庭裁判所に離婚訴訟を起
こす。訴えられた側は答弁
書を作成する。
※「離婚訴訟」を提起した側→「原告」
　提起された側→「被告」

3 **口頭弁論・尋問**

訴状と答弁書の提出、書類
などの証拠調べ、原告・被告・
証人への尋問が行われる。

4 **判決＝裁判離婚成立**

判決が確定したら10日以
内に判決書と確定証明書を
添えて離婚届を役所に提出。
※離婚成立日は判決が確定した日

4 **和解勧告**

判決ではなく話し合いによ
る解決を勧められることが
ある。この場合は裁判の進
行中、夫婦で離婚について
合意できれば、和解という
形で離婚ができる。

和解不成立　　和解成立

5 **和解離婚成立**

和解が成立すると、判決を
待たずに離婚が成立する。
この場合、夫婦の合意事項
について強制執行力を持つ
和解調書が作成される。和
解調書と離婚届を10日以
内に役所へ提出。

疑問 **1**

法律で定める 離婚原因とは？

裁判で離婚を争うには、法律で定める離婚原因（法定離婚原因）が必要となる。たとえば、配偶者が不倫をしている、暴力を振るうなどというケースは、「法定離婚原因」に該当するのだろうか？ 他に、どんなケースがこれに該当するのか整理しておこう。

◆　裁判で離婚を争うには法定離婚原因が必要

　調停が不成立で終了した場合、裁判で離婚を争うことになります。その際、民法770条第1項で規定する**法定離婚原因**が必要となります。

　この法定離婚原因とは、次のとおりです。

1号　配偶者に不貞な行為があったとき

2号　配偶者から悪意で遺棄されたとき

3号　配偶者の生死が3年以上明らかでないとき

4号　配偶者が強度の精神病にかかり、回復の見込みがないとき

5号　その他、婚姻を継続し難い重大な事由があるとき

　この法定離婚原因1号から4号については、夫婦関係の修復はもはや不可能であり、離婚を回避するのは困難であると客観的に判断できる事由です。5号はきわめて抽象的な記載となっていますが、離婚が認められるか否か微妙なケースのほとんどは、これに該当するかどうかが争点となります。

　また、法定離婚原因さえあれば、直ちに離婚が認められるというわけではありません。民法第770条第2項では、**裁判所は前項の1号から4号の事由があるときでも、いっさいの事情を考慮して婚姻の継続を相当と認めるときは、離婚の請求を棄却することができる**としています。ですから裁判所は、夫婦の事情のあらゆるポイントを考慮した上で「離婚を認めない」という判決を下すこともあります。

裁判離婚で必要となる法定離婚原因　1号～4号

1 配偶者に不貞な行為があったとき

夫婦は互いに貞操義務を負っている。これを破ることは「不貞行為を働いた」ということになる。

Q 肉体関係といっても風俗店での行為であり、愛情はないというが……

A 愛情の有無は関係なく、不貞行為には変わりない。

3 配偶者の生死が3年以上明らかでないとき

最後に生存が確認されてから3年以上の間、生死が不明となっており、死亡している危険性の高い失踪であること。単なる行方不明ではない。

3年…

2 配偶者から悪意で遺棄されたとき

夫婦は同居して婚姻費用を分担し、協力し合う義務を負っている。「悪意の遺棄」とは、夫婦のどちらかが同居を拒否したり、婚姻費用を負担しなかったりすること。

帰ってきてー

Q プラトニックな関係も不貞行為？

A 不貞行為とは肉体関係を持つことなので、これに該当しない。

Q 1～2ヵ月程度では悪意の遺棄とはいえない？

A 相当期間（少なくとも数ヵ月ないし10ヵ月）継続していることが必要。

4 配偶者が強度の精神病にかかり、回復の見込みがないとき

重篤な精神疾患に冒されて回復の見込みがなく、婚姻費用を分担し協力し合うという夫婦の実態をつくっていくことが難しい場合。専門医による鑑定が必要となる。

婚姻を継続し難い重大な事由を具体的にいうと？

　法定離婚原因5号「その他、婚姻を継続し難い重大な事由があるとき」とは、1号から4号にはあてはまらないがこれらに匹敵するような、**婚姻生活を続けていくことが困難である事態**を規定するものです。

　裁判所では、書類などの証拠調べや本人尋問、証人尋問を行い、その結果、**すでに夫婦関係が破綻しており婚姻の本質に応じた共同生活の回復の見込みがない**と認めた場合、離婚の判決を下します。

　こうして裁判離婚が成立するわけですが、この具体的な事由については夫婦によってそれぞれ異なります。具体的にいうと、**性格の不一致、暴力、借金、ギャンブル、勤労意欲の欠如、浪費、宗教上の問題、愛情の喪失、性的問題、嫁姑問題、犯罪、重大な病気や障害**などがこれに該当します。

　しかし、裁判所では、夫婦それぞれの特殊な事情を広く判断の材料としますので、単純に上記の理由に当たるからといって、法定離婚原因5号の事由として認められるとは限りません。

不倫や暴力を理由に離婚裁判を起こすには証拠が必要

　不倫は、法定離婚原因1号「配偶者に不貞な行為があったとき」に該当します。不倫を原因として離婚を請求する裁判では、配偶者の不倫の事実を証明する証拠を提出しなければなりません。証拠能力の高いものとして、写真やメールがあげられます。たとえば、ホテルに出入りする配偶者と不倫相手の写真などを、複数回分は用意します。継続性のある肉体関係をともなう男女の関係を証明するわけです。

　配偶者による暴力（DV）についてはすでにPART 2で述べましたが、暴力は**法定離婚原因5号「その他、婚姻を継続し難い重大な事由があるとき」に該当**します。離婚裁判の際には、医師の診断書や暴力で負ったケガの写真などを提出することで、被害を受けた事実を証明します。

　ただ、一過性の暴力の場合には、その原因なども考慮されるので、離婚原因として認められないこともあります。暴力が日常的に繰り返されているならその卑劣な行為は許されるはずもなく、法定離婚原因である「婚姻を継続し難い重大な事由」として認められるでしょう。

裁判離婚で必要となる法定離婚原因　5号

5 その他、婚姻を継続し難い重大な事由があるとき

すでに夫婦関係が破綻しており、婚姻の本質に応じた共同生活の
回復の見込みがないと判断される場合。

暴行・虐待

認められる
暴力行為が繰り返されることから、婚姻生活は破綻しており回復の余地がない

But… **背景にある精神的な病や、暴行を引き起こす夫婦間の問題を考慮する必要あり**

生活態度・金銭問題

認められる
定職に就かない、サラ金から多額の借金を繰り返す、ギャンブルに溺れ生活費を入れないなど、婚姻生活は破綻している

But… **背景にある原因について考慮する必要あり**

性的問題

認められる
セックスレスや性の不一致により婚姻生活の継続が難しい場合

But… **性の問題についてはきわめて個別的なので、ケースバイケース**

性格の不一致

認められる
生活観・価値観・人生観などの相違により、婚姻生活を円満に営むことが不可能

認められない
夫婦ともに寛大な心で、婚姻生活を円満にする努力が必要と判断される場合

宗教上の問題

認められる
相手の宗教活動にどうしても耐えられないなど、生活の崩壊を招いている場合

認められない
宗教や信仰それ自体がただちに離婚原因にはなり得ない

親族問題

認められる
嫁姑問題や親族間の確執によって婚姻生活が破綻し、解決の見込みがない場合

認められない
親族間に問題があるだけでは、ただちに婚姻生活の継続が難しいとは判断されない

重大な病気や障害

認められる
重度の疾患に冒され回復の見込みがない場合や、献身的に介護を続けた配偶者にこれ以上の負担は強いられないと判断された場合

認められない
重度の疾患に冒された配偶者に対し、一方の配偶者に協力や誠意が見られない場合

◆ 離婚原因をつくった配偶者からの離婚請求は認められる？

　婚姻生活を破綻させる原因をつくった配偶者（有責配偶者）からの、離婚したいという請求は認められることなのでしょうか。

　自分で離婚原因をつくっておきながら、さらに身勝手な要求をしているわけですが、事実上夫婦関係は破綻しており、愛情もないのに形だけ夫婦であり続けても本質的な解決を生みません。

　そこで、裁判所は、有責行為の実態と婚姻関係破綻との因果関係、その後の夫婦関係の実態、別居の有無やその長短などの諸事情を具体的に考慮し、有責配偶者からの離婚請求であっても場合によっては認めています。

　有責配偶者からの離婚請求が認められるのは、

①**別居期間が長期間におよぶ**

②**夫婦間に未成熟の子がいない**（ただし、未成熟の子がいても、離婚によりとくに不利益を被るおそれがない場合にはこの限りでない）

③**離婚により相手方配偶者が、精神的・社会的に過酷な状況におかれるような事情がない**

④**有責配偶者から相手方配偶者に対し、相当額の財産分与や慰謝料支払いの申し入れをしている**

　という場合です。これらの要件を満たさなければ、離婚を認める判決が認められることはありません。

アドバイス

　不倫や暴力は「婚姻を継続し難い重大な事由」にあたり、法的な離婚原因になり得る。ただし、裁判では原因となる事情等も考慮されるため、直ちに離婚請求が認められるわけではないことに注意。

有責配偶者からの離婚請求で裁判所が考慮するポイント

例 不貞行為をした有責配偶者が離婚を求めてきたケース

有責配偶者

離婚の請求

1 不貞行為の時期と程度は？

2 不貞行為と婚姻生活が破綻したこととの前後関係は？

3 相手配偶者の婚姻を継続する意思は？

4 相手配偶者は有責配偶者に対してどんな感情を持っているか？

5 夫婦間に未成年の子どもはいるか？　また子どもの気持ちは？

裁判所

10 夫婦の経済事情と別居中の婚姻費用分担の度合いは？

9 婚姻期間と別居期間はどのくらい？

8 夫婦の年齢は？

7 離婚を認めた場合の相手配偶者の状況は？

6 別居後の生活状態は？

判　決

1〜**10**を考慮した上で総合的に判断

Case Study 1

法定離婚原因・・

宗教活動を理由とする離婚原因

経緯 ある宗教に入信している妻に対し、夫はその宗教活動に対し、強い嫌悪感を持っていた。しかし妻は夫の気持ちを汲み取ることなく集会への参加や布教活動を続けた挙げ句、母屋の離れで不自然な生活を続けていたため、夫は精神的に限界となった。裁判の末、婚姻生活は破綻していると認定され、夫からの離婚請求が認容された。（名古屋高裁・1998年10月）

争点 妻の宗教活動が、「婚姻を継続しがたい理由」となり得るかどうかが争点。妻の度を超えた宗教活動に業を煮やし、すでに夫婦関係は破綻していると主張する夫の主張が認められるのか。

判決内容 二人で話し合った結果、妻が夫に対して愛情を全く持っていないことを明確に知り、二人の間にできた子どもたちも離婚もやむなしと認めたことから、二人の関係は回復し難いまでに破綻したとして、夫の主張は認められた。

弁護士の ★ 解 説 ★

たとえ夫婦間であっても信教の自由（憲法20条）が保障されるのですが、宗教活動が一般常識の範囲を超えて家庭生活に支障を及ぼすようになれば、「婚姻を継続し難い重大な理由」（民法770条第1項5号）として、離婚原因になってもやむを得ないとされています。本件の場合、妻の宗教活動が家族の理解の範囲を超え、なおかつ夫への愛情がなくなってしまい、お互い歩み寄る意思がないのであれば、婚姻生活を続けることは困難だと、裁判所は判断したのです。

法定離婚原因・・・・・・・・・・・・・・・・・・・・・・・・・・・

別居中のうつ病の妻への離婚請求

経緯　妻は、義母と折り合いが悪いことから精神状態が不安定となり、実家に帰省した際、うつ病による抑うつ状態と診断され、そのまま実家にとどまり、夫と別居状態になった。3年3ヵ月にわたる別居後、夫は離婚の訴えを提起し、認められたが、妻はこれを不服として控訴した。（名古屋高裁・2008年4月）

争点　婚姻関係の破綻の有無が争われた裁判。婚姻がすでに破綻破していると主張する夫に対し、妻には未だ婚姻関係を修復したいという気持ちがあった。

判決内容　①妻に婚姻関係を修復したいという意思がある、②別居前は円満な結婚生活を送っていたのであるから、妻のうつ状態が治癒する、あるいは病状について夫の理解が深まることで夫婦の関係の改善が期待できる、の2点から、婚姻関係の破綻を認めず、離婚請求は棄却された。

弁護士の ★ 解 説 ★

　最近の判例では、離婚を請求した側が決定的に婚姻を継続させる意思を失っている場合、婚姻の破綻を認定したうえで、離婚を請求した側の有責性や離婚を認める条件等について審理するという考え方が示されることがあります（破綻主義）。しかし、この事例においては、妻に婚姻関係を修復したいという明確な意思があること、また、別居が長引いている原因の1つであるうつ病に治癒の可能性があることが重視され、夫婦に今一度、婚姻関係を修復する努力を促す判決となりました。

Case Study **3**

法定離婚原因‥‥‥‥‥‥‥‥‥‥‥‥‥‥‥‥‥‥‥‥

有責配偶者からの離婚請求①

経緯 夫婦の間には成人した長女がいるが、先天的に重度の障害を抱えており、妻と妻の母が24時間介護にあたっていた。夫は妻に愛情がなく、7年5ヵ月の別居期間があり、その間不貞行為もあった。夫から離婚を申し出たものの、妻が精神的・経済的に追い詰められて過酷な状況に置かれてしまうことを危惧した裁判所は、夫の離婚請求が信義則に反して認められないという判決を下した。（高松高裁・2010年11月）

争点 別居期間の長さ、未成熟子＊がいること、相手方配偶者が離婚によって精神的・経済的に極めて厳しい状況におかれる可能性があるという3点が審判のポイントとなった。

判決内容 夫婦間にいる未成熟子は25歳となり、介護に今後膨大な費用がかかることが予想されるので、夫が慰謝料や生活費をきちんと支払うと訴えても離婚は認められなかった。

弁護士の ★**解説**★

複数の障害により、24時間の介護が必要な長女をこれまで支えてきた妻の母親も高齢になり、将来的にこれまで通りの介護ができなくなるであろうということ、その際には専門の介護士に来てもらうための莫大な費用を用意しなければならないことなどに鑑みると、妻の負担がより増えていくだろうと予測できます。また夫は妻と7年以上別居しているものの、同居期間が19年間あったことを考えると、いくら精神的な結びつきが難しいと夫側が訴えても、離婚を相当とする理由にはなり得ない、という判断が下された事例です。

＊未成熟子　成人年齢に達しているかどうかに関係なく、扶養の必要性が認められる子。

Case Study 4

法定離婚原因・・・・・・・・・・・・・・・・・・・・・・・・・・・・・
有責配偶者からの離婚請求②

| 経緯 | 8年の同居の後、別居調停が成立し、13年別居中の夫婦。別居の原因は夫の不倫であり、夫は別居後内縁女性と8年同居生活をしている。一方妻は、16才と18才の子どもと同居しパート勤務をしている。夫は、離婚を請求したが認められなかったため、控訴した。（大阪高裁・2007年5月） |

| 争点 | 別居期間の長さ、未成熟子がいないこと、相手方配偶者が離婚により精神的、社会的、経済的に極めて過酷な状況におかれないという3点が審判のポイントとなった。 |

| 判決内容 | 夫婦には未成熟子がいるが、すでに高校生で親の離婚による影響が少ないこと、夫が養育費・慰謝料・子どもの大学進学費用の支払いに応じることで離婚を認めた。 |

PART **4** 離婚の方法・法定離婚原因

弁護士の ★ 解 説 ★

夫婦の別居は13年にわたります。またその間に、夫が夫婦の同居と同じ期間、内縁女性と同居しています。このように、夫婦としての共同生活を営むための精神的・肉体的な結びつきの回復が難しいと判断される場合、争点に挙げられた3つの条件を満たせば有責配偶者からの離婚請求も認められるのが近年の傾向です。このケースでは、夫婦に未成熟子がいることから条件を完全には満たしていませんが、子どもの年齢や養育・進学に関して夫が支払いを約束したことで、離婚条件がより柔軟に適応されたと言えるでしょう。

Case Study **5**

法定離婚原因・・・・・・・・・・・・・・・・・・・・・・・・・・・・・・・・・
婚姻関係が回復し難い理由による離婚請求

経緯　1998年に結婚した夫婦。結婚してから2年目に夫の不貞と思われる行為が発覚したものの婚姻は継続。それから11年後に妻が別居し、「婚姻継続が困難」と妻は主張した。しかし、その間は婚姻関係が成立したという点、妻が離婚訴訟を提起して強く離婚を望んでいても、婚姻関係が深刻に破綻し、回復の見込みがないと認めるのは困難であるとして、一審に引き続き控訴審でも妻の請求が棄却された。（東京高裁・2013年4月）

争点　夫の不貞行為は本当にあったかどうか疑わしい点、そのことがあってから10年以上、婚姻生活が継続していた点もあり、直ちに離婚が認められるかどうか。

判決内容　夫の女性問題は不信を抱く理由であったのには違いないが、妻の供述だけでは確信といえない。別居の経緯は性格や価値観の違いによって起きたことであり、それまでの間、婚姻生活が成立していた点を考えると、回復し難い問題、衝突だとは考えられない。一方の夫は婚姻生活を強く望んでいることを考えると、回復の見込みがないと考えるのは困難であるため、妻の離婚請求は認められない。

弁護士の ★ 解 説 ★

　妻は離婚を望んでいても、夫とはそれまで10年以上にわたって婚姻生活を送っていたことを考えると、理由なく離婚は認められないものです。離婚の前に、夫婦で話し合って解決の糸口が見つかるのではないか、と裁判所が判断したものと思われます。

COLUMN

公示送達

法定離婚原因3号「3年以上生死不明のとき」とは、相手が最後に生きていることを確認したときから3年以上経過して、現在も生死が不明である場合を意味するものです。

単に「所在がわからない」という行方不明の場合は、これに値しません。しかし、相手が行方不明なら、法定離婚原因2号「悪意の遺棄」や法定離婚原因5号「婚姻を継続し難い重大な事由」にあたるケースもあります。

それにもかかわらず、行方不明なら離婚の協議も調停もできません。この場合は、調停を経ずして離婚の裁判を起こすことができます。

離婚の裁判を起こすと、裁判所は被告に対して呼び出し状と訴状の副本を郵送し、反論があれば答弁書の提出を求めます。しかし、被告は行方不明なので、これについて送達ができないわけです。

この場合、裁判所に原告が**公示送達**の申し立てをします。裁判所の掲示板に書類を掲示し、被告に裁判が起こされたと知らせたことにするのです。

公示送達後2週間が過ぎると、被告が出頭しなくても裁判を進めることができます。原告の主張に間違いがないか証拠調べを行った後、判決が下されます。

公示送達申し立てに必要なもの

- 公示送達申立書
- 住民票
- 戸籍の附票
- 住所地に住んでいないことを証明する書類
※住所地に行って調査した報告書など

**「離婚したい！」
But　相手が行方不明！**

協議・調停　→　**不可**

離婚裁判を提起

公示送達
※裁判所の掲示板に書類を掲示

裁判開始　証拠調べ
※被告不在

判決！ 離婚

PART **4** 離婚の方法・法定離婚原因

失踪宣告

·····失踪宣告制度とは？·····

　配偶者が生死不明のとき、ただ離婚だけできればよいのであれば、公示送達の申し立てをして裁判の判決で離婚をすることができます。

　しかし、財産がある場合なら、「失踪宣告」制度について慎重に検討してみましょう。失踪宣告とは、生死不明の者（死体が確認できていない者など）の死亡認定をして、法律関係をいったん確定させるための便宜上の制度のことです。失踪宣告により、離婚によらずして婚姻関係は消滅し、生死不明の者の財産は、遺産として配偶者や子どもなどの利害関係人が相続できます。

·····失踪宣告に必要な失踪期間·····

【普通失踪】

　特別失踪に該当する原因がなく、生死不明の失踪期間が7年続いた場合（民法第30条第1項）。7年が満了すると、死亡したものとみなされる(民法第31条)。

【特別失踪】

　特別の危難（従軍・船舶の沈没・飛行機墜落・海山での遭難など）に遭ってから失踪期間が1年続いた場合（民法第30条第2項）。危難が去ったときに、死亡したものとみなされる(民法第31条)。

·····失踪宣告手続きの流れ·····

　利害関係人にあたる配偶者は、所定の用紙に記入し、家庭裁判所に失踪宣告の申請をします。申請後、家庭裁判所は生死不明の調査を行い事実確認をした後に、「失踪宣告」の審判を下します。これで法的に生死不明の者の死亡が認定されたことになりますので、遺産相続の手続きをすることができます。

　失踪宣告後、本人が帰って来たという場合、「失踪宣告取消」の申し立てができます。この手続きによって、身分も財産も失踪前の状態に戻れるのですが、全てというわけではありません。

　生死不明だった者の配偶者が再婚していた場合、生死不明だった者との婚姻ではなく再婚のほうが認められることになります。財産については、すでに分配され使い果たされていた場合、その分を取り戻すことはできません。

PART 5

離婚にまつわる
その他の問題

この章では、離婚にまつわる
さまざまな問題をまとめました。

婚約が破棄されたら、いったいどうすればいいのか。
国際結婚しているが、離婚のときはどうなるのか。
離婚後に再婚を考えるなら、知っておくことは何か。

そんなあなたの疑問に答えます。

SECTION **1** 婚約破棄・事実婚の解消

SECTION **2** 外国人との離婚

SECTION **3** 離婚後の再婚について

婚約の破棄で、慰謝料は発生する？

離婚とは、結婚していた夫婦が別れること。夫婦として同じ籍にあった関係が、別々の戸籍に分かれることを意味する。しかし、実際には結婚の約束をしながら、そこに至る前にピリオドが打たれるケースもある。ここでは、婚約破棄、すなわち一方的に婚約を解消されたケースを考えてみたい。

◆ 婚約とは男女間で結婚の約束をすること

　婚約破棄について述べる前に、そもそも、**婚約**とはどのような状態を指すのかを明確にしておく必要があるでしょう。

　婚約とは、ひとことでいえば、男女間で将来の結婚を約束すること。すなわち、**婚姻契約の予約を行うこと**です。日本の場合、婚約といえばお互いの家に挨拶に行って結納を交わし、婚約指輪を交換するといった一連のセレモニーが行われることが多くみられますが、これらは婚約成立の要件ではありません。たとえ、口約束であっても、男女の間で**結婚の約束ができていれば、婚約は成立した**とみなされるのです。

　婚約は、一般的には結婚に向けての祝福すべきスタートラインのようにとらえられますが、法律的にみた場合は異なる観点で定義されます。すなわち、婚約した者は、将来結婚するように努力する義務をお互いが負うこととされるのです。義務を負った以上は、それを履行できなければ責任が問われるというのが法の見解です。したがって、**正当な理由のない婚約破棄は、違法行為とみなされ、損害賠償の対象となる**ケースも少なくありません。しかも、婚約破棄の損害は、婚約にいたるまでに要した金銭や物質的なものにとどまらず、婚約を破棄された側の心の痛手や周囲との人間関係など、さまざまな損害についても賠償責任が発生するのです。

婚約成立と婚約破棄

●互いの家を訪問する、結納を交わす、婚約指輪を贈るなどの
行為は必須ではありません。

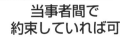

当事者間で
約束していれば可

口約束でも、事実認定で可

結婚しようね♫

婚約成立

婚約破棄

金銭やモノなどの物理的な損害

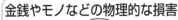

結納

心の痛手などの
精神的な損害

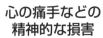

正当な理由がない婚約破棄では損害賠償が請求できる

　正当な理由がなく婚約破棄が発生した場合、婚約破棄についての責任がある相手に対し、破棄された側から、婚約不履行に対する損害賠償を請求することができます。

　不当に婚約を破棄された場合の損害賠償について、もっとも損害額が算定しやすいのは、**物的損害**についてでしょう。これには、婚約指輪や結納金、結婚式場や新婚旅行のキャンセル料、新居の準備費用などがあげられます。これらは、実際に発生した損害を1つずつ具体的な金額に置き換えて、全体の損害額を算定することができます。また、**精神的損害に対しては慰謝料として請求が可能**ですが、予約の不履行に対する**期待権**＊の侵害という範囲のことですから、法的な離婚の慰謝料よりも低額なのが一般的です。

将来得られたかもしれない利益に対して請求できる？

　そのほか、損害賠償請求できる対象として**得べかりし利益**、つまり**得られたかもしれない利益**というものがあります。典型的な例としてあげられるのが、**女性が結婚に備えて退職してしまったケース**です。

　この場合、再就職の可能性などを勘案し、退職から再就職までの期間の収入分を損害としてカウントしたり、再就職によって減収になった分を差額として計上することで、一定の損害額を算出することができます。しかし、現実はそれほど単純ではないでしょう。たとえば、この女性は再就職しても、将来ほかの人と結婚する際に再度退職する可能性があります。ということは、彼女がいつまで働いているかは不確定であり、不確定な将来に対してまで差額を損害として認めるのは難しいともいえます。また、結婚を機に仕事をやめるかどうかは、最終的には自分の意思や価値観に基づいて選択することですから、その選択が結果的に不利益をもたらしたとしても、それは自分自身で負うべきであるという考え方もあります。

　したがって、**得べかりし利益に対する請求については、婚約者の意見がどの程度反映されたかなど、退職にいたる経緯を精査しながら計上**していくのが一般的だといえるでしょう。

　＊契約その他にともなって当然発生するだろうと期待できるもの、また期待することが当然だとされる権利のこと。

正当な理由のない婚約破棄で賠償請求できるもの

物的損害

- 婚約指輪・結納金
- 結婚式場・新婚旅行のキャンセル料
- 新居の賃貸（もしくは購入）のキャンセル料
- その他、結婚準備にともない発生した損害

精神的損害

- 期待権の侵害 などに対する精神的苦痛への慰謝料

「得べかりし利益」への損害

- 結婚に備えて退職した場合、再就職が決まるまでの間に得られたであろう収入
- 再就職後の減収があれば、その差額

「得べかりし利益」として請求できる？

結婚に備えて退職

Aさん

自分の意思だけで退職

やめます!!

→ 自己責任であるとして、請求が認められることは難しい

婚約者と相談して退職

そうしょう

→ 婚約者の意見がどのくらい反映されたのか、その程度によっては認められる場合がある

婚約者の意思で退職

仕事やめてほしい

婚約破棄の事実をどのように証明するか

　冒頭で述べたように、婚約破棄は**婚姻契約の予約の不履行**ですから、正当な理由なく一方的に婚約を破棄した場合は、相応な責任を問われることになります。ただし、ここで気をつけなければならないのは、**婚約をしたという事実をどのように証明するか**ということ。最後にこの点について触れておきたいと思います。

　婚約が破棄された場合、2人が本当に婚約していたかどうかを立証することは、口でいうほど容易なことではありません。結納を交わしていたとかパーティを開催したという事実(物理的に事実を証明できるモノやコト)があれば疑問の余地はありませんが、問題になりがちなのは、結婚の約束が当事者の口約束だけだった場合。この場合、相手は極力責任を逃れようと、婚約が成立していなかったと主張することが予想され、婚約の事実を証明することは困難を極めるケースが多いのです。そこでこういう場合に必要なのは、**客観的に婚約の事実を証明していくこと**です。実家に挨拶に行ったとか、利害関係のない第三者に婚約者として紹介したとか、当事者以外の人にも2人の婚約を認識していたことがわかる**事実を積み重ねて証明していく必要があります**。

アドバイス

　一方的な婚約破棄が発生した場合、物質的・精神的な損害に対する賠償を求めることは可能。ただし、婚約により退職した場合の損害については、ケースバイケースとなる。

SECTION 1 婚約破棄・事実婚の解消

生活設計

相談方法・DV・別居

姓と戸籍・親権・お金

離婚の方法・法定離婚原因

PART 5 婚約破棄と事実婚の解消・外国人との離婚・再婚

手続き・資料

婚約破棄の事実をどう証明する?

婚約なんて
していない

両方の実家に
行ったでしょ!

友だちに
フィアンセだって
紹介した
でしょ!

破棄される側に責任がある場合、損害賠償などは不可

Cさん　　　交際　　　Aさん　　　婚約　　　Bさん

婚約指輪を贈る

発覚　　→　　婚約破棄

破棄事由の発生

AさんがBさんに婚約指輪の返還を要求、損害賠償を請求

Aさんに婚約破棄の
原因があるため

要求は認められない

疑問 2 事実婚の場合、「離婚」にはならない？

法的に結婚という形をとらないまでも、事実上の結婚生活を送っているカップルが存在する。いわゆる「内縁関係」といわれる男女関係だが、この場合も、事実上の結婚生活を解消されたことによる問題が生じることがある。ここでは、さまざまな内縁関係を整理するとともに損害賠償の問題を考えてみたい。

法律的な婚姻関係を結ばない男女が増加

　結婚の意思がありながら、入籍せずに夫婦同然の生活をしている関係を**内縁関係**といいます。内縁と聞くと、以前は、何かやむをえない事情があって入籍したくてもできない男女というイメージがありました。しかし、最近は、結婚までの準備期間や、現在法律上認められていない**夫婦別姓**※を実現するための便宜的な方法としてなど、むしろ当事者が積極的に婚姻届を出さないで共同生活を営んでいるケースが急増。同義語として、**事実婚**や**準婚**という新しい言葉も生まれています。

　ところで、離婚とは法律上の婚姻関係を解消することですから、そもそも婚姻関係にない内縁関係においては、離婚という概念は存在しないように思われるかもしれません。しかし、内縁関係は、本来愛情によって結ばれている男女が、結婚を前提にして共同生活をしてきたわけですから、**婚姻に準ずる関係**とみなされます。法的にも、夫婦の貞操、同居、扶助、婚姻費用の分担義務などの規定が適用されます。したがって、それを**正当な理由なく一方的に解消**することは、もう片方にとっては、精神的苦痛のみならず生活自体を揺るがすことに等しい行為です。そこで、これは**内縁の不当破棄**とみなされ、破棄された側は、損害賠償を請求することができるのです。

　※男女がいずれかの姓を選択するよう強制されることなく、別姓のまま法律上婚姻できること。現在日本では認められていない。

生活設計

相談方法・DV・別居

姓と戸籍・親権・お金

離婚の方法・法定離婚原因

PART **5** 婚約破棄と事実婚の解消・外国人との離婚・再婚

手続き・資料

結婚と内縁関係

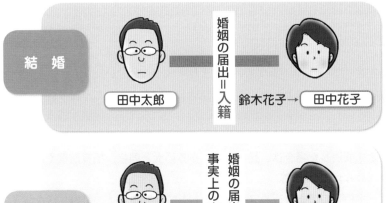

結婚

田中太郎 ━━━ 婚姻の届出＝入籍 鈴木花子→田中花子

内縁関係（事実婚）

田中太郎 ━━━ 事実上の夫婦生活／婚姻の届出なし＝未入籍 ━━━ 鈴木花子

内縁関係で認められるおもな権利と義務

① 夫婦の同居・協力扶養義務（民法752条）

② 貞操義務、婚姻費用の分担義務（民法760条）

③ 日常家事債務の連帯責任（民法761条）

④ 夫婦財産制に関する規定（民法762条）

⑤ 内縁不当破棄による損害賠償、内縁解消による財産分与
（民法768条）

婚姻に準ずるとして、一定の法的保護が与えられています
（☞P 209）

事実上の結婚生活解消による損害賠償と財産分与

婚姻届は出していないものの、実質的には夫婦として生活していた日々。それを一方的に解消しようといわれたら、納得できなくて当たり前でしょう。しかし、内縁関係は法的な婚姻関係ではありませんから、その解消を拒否して争っても、法の場ではあまり意味がないといえるでしょう。この点は、法的な結婚との違いとして認識しておく必要があります。

とはいえ、法律的に結婚はしていなくても事実上の夫婦生活を営んでいるわけですから、**相手の同意なく内縁関係を不当に破棄し、事実上の結婚生活を解消した場合は、婚姻関係にある男女と同様、損害賠償や財産分与が認められています。**

まず相手の裏切り行為（不貞）に対しては、事実上の結婚生活を営んでいる以上、**内縁関係といえども互いに貞操義務を負っている**との考え方に立ちます。そして、不貞によって内縁関係を解消された場合は、そのことに起因する損害の賠償を請求することができるのです。

また、2人で築いた共有財産がある場合は、**内縁関係の解消にともなって財産分与の対象**になります。そして、当事者間で話し合いがつかない場合は、調停や審判の申し立てを行い、決着させることになります。死亡によって内縁関係が解消された場合でも、財産分与を請求できます。

内縁関係の男女に子どもがいる場合

内縁関係の男女間の子どもについては、考えておくべき問題がいくつかあります。まず戸籍については、**法的な婚姻関係でないため子どもは母の戸籍に入り、親権も母の単独親権**となります。ただし、父が子どもを認知した場合は、父母の協議により父の単独親権とすることや、「子の氏の変更許可」により父の姓を名乗ることも可能です。

内縁関係が解消された場合、子どもの母から子どもの父に対して**養育費の請求ができます。**しかし、父が自分の子どもとして認知していない場合は、父子関係を証明する訴えを起こす必要があります。したがって内縁関係であっても、子どもが生まれたときには、あらかじめ父に認知を求めておくことが大切です。

内縁の不当破棄にともなう慰謝料と財産分与

相手の不貞行為が原因のとき

損害賠償を請求できる

※内縁関係を破綻させた相手への請求も可能

2人で築いた共有財産があるとき

財産分与の対象になる

※合意に至らない場合、裁判所に調停や審判の申立ても可能

パートナーの財産相続

内縁関係の場合、相続人になれない

※ただし、パートナーの死亡による内縁関係解消に対し、財産分与を可能とした判例がある

内縁関係の子どもについては？

戸籍は母の戸籍

母の戸籍に入り、母の姓を名乗る。認知を受けた場合は、家庭裁判所で「子の氏の変更許可」が認められれば父の姓に変えることができる

養育費は請求できる

母から子どもの父に対して、養育費の請求ができる。ただし、父が認知していない場合は、請求が認められにくい場合もある

親権は変更が可能

母の単独親権となる。ただし、認知された子どもの親権は、父母の話し合いによって父の単独親権とすることもできる

認知は求めておく

父の遺産相続も認知されている場合のみ請求できるなど、子どもの将来のためには父に認知を求めることが望ましい。父が認知を承諾しない場合は、裁判所にこれを請求できる

生活設計

相談方法・DV・別居

姓と戸籍・親権・お金

離婚の方法・法定離婚原因

PART **5** 婚約破棄と事実婚の解消・外国人との離婚・再婚

手続き・資料

重婚的な内縁関係の場合、保護は限定される

　夫（妻）が妻（夫）の元を去り、愛人と暮らし始めることで生じる内縁関係もあります。この場合、夫（妻）は妻（夫）と離婚していないため、法的な意味での婚姻関係は継続していることになります。また、一方で愛人との共同生活も始まっていることから**事実婚**の状態にもあり、**重婚**といってもおかしくない状況にあります。

　こうした重婚的内縁関係は、基本的に公序良俗に反するもので、かつての判例ではいっさい法的な認知をせず、保護も与えないという考え方が主流でした。しかし、重婚的内縁だからまったく保護を与えなくてもいいという考えに立ってしまうと、事実上の妻または夫の立場に立たされた人が著しく不利益を被ることが予想されます。

　たとえば、妻の元を去った男性が愛人の元で共同財産を築き、さらにその後にまた別な愛人の元へ去っていった場合、ともに生活していた共有財産の請求権が認められなければ、男性だけが有利になるといった不公平な状況になってしまいます。

　そこで最近の判例では、**夫婦の貞操義務の観点から違法行為として裁くこと**と、内縁関係の解消によって**損害を被った者の保護**とは区別して考え、限定的ながらも**重婚的な内縁関係を解消された人に対する保護**も図られるようになりました。

アドバイス

　実態的に夫婦として共同生活を営んでいれば、内縁関係解消の際、離婚と同様に財産分与や損害賠償を請求できる。ただし、重婚的な内縁関係の場合、その保護は限定される。

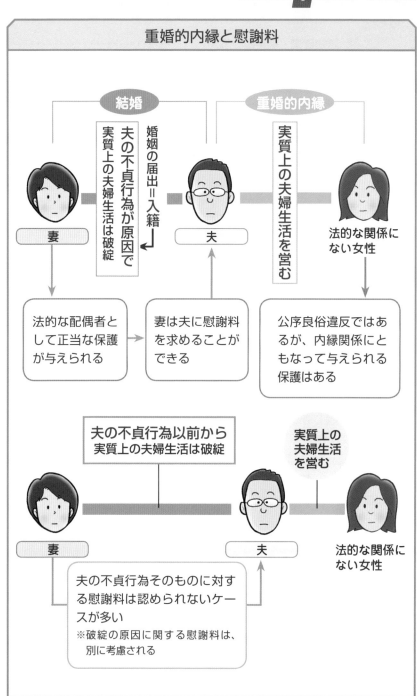

重婚的内縁と慰謝料

結婚

重婚的内縁

婚姻の届出＝入籍

妻 ── 夫 ── 法的な関係にない女性

実質上の夫婦生活を営む

夫の不貞行為が原因で実質上の夫婦生活は破綻

法的な配偶者として正当な保護が与えられる → 妻は夫に慰謝料を求めることができる

公序良俗違反ではあるが、内縁関係にともなって与えられる保護はある

夫の不貞行為以前から
実質上の夫婦生活は破綻

実質上の夫婦生活を営む

妻 ── 夫 ── 法的な関係にない女性

夫の不貞行為そのものに対する慰謝料は認められないケースが多い
※破綻の原因に関する慰謝料は、別に考慮される

生活設計

相談方法・DV・別居

姓と戸籍・親権・お金

離婚の方法・法定離婚原因

PART 5 婚約破棄と事実婚の解消・外国人との離婚・再婚

手続き・資料

Case Study 1

婚約破棄・事実婚の解消・・・・・・・・・・・・・・・・・・・・・・・・・・・・・・・・

婚約不履行による損害賠償請求

経緯 女性Aは男性Bからプロポーズを受け、それを承諾。結婚を前提とした交際期間中に妊娠。その後、妊娠8か月のときにBから正当な理由なく、結婚の約束を破棄されるものの出産。Aは、この婚約破棄を不当なものとして、損害賠償請求を行った。（東京地裁・2020年2月）

争点 婚約中の女性が、結婚を前提としていたため妊娠し出産。そのため慰謝料のほか、妊娠および出産にかかった医療費や、妊娠、出産により働けない期間の収入の請求が認められるかが争点となった。

判決内容 Bが一方的にAとの関係を断ったこと等から、本件では、Bが正当な理由なく婚約を破棄したものと認められるとしたうえで、慰謝料のほか、妊娠・出産にかかった医療費、妊娠・出産に伴い就労が制限された期間の収入を損害として認定した。

弁護士の ★ 解 説 ★

正当な理由なく婚約を破棄された場合、損害賠償請求をすることができます。損害賠償の中心となるのは慰謝料ですが、その他の財産的損害についても、婚約破棄との因果関係があれば認められることがあります。このケースでは、妊娠8か月の時点での一方的な婚約破棄により、女性は単身での出産を余儀なくされ、一定期間仕事ができず、経済的にも苦しい状況に置かれました。そこで慰謝料だけでなく、妊娠・出産にかかった医療費、妊娠・出産により働けなかった期間の収入も損害として認められました。

Case Study 2

婚約破棄・事実婚の解消・・・・・・・・・・・・・・・・・・・・・・・・・・・・・

内縁解消後の財産分与の請求

経緯
男性Aと女性Bは、約19年間同居して夫婦同然の生活を送っていたが、AがBに対し自宅からの退去を求め、関係解消に至った。BはAに対し、内縁関係の終了に伴う財産分与を求めた。これに対しAは、内縁関係の成否を争うとともに、仮に財産分与が認められるとしても、Bの分与割合は2分の1ではなく、10分の1以下である等と主張した。（福岡家裁・2018年3月）

争点
内縁関係の成否、財産分与の割合等が争点となった。

判決内容
AとBが長年同居し、その間二人で趣味の会に参加して活動したり、互いの家族と交流したりする等していた事実から内縁関係の成立を認めた。一方で、Aが長年会社経営をしており、分与対象財産の形成についてはAの寄与が大いとして、財産分与の割合についてはAが3分の2、Bが3分の1とするのが相当とした。

弁護士の **★ 解 説 ★**

内縁関係の解消にともない財産分与請求が認められる場合があります。このケースでは過去の様々な事実から、夫婦関係に相当する社会的実態があったと評価され、内縁関係の成立が認められました。分与割合は通常2分の1ですが、今回の場合、財産の形成についてAの貢献度が大きいと評価され、割合が修正されました。

生活設計

相談方法・DV・別居

姓と戸籍・親権・お金

離婚の方法・法定離婚原因

PART 5 婚約破棄と事実婚の解消・外国人との離婚・再婚

手続き・資料

事実婚での保険・年金はどうなる？

·················内縁関係の保険・年金は婚姻関係と同等·················

　内縁関係にある男女は、婚姻という法的な手続きを取らないだけで基本的に婚姻関係にある夫婦と変わりありません。したがって、内縁関係にある男女の間には夫婦として貞操・同居・協力・扶助・婚姻費用分担などの義務が発生することになります。また、婚姻関係にある夫婦に認められている権利も広く認められており、社会保険や年金についても婚姻関係にある男女と変わりません。

　たとえば、一方が会社員でもう一方に収入がない場合、収入がない人は収入のある人の扶養家族としてみなされ、社会保険についても第3号被保険者として認められます。

　手続きも簡単で、まず役所で住民票を1つにする手続きを行い、生計が1つになっていることを証明すればよいのです。そうした手続きを行った男女であれば会社も認めてくれますし、健康保険の被保険者としての手続きをとってくれるはずです。ちなみに、健康保険の被保険者になれれば、自動的に年金受給の権利も発生することになります。

·················住民登録が別々でも認められるケースが·················

　住民票の登録が別々でも、内縁関係であることがさまざまな要因から認められれば、社会保険・年金が適用されるケースがあります。

　たとえば、内縁関係にある妻が、被扶養者として一定期間をカラ期間として認められさえすれば、老齢基礎年金を受給する権利が発生するとします。しかし、事情があって夫婦の住民登録が別々だった場合、果たしてその妻の受給権は発生するでしょうか？

　この場合、2人が事実上の夫婦関係にあったことが認められれば、受給権は発生します。たとえば、実際に住んでいた家の大家さんに同居を証明してもらう、あるいは、夫の職場の事業主に扶養手当の対象であったことを証明してもらうことができれば、かなりの確率で受給権を認められるといえるでしょう。

　つまり、社会保険制度における住所地は、必ずしも住民登録地と一致する必要はありません。当事者間に夫婦関係成立の合意があり、かつ社会通念上、夫婦の共同生活として認められる事実があれば、かなりの確率で健康保険や年金

SECTION 1 婚約破棄・事実婚の解消

生活設計

相談方法・DV・別居

姓と戸籍・親権・お金

離婚の方法・法定離婚原因

PART 5 婚約破棄と事実婚の解消・外国人との離婚・再婚

手続き・資料

の対象者として認知されるようになっているのです。

·························· **相続人にはなれないことに注意** ··························

内縁関係で注意したいのは、お互いの相続人にはなれないということ。一緒に共同生活を送ってきたのですから、互いに相手の相続人になるのは当然だと考える人も少なくないのですが、法律的には婚姻関係にない以上、相続人にはなれないという解釈が一般的です。

もちろん生前の財産分与は認められますし、相続という形ではないにしろ、一方の配偶者が死亡した場合に遺産を分け与える方法は、他にも考えられます。

1つは、遺言書を作成し「内縁配偶者に財産を遺贈する」と明記しておくこと。遺言であれば作成者の意図であるので尊重されますし、不動産の場合も、登記の際に共有関係（共有持分での登記）にしておき、「互いの持分を遺贈する」という遺言書を書いておけば万全です。ただし、法定相続人が遺留分を請求してきた場合は、全部を受け取ることはできなくなります。

また、生命保険に入っておけば、自分が死んだ後の内縁配偶者の行く末を案じる気持ちも軽減されるかもしれません。

ただし、事実婚の妻が保険金の受取人となるには、所定の条件を設けている保険会社が多いため、条件をクリアできるかが問題となります。また、死亡保険金は、事実婚の妻には相続税の非課税枠の適用がないことにも注意しましょう。

年金制度と相続での事実婚の扱い

	内容	事実婚	法律婚
年金制度	配偶者として第3号被保険者になれる	○	○
相続	配偶者としてお互いの相続人になれる	×	○
	生前の財産分与は認められる	○	○
	遺言書を作成しておく	○	○

国際結婚していたら、離婚のときどうなる？

疑問 1

グローバリゼーションが進展する中で、日本人が外国人と結婚するケースが増えている。また、国際結婚の増加に比例するかのように離婚する国際カップルも少なくなく、国を越えた結婚・離婚ならではの問題点も存在する。ここでは外国人との離婚にまつわるさまざまな問題を整理してみる。

◆ 夫婦の国籍は変わらないが、子どもは国ごとで異なる

　国籍が異なる者どうしの結婚を**渉外婚**といいます。現在、国際化を背景に渉外婚が増えており、それにともなって**渉外離婚**も増加。それぞれの国の事情が異なることから、さまざまな問題点が生じています。

　たとえば、外国人と結婚して子どもが生まれたとき、相手が自分と子どもを置いて帰国してしまったがどうしたらいいのか？　離婚したいけれど相手の国では離婚は犯罪とされ、認められないがどうしたらいいか？　など、結婚したときには想像もできなかった問題が、離婚を契機にいろいろと起こってくるものなのです。

　ちなみに、結婚と国籍のことを混同してしまう人がいますが、結婚と国籍は別の問題です。外国人と結婚したからといって外国籍になるわけではなく、一緒に暮らすためには、**配偶者ビザ**[*1]を取得することでその国に居住する許可を得ることになります。離婚した場合も同様で、離婚したからといってすぐに帰国する必要はありません。生活の拠点が日本にあれば、**定住者**としての在留許可を得れば日本に定住することは可能ですし、その期間が長い場合は**帰化**[*2]することで日本国籍を取得することもできます。

　子どもの国籍は、国によって取り扱いが異なりますが、日本の場合は、父または母が日本人であれば、どこで生まれても日本国籍を取得できます。

＊1 入国許可証。目的別に滞在許可期間が決まっている。
＊2 日本国籍を得ること。代わりに外国籍は失う。

国際結婚・国際離婚の国籍

国籍が異なる者同士が結婚・離婚しても、国籍は変わらない

日本国籍

外国籍

妻

結婚・離婚

夫

子ども

子どもの国籍はその国の国籍取得条件に従う

出生地主義

その国で生まれた場合はその国の国籍を取得できる
(アメリカ、カナダ、オーストラリアなど)

血統主義

父母のどちらかの国籍が子どもの国籍となる
(日本、中国、イタリアなど)

国際離婚後の姓はどうなる?

離婚後の日本人の姓

◆結婚前の姓をそのまま名乗っていた場合 ⇒ 姓は変わらない

 山田良子 → 山田良子

◆外国人配偶者の姓を名乗っていた場合 ⇒ 3ヵ月以内に手続きをすれば以前の姓に戻ることができる

例 ジョーダン良子 → 山田良子

離婚後の子どもの姓

◆結婚前の姓をそのまま名乗っていた日本人の子どもの場合 ⇒ 姓は変わらない

例 山田一郎 → 山田一郎

◆外国人配偶者の姓を名乗っていた日本人の子どもの場合 ⇒ 手続きにより日本人の親の姓に変更することができる

例 ジョーダン一郎 → 山田一郎

生活設計

相談方法・DV・別居

姓と戸籍・親権・お金

離婚の方法・法定離婚原因

PART **5** 婚約破棄と事実婚の解消・外国人との離婚・再婚

手続き・資料

どこの国の法律に従うか

渉外離婚の難しさは、どこの国の法律に従うべきなのかから考えていかなければならない点です。日本においては、2007年1月から施行された**法の適用に関する通則法27条（離婚）、25条（婚姻の効力）**によって、

1　**離婚のときの夫婦の本国が同じ場合**
2　**夫婦の本国は異なるが、常時居住している地の法律（常居所地法）が同一の場合**
3　**夫婦の本国が異なり、夫婦で常時居住している地もない場合**

のそれぞれについて、どこの法律に従うべきかを定めています。居住地が日本である場合は、基本的に日本の法律に従うことが原則だと考えればよいでしょう。

日本では離婚はプライベートな問題で、基本的には夫婦の話し合いで決めるべきだとの考え方をとっています。しかし、国によっては離婚そのものを認めていない国もあります。また、一般的に何らかの形で裁判所が関与する国が多く、当事者間だけで離婚の合意をしたのでは離婚の成立が認められないケースも考えられます。

したがって、**渉外離婚の際には個々の国の違いを念頭に、調停や訴訟などあらかじめ裁判所が関与する形態をとっておく**とよいでしょう。

慰謝料や財産分与が発生した場所に裁判権がある

渉外離婚の場合、結婚生活を送っていた場所の裁判所に裁判権があるとされています。ただし、離婚にともなって慰謝料や財産分与の問題が発生したときに、夫婦のさまざまな問題を抜きには考えられません。そこで、日本ではこれらの問題を解決するにあたり、法の適用に関する通則法27条、25条が適用されるべきとの考え方が支配的になり、現在に至っています。

ちなみに、相手の住所が日本にない場合でも、相手が配偶者を遺棄したり、行方がわからなくなっているようなケースでは、日本の裁判所での裁判が認められると解釈されます。

渉外離婚する際、どこの国の法律に従うのか？

法の適用に関する通則法27条、25条

1 離婚のときの夫婦の本国が同一の場合は、その本国法に従う。

2 同一の本国法がない場合で、夫婦の常居所地法が同一であるときは、その法律に従う。

3 そのいずれの法律もないときは、夫婦にもっとも密接な関係のある地の法律に従う。ただし、夫婦どちらか一方が日本に常居所地を持つ日本人なら日本の法律に従う。

例

適用	1のケース a		1のケース b		2のケース		3のケース	
夫婦それぞれの国籍	日本人	日本に帰化した外国人	イギリス人	イギリス人	日本人	外国人	日本人	外国人
本国法	日本の法律	日本の法律	イギリスの法律	イギリスの法律	日本の法律	自国の法律	日本の法律	自国の法律
常居所地	日本	日本	日本	日本	日本	日本	日本	自国に帰国
適用される法律	日本の法律		イギリスの法律		日本の法律		日本の法律	

日本で離婚を考えるなら、日本の法律に従えばOK！

生活設計

相談方法・DV・別居

姓と戸籍・親権・お金

離婚の方法・法定離婚原因

PART **5** 婚約破棄と事実婚の解消・外国人との離婚・再婚

手続き・資料

子どもの問題を含め専門家のアドバイスを

　子どもがいる場合、**親権や身上監護権**（☞P 102）をめぐる解釈が国によって異なることで、単なる法理論で決することができない問題が発生します。そのため夫婦には、互いに**子どもの福祉の観点**に立った合意形成が求められるわけですが、どうしても夫婦間では解決できない問題も存在します。

　その場合、最終的には裁判所を介して判断することになるわけですが、どこの国の法律に従うかにはいくつかの条件があります。親子間の法律関係を定める法の適用に関する通則法32条には次の条項があります。

1　子の本国法が父母の一方の本国法と同一の場合には子の本国法

2　その他の場合には子の常居所地法＊

　また、どこの国の裁判所で行うかは、夫婦の離婚の問題にともなって生じる問題であるため、夫婦の離婚の問題を扱う裁判所で行うとの考え方が一般的です。これはある意味で、**子の本国法、または子の常居所地法**という趣旨には沿いませんが、実際には、夫婦と子どもは同じ場所に居住していることが多く、**夫婦が裁判を行う場所＝子どもの常居所地**となるほうが多いのではないでしょうか。

　2014年4月より**ハーグ条約が発効**（☞P 228）されましたが、渉外離婚には法律の適用レベルから複雑な要素が絡み合っています。実際に離婚する場合は弁護士や児童福祉などの専門家のアドバイスを求めてください。

アドバイス

　外国人と離婚する際は、相手の国によっては必ず裁判所を関わらせなければならないこともある。どこの国の法律で、どの国の裁判所で行うかによって、経済問題も子どもの問題も扱いが異なるケースがあるため、注意が必要。

＊普段住んでいるところ（国）の法律

日本で裁判をするための条件

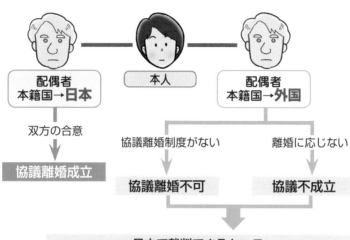

| 配偶者
本籍国→**日本** | **本人** | 配偶者
本籍国→**外国** |

双方の合意

協議離婚成立

協議離婚制度がない

離婚に応じない

協議離婚不可

協議不成立

日本で裁判できるケース

1 相手の住所が日本にある

2 相手が配偶者を遺棄したり、行方不明が明白。およびこれらに準ずるケース

日本で離婚が成立しても、配偶者の本国へ離婚の届出をしなければ、相手国では婚姻が継続していることになる。国によって離婚手続きが異なるので、在日公館に確認が必要

子どもの問題はどこの国の法律に従うか？

子の本国法が父母の一方の本国法と同一の場合

➡ **子の本国法に従う**

●父がフランス国籍、子どもがフランス国籍の場合はフランスの法律
●母が日本国籍、子どもが日本国籍の場合は日本の法律

その他の場合

➡ **子の常居所地法に従う**

●父が中国国籍、母が日本国籍、子どもの国籍がアメリカ国籍で常居所地が日本の場合は日本の法律

国際化で複雑化する離婚の形式

······················**海外赴任を機に離婚する場合の留意点**······················

　仕事や学問を目的に海外に渡る（海外から来る）人が増えています。当然、それを機に国際結婚するカップルも少なくなく、「配偶者としての在留許可」をもらって日本に暮らす外国人も増加傾向にあります。

　ところが、世界を股にかけて活躍する人ほど頻繁に海外に赴任することが多く、日本に残された外国人の配偶者は寂しさと不慣れな環境で暮らす苦痛に襲われます。そしてその苦痛がパートナーへの不満に変わり、最終的に離婚へと発展するケースも出てきています。

　この場合、離婚する・しないは本人同士が判断する問題ですが、離婚することによって、「配偶者としての在留許可」を剥奪される可能性が出てくるので注意しなければなりません。

　というのは、離婚した以上、日本に滞在できるかどうかはビザの取得が可能かどうかの問題になってしまうからです。短期間しか住んでいない場合、ビザの在留期間が切れた時点で帰国を迫られる可能性があると肝に命じておく必要があります。もちろん、結婚期間が長期にわたり、生活の本拠地が日本にあることが認められれば、「定住者としての在留許可」が得られます。

······················**在日外国人同士の離婚は適用法に注意**······················

　国籍は外国にあるものの、日本に生活の本拠地を置いている夫婦が離婚する場合があります。この場合、裁判所自体は日本の裁判所を利用できますが、夫婦共通の本国法がある場合は、その法律が適用されることになります。日本と諸外国では生活習慣が異なり、離婚に関する法的な考え方もさまざまだからです。

　ところが、日本に長く住み、日本の慣習にすっかり溶け込んでいる夫婦が、同じ国籍を持っているからといって本国法を適用した場合、実情にそぐわない問題が発生するケースがあります。

　ですから、最近では外国法を適用せずに、日本の法律で判断するケースが増えています。とはいえ、渉外離婚に際してどの国の法律が適用されるかをきちんと把握しておくことが大切です。

SECTION **2** 外国人との離婚

生活設計

相談方法・DV・別居

姓と戸籍・親権・お金

離婚の方法・法定離婚原因

PART **5** 婚約破棄と事実婚の解消・外国人との離婚・再婚

手続き・資料

············ **日本人同士が外国で離婚する場合は在外公館で**···············

　最近は、夫婦で海外に暮らす人も少なくありません。当然のことながら、海外で離婚を決意し、すぐに手続きに入りたいというケースも存在します。

　この場合、本籍地に離婚届を郵送したり知人に依頼したりという方法の他に、現地の大使館や領事館に協議離婚の届け出をすれば、離婚は成立します。

　というのは、各国に赴任している大使や公使・領事は、戸籍法に基づく届出受理について、市区町村長と同等の権限を有しているためです（日本人の居住者が多い国では、離婚届の用紙を備える在外公館も存在します）。

　ただし、協議離婚が成立せず裁判離婚をする場合は、やや状況が複雑になります。外国の裁判所は必ずしも日本の法律を適用する裁判所とは限りませんし、国によっては、離婚について当事者の事情に合致しない法律を適用するケースも考えられます。

　なお、外国で離婚判決を受けたからといって、そのまま日本における効力が生まれるわけではありません。日本において効力のある手続きにするためには日本で再度、承認の手続きを取る必要があります。

海外赴任を機に離婚する場合は在留許可に注意

・短期間しか住んでいない場合、ビザの在留期間が切れた時点で帰国を迫られる可能性も

・結婚期間が長期にわたっており、生活の本拠地が日本であることが認められれば、「定住者として在留許可」を得られる可能性も

在日外国人同士、海外に暮らす日本人カップル

・夫婦共通の本国法がある場合は、本国法が適用されるので注意が必要

・海外の日本人カップルが離婚する場合は在外公館で手続き可能

疑問 **1**

再婚を考えるなら、知っておきたいこと

離婚とは、もう一度シングルに戻ること。子どもがいる・いないにかかわらず、人生のパートナー不在の状況が続くことになる。そのため、「もう結婚なんか」と思っていた人に再婚願望が芽生えることも少なくない。しかし、再婚ならではの問題があるのも事実。ここではその問題点を整理しよう。

◆ 離婚・再婚をポジティブにとらえる人が増加

　離婚にいたるプロセスは、精神的にかなりのストレスを感じさせる**ライフイベント**[*]です。離婚した当初は「もう二度と結婚などしない」と考える人が圧倒的ですし、子どもを抱えて離婚した場合、「とても再婚を考える余裕はない」という人も多いでしょう。

　しかし、2019年度『人口動態調査』を見ると、**離婚した男性のうち15.3％が1年未満、41.3％が1～5年で再婚している**ことがわかります。女性は13.0％が1年未満、40.6％が1～5年で再婚しています。つまり、**男女とも約6割の人が**、新たな結婚生活を**離婚してから5年の間に**スタートさせていることになります。

　『年代別再婚件数の推移2019年度版（データは2017年まで）』を見ると、24歳以下では男性の方が女性の約3倍の再婚件数があり、44歳まではあまり差がありませんが、45歳以上になると今度は女性の件数が男性を上回ってきています。

　こうした傾向は、結婚や離婚についての価値観の変化が大きな影響を与えています。かつてはマイナスのイメージがつきまとっていた**離婚や再婚をポジティブに捉える人が多くなってきている**実態を浮き彫りにした統計データだといえます。

＊人々が一生の間で体験する大きな出来事。結婚・出産などに加え、最近は離婚・再婚も体験する割合の高いライフイベントになってきた。

意外に高い再婚率

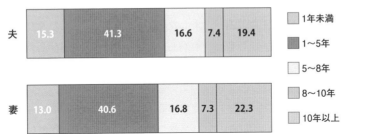

前婚解消後から再婚までの期間別にみた再婚件数の割合

夫　15.3　41.3　16.6　7.4　19.4

妻　13.0　40.6　16.8　7.3　22.3

1年未満 / 1〜5年 / 5〜8年 / 8〜10年 / 10年以上

総務省統計局　2019年度人口動態調査より作成

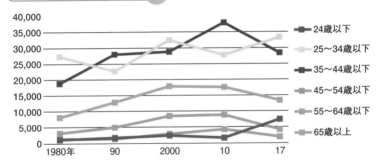

年代別再婚件数の推移 **夫**

24歳以下 / 25〜34歳以下 / 35〜44歳以下 / 45〜54歳以下 / 55〜64歳以下 / 65歳以上

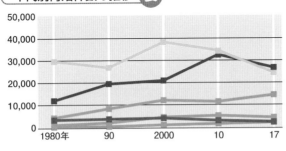

年代別再婚件数の推移 **妻**

●中段・下段のグラフは国立社会保障・人口問題研究所の一般統計資料2019年版「性，年齢（5歳階級）別再婚数：1930〜2017年」の数値をもとに、10歳ごとに区切り直して自社で作成したものです。

●各年代で再婚件数は伸びを示しており、伸び率でいうと、夫は34歳以下の年代、妻は45歳〜54歳以下の年代が増えていることがわかります。

女性の再婚禁止期間[*1]

　民法では、子どもの父の重複を避ける目的のために、女性のみに180日の再婚禁止期間が設けられていましたが、2016年、民法の一部が改正され、再婚禁止期間が100日に短縮されました。また女性が離婚もしくは取消しの時に妊娠していなかった場合や離婚もしくは取消し後に出産した場合には再婚禁止期間の規定が適用されません。再婚禁止期間内であっても、「女性が離婚もしくは取消し後に妊娠していること」、「同日以降の一定の時期において妊娠していないこと」、「同日以降に出産したこと」のいずれかにおいて医師が診断した証明書の添付があれば婚姻が可能になりました。

前夫の子として戸籍に記載されないためには[*2]

　婚姻届提出の日から200日かつ離婚手続きの日から300日以内が経たない間に子どもが生まれた場合、その子どもは戸籍上、前夫の子として記載されます。しかし、再婚した夫が実の父であることが明らかな場合など、前夫の子として戸籍に記載したくないケースもあります。

　実務上、「**婚姻の解消、または取消し後300日以内に生まれた子の出生の届け出の取り扱い**」では、婚姻成立の日から200日経過後、あるいは婚姻解消の日から300日以内に生まれた子であっても、医師の作成した「**懐胎時期に関する証明書**」を添付し、証明書の記載から推定される懐胎の時期の最も早い日が、婚姻の解消、もしくは取消し後である場合には、嫡出の推定がおよばないとして、前夫を父としない出生の届け出が可能となります。

　また、出生届を出さず、家庭裁判所に前夫を相手方とする**親子関係不存在確認の調停**や**子の実父を相手方とする認知請求の調停**を申し立てる方法もあります。これらの調停で、当事者の合意ができ、裁判所が必要な調査を行ったうえで内容が正当であると認めれば、合意にしたがった審判がなされます。[*3]

　この審判書を添付した**出生届や認知届を市区町村に提出**すれば、前夫の子として記載されることはありません。なお認知届は、認知の裁判確定の日を含めて10日以内に届け出る必要があります。

220　＊1 民法が改正され（以下「改正民法」という）、2024年4月1日から改正民法が施行されたため、女性の再婚禁止期間の100日は撤廃されました。

再婚と妊娠の関係

民法772条の規定

嫡出子推定に関する規定[*2]

婚姻成立の日から200日後または、
婚姻解消の日から300日以内に生まれた子 前の婚姻中に妊娠したとして（前）夫の子と推定

```
●━婚姻成立                          ●━離婚成立
  200日                              300日
  └─ この期間に生まれた子どもは（前）夫の子どもとされる ─┘
```

親子関係不存在確認の調停を申し立てるには

出生届を出さず、親子関係不存在確認を家庭裁判所に申し立てる。
調停が成立すれば、前夫の子として戸籍に記載されない。

申し立てをする人	子、実の父、または母、身分上利害のある人
申し立てをする裁判所	相手になる人の住所地、または合意で定める家庭裁判所
申し立てに必要な費用	● 確認する親子関係ごとに収入印紙1,200円分 ● 連絡用の郵便切手（申し立てをする最寄りの家庭裁判所に確認） ※DNA鑑定を行う場合は、鑑定費用も別途必要です。
申し立てに必要な書類	● 申立書、申立書のコピー　各1通 ● 戸籍謄本（全部事項証明書）　各1通 ● 子のもの（出生届未了の場合、子の出生証明書写し及び母の戸籍謄本（全部事項証明書）が必要） ● 不存在確認を求める親のもの ● 利害関係人からの申し立ての場合、利害関係を証する資料（親族の場合戸籍謄本（全部事項証明書）） ※申し立て前に入手不可能な戸籍がある場合は、その戸籍は申し立て後に追加提出します。

＊2 改正民法が2024年4月1日から施行されたため、婚姻の解消の日から300日以内に生まれた場合であっても、母が前夫以外の男性と再婚した後に生まれた子は再婚後の夫の子と推定することとなりました。

＊3 改正民法が2024年4月1日から施行されたため、これまで夫のみが提起することができた嫡出否認の訴えを子及び母も提起することができるようになりました。

生活設計

相談方法・DV・別居

姓と戸籍・親権・お金

離婚の方法・法定離婚原因

PART **5** 婚約破棄と事実婚の解消・外国人との離婚・再婚

手続き・資料

合意ができない場合や合意があっても不相当な場合は、調停は不成立となり終了します。その場合には訴訟を提起しなければなりません。

◆ 再婚後の養育費と戸籍はどうなる？

再婚は、結婚と同様、当事者である男女間の問題です。基本的に子どものいる人が再婚したとしても、親子関係はあくまでも元夫と元妻にあり、新しく夫や妻になった人との間に親子関係は発生しません。つまり、**自分もしくは相手が再婚したとしても、子どもの養育義務は元の夫・妻にあり、養育費**（☞P 124）**が当然に減額されるわけではないこと**をきちんと認識する必要があります。

ただし、再婚によって子どもの生活レベルが現在よりも高くなった場合は、負担している養育費が減額されることも考えられます。

子どもの戸籍と姓は、**とくに届け出をしない限り、親が再婚したからといって変化はありません**（☞P 88）。たとえば、母（父）が子どもを連れて再婚した場合、母（父）は結婚によって新しい夫（妻）との戸籍をつくることになりますが、子どもの戸籍は元のままにとどまります。

もし、自分の子どもに新しい戸籍の筆頭者の姓を名乗らせたり、**実子と同等の権利を持たせようとするなら、新しい戸籍の筆頭者と子どもとの間に、養子縁組の手続きをする必要があります。**

ちなみに、再婚相手と養子縁組をした場合、子どもの氏の変更の申立ても可能となり、新しい再婚相手にも子どもの扶養義務が発生します。

アドバイス

再婚の際には、親子関係を明らかにするとの理由から、女性には100日間の再婚禁止期間があったが撤廃された。また子どもがいる場合、離婚しても養育義務はなくならない。自分自身だけでなく、子どもにも不利益がないようにしよう。

親権に属する問題の例

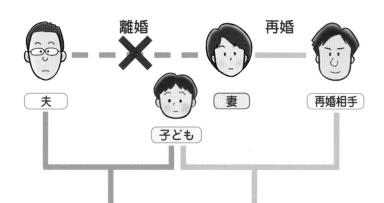

離婚 再婚

| 夫 | | 妻 | 再婚相手 |

子ども

再婚しても親子関係は変わらない

- 親権者の変更は原則なし
- 養育費の請求と支払いも継続
- 面接交渉権も継続

もし養子縁組を結ぶと…

- 家族が同じ戸籍に入る
- 氏（姓）が同じになる
- 再婚相手が親権者となれる
- 再婚相手に扶養義務が発生
- 養親の相続人になる

- 再婚しても親子関係は変わらないのだから、養育費は減額されないのが原則。しかし、再婚相手と養子縁組を結ぶと、相手に扶養の義務が発生するため、養育費の減額が認められるケースもある

- 子どもは、再婚相手と養子縁組を結んでも、実親の相続人は継続する

- 再婚相手の養子となっても、実親と子どもとの親子関係が解消するわけではない

生活設計

相談方法・DV・別居

姓と戸籍・親権・お金

離婚の方法・法定離婚原因

PART **5** 婚約破棄と事実婚の解消・外国人との離婚・再婚

手続き・資料

Case Study 1

外国での離婚‥‥‥‥‥‥‥‥‥‥‥‥‥‥‥‥‥‥‥‥‥

国際的な子の引き渡しに関するトラブル

| 経緯 | アメリカで日本人夫婦と長男、長女、次男が暮らしていたが、夫婦関係が悪化し、妻が次男を連れ日本に帰国。夫側がハーグ条約に基づく申立てを行い、妻に対し、次男をアメリカへ返還するよう命じる決定がなされ、強制執行も行ったが、妻の激しい抵抗により奏功せず。そこで夫側は、妻が違法に次男を拘束しているとして、人身保護法に基づき、次男の釈放を求めた。（最高裁・2018年3月） |

| 争点 | 国境を越えて日本へ連れ去られた子を、人身保護法に基づいて釈放を求めている。が、次男本人は、戻りたくないという意思表示をしており、13歳になる次男の意思をどの程度尊重すべきか。 |

| 判決内容 | 次男は、意思決定をするために必要な情報を十分に得ることが困難な状況に置かれているうえ、母は次男に対して不当な心理的影響を及ぼしている。そのため、このケースでは、次男が自由意志に基づいて母の下にとどまっているとは認められないとして、夫側の主張を認めた。 |

弁護士の ★ 解 説 ★

　今回のように、子どもの意思が争点となる場合には、本人の判断力の有無が問われます。子どもの成熟度には個人差がありますが、10歳以上になると本人の意見を重視する例が多くなります。今回の場合、本人が帰国したのは11歳の時点ですが、以後、慣れない日本で暮らしているため母親への依存度が高い状況でした。さらに父親側との意思の疎通が帰国以後できていない、母親からも正しい情報が伝えられていない、といった理由で、本人が状況を正しく理解できていないという裁判所の判断によって、父親側の請求が認められました。

生活設計

相談方法・DV・別居

姓と戸籍・親権・お金

離婚の方法・法定離婚原因

PART **5** 婚約破棄と事実婚の解消・外国人との離婚・再婚

手続き・資料

Case Study **2**

離婚後の再婚について・・・・・・・・・・・・・・・・・・・・・・・・・・・・・
再婚禁止期間の定めに対する合憲性

経緯 女性Aは、暴力をふるう前夫と2006年に別居。1年以上の裁判を経て08年3月に離婚が成立したが、民法の再婚禁止規定のため、直後に再婚できなかった。これに対しAは、この民法の規定が違憲であり、それを国会が放置して法改正を怠ったためであるとして、国に慰謝料など165万円の支払いを求めた。1審、2審は原告側の請求が棄却され、最高裁に上告した。（最高裁・2015年12月）

争点 女性のみに離婚後半年の再婚禁止期間を定める民法733条の合憲性と、民法733条を削除・改正しない国会の違法性が問われた。

判決内容 女性に6か月の再婚禁止期間を設けた民法の規定に対し、一部を違憲とする判断を示したが、国への賠償請求は退けた。

弁護士の ★ 解 説 ★

女性にのみ6か月間（180日）の再婚禁止期間を設けた民法の規定について、最高裁は1995年には合理性があるとして認めていましたが、今回その100日を超える部分については男女の法の下の平等を定めた憲法に違反するという判断を初めて示しました。判決で重視されたのは、医療や科学技術の発展などと晩婚化、離婚・再婚件数の増加などの社会の変化であり、再婚の制約を少なくする要請が高まっていると指摘しています。また再婚禁止期間を設けていた諸外国も制度を廃止する傾向にあることも挙げています。なお日本においても、2022年に改正民法が成立したため、女性の再婚禁止期間は撤廃される見込みです。

ステップファミリーの難しさ

　近年は再婚によって血縁のない親子関係や兄弟姉妹の関係でできた家族関係、いわゆる「ステップファミリー」が増えています。かつての家族観にとらわれない家庭のあり方ですが、再婚家庭特有の問題が生じています。

　ステップファミリーの構成はさまざまです。以前の配偶者との別離が離別か死別かで大きく違いますし、子どもの人数や年齢・性別、子どもが以前の配偶者と面会しているか否かなど多岐にわたりますが、いずれも共通しているのは、結婚当初からすでに家族に子どもがいて、夫婦のどちらかが生まれたときからその子どもを育てているのに対し、もう一方はその子どもが生まれ育ったプロセスを知らない点です。

　継親はそうした子どもに対して、ある日突然、親として向き合わなければならず、実親は子どもと新しい配偶者の間で板ばさみとなり、時間が経つにつれ、両者とも大きなストレスを抱えてしまうようなケースが少なくありません。

　また、初婚夫婦の場合、子どもが生まれるまでの間、夫婦としての生活をある程度確立することができますが、ステップファミリーでは、夫婦と親子の生活を同時に軌道に乗せなければなりません。また、子どもの立場になってみると、離別であれ、死別であれ、実親の一方と離れ、それまで慣れ親しんだ生活形態に別れを告げていることから、心理的な「喪失感」を経験しています。

　それに加えて再婚するにあたって、新しい親、または兄弟姉妹との生活という、大きな変化も経験するため、継親が「よく知らない子どもに対して、突然親として振舞わなければならならない」とすれば、継子は「よく知らない大人を、突然親として見なければならない」という、心理的圧迫感も味わうことも考えられるのです。

　再婚し、ステップファミリーになることによって、双方が持つストレスをどう消化していくか、どうすれば無用な衝突を避けることができるか、新しい家族の絆をどう築いていくかなど、まだまだ問題は山積しているのが、ステップファミリーの現状なのです。

養子縁組で子どもの権利を守る

……………再婚のプロセスで発生する新たな「親子関係」……………

　子どもを抱えた親が再婚を考えるなら、子どもの姓と戸籍に関する問題について、さまざまな届け出が必要となることを知っておきましょう。

　たとえば、子どもの戸籍が前夫にあり、親権を妻が持つケースで、妻が再婚して相手の戸籍に入る場合を考えてみます。

　この場合、妻が再婚しても子どもの姓と戸籍には影響はありません。しかし、子どもに再婚相手と同じ姓を名乗らせたいなら別です。子どもの「氏の変更」の届け出、または再婚相手と子どもとの間に「養子縁組」が必要となります。

　同様に、子どもの戸籍も親権も一方の親にあるケースで、その親が再婚した場合も、子どもの氏の変更の申立ては必要になってきます。一見すると、この場合の子どもの姓と戸籍はもともと再婚する親の元にあるため、親子と再婚相手は同じ姓・戸籍となり、とくに問題はないように見えます。しかし、再婚相手と子どもの間に親子関係は発生せず、扶養などの点で支障が生じる場合があります。また、新たに子どもが生まれた場合、その子どもとの間に不公平な権利関係が発生する可能性があるので注意が必要です。

……………「養子縁組」には子どもの権利を守る役割がある…………

「養子縁組」とは、血のつながりのない人の間に、法律上の親子関係をつくる制度のことです。これにより、姓や戸籍の統一ができるだけでなく、扶養や財産にも実の親子関係と同等の権利が生じるため、子どもの権利を守るためには十分な知識を持っておくことが重要です。

　たとえば、再婚相手と子どもとの間で養子縁組をしておけば、再婚相手にも養育の義務を課すことができますし、もし相手が死亡した場合も、実子と同等の相続権を持たせることができます。

　養子縁組の手続きは、市区町村に「養子縁組届」を提出するだけです。ただし、離婚時に親権者と監護者とを分けている場合は、子どもが15歳未満の場合、手続きに親権者の許可が必要になります。つまり、監護者である側が子どもと再婚相手との養子縁組を望んだとしても、親権が元配偶者にある場合、元配偶者の承諾を得なければ、養子縁組を行うことはできません。

生活設計

相談方法・DV・別居

姓と戸籍・親権・お金

離婚の方法・法定離婚原因

PART 5 婚約破棄と事実婚の解消・外国人との離婚・再婚

手続き・資料

2014年4月よりハーグ条約が発効された

　国際結婚が破綻した夫婦間の子どもの扱いを定めた「ハーグ条約」が、2014年4月1日より、日本でも発効されました。ハーグ条約とは、国際結婚で生まれた子どもを一方の親が勝手に国外に連れ去った場合にどうするか、国々が話し合って決めたルールのことです。1980年にオランダのハーグ国際私法会議で採択され、83年に発効され、現在までに91カ国が加盟しています。日本ではこれまでに、連れ去りを含むトラブルが増加しており、アメリカやヨーロッパから早く加わるように促されていました。

　これによって日本でも条約に加盟する他国に子どもを連れ去られた親が子どもとの面会や返還の実現に向け、国に援助を申請できるようになったのです。その一方で、加盟各国の親からは日本にいる子どもとの面会や返還を求められるようにもなります。さらに2019年には、国内での子どもの引き渡しについての法改正に伴って、ハーグ条約についても改正がなされました。

　2017年の国の調査によると、日本人の国際結婚は1年間におよそ2万1000組、離婚もおよそ1万2000組に上っていて、日本人の親が子どもを勝手に日本に連れ帰ったケースは、アメリカだけでこれまでに80件以上といわれています。このことが外国から「決まりに背いた不法な行為」と見なされ、数多くの批判を受けてきました。その一方で、外国人の相手から暴力を振るわれ、逃れるために子どもと一緒に帰国した人には配慮が必要だという意見もあります。

　日本では今後の対応策として、援助申請に対応する外務省が専門スタッフとして現役の家庭裁判所裁判官や調査官、家庭内暴力（DV）や児童心理の専門家、家庭紛争事件に詳しい弁護士などを採用しました。また、裁判によらない解決を促す5つの仲裁機関「裁判外紛争解決手続き（ADR）」と外国の調停機関との連携や、面会が実現した場合に立ち会う2つの面会交流機関と業務委託契約を結びました。

　また、日本弁護士連合会は面会や返還を求めてきた外国の親や、子どもを連れ帰ってきた国内の親に弁護士を紹介する制度を開始し、これによって、全国でおよそ150人の弁護士が対応可能となりました。

手続き・資料

ここでは、
離婚の成立に関して必要な手続きに加え
知っておくと役に立つ資料を
まとめました。

あなたの状況に応じて利用してください。

身近な相談窓口、法テラス

離婚が法的トラブルに発展したけれど、解決方法や相談窓口がわからない、弁護士や司法書士の依頼費用がない、専門家が近くにいない…。そんなとき頼りになるのが、法的トラブルの総合案内窓口「法テラス」です。

法テラスとは？
（法テラスの趣旨）

法テラスの正式名称は、「日本司法支援センター」。社会を照らしたいという意味と、利用者がくつろげるテラスのような場所でありたいという思いを込めて法テラスという名前がつけられています。

現在の日本では、法律や司法が身近なものになっていないためにトラブルに泣き寝入りするケースが非常に多いといわれています。そこで、全国どこでも、トラブル解決に役立つ法制度の情報や法律サービスを受けられるよう、2006年10月から業務をスタートしたのが法テラスです。

法律相談を行っている？

利用条件がありますが、問い合わせの内容によってさまざまな無料相談を実施しています。相談は事前予約制です。労働相談やＤＶ相談など専門相談枠が設けられている場合もありますので、問い合わせてみましょう。

最近では相談件数も増加しているため、予約から相談までの待ち日数も増加する状況にあります。

また、司法過疎化対策として、弁護士や司法書士がいないなどの理由で法律サービスを受けることが難しい地域での、有料の法律相談も行われています。

どんな情報を提供する？

法律サービスの提供や相談業務を行っている機関は数多くありますが、ほとんどの人にとっては日常的な関わりがなく、いざトラブルが起こったとき、どこにどのように相談したらいいかわからないのが実情です。そこで法テラスでは、相談分野や時間・場所などの詳しい情報や、当面の紛争を解決するのに必要な法制度の情報などを、いずれも無料で提供しています。電話や事務所での面談のほか、インターネットなどによっても行われています。

● 業務内容

利用者（国民）

法律情報・サービスの提供　　　　問い合わせ・相談

日本司法支援センター　**法テラス**

情報提供	・紛争解決に役立つ法制度の紹介 ・法律サービスを提供する関係機関の情報を無料で提供
民事法律扶助 （条件あり P232）	・無料法律相談や裁判代理費用、書類作成費用を立て替え
司法過疎対策	・弁護士や司法書士がいない地域などで法律サービスを提供
犯罪被害者支援	・犯罪被害者の援助に詳しい弁護士や専門機関などの紹介
国選弁護関連業務	・迅速・確実に国選弁護人を確保し、捜査から裁判まで一貫し国選弁護体制を整備 ※ただし、一定の条件があるので問い合わせのこと

ネットワーク化 ⬍ 連携・協力

関連機関　・国・地方公共団体　・弁護士会　・司法書士会など隣接法律専門識者団体　・消費者団体・経済団体・労働者団体　・ADR（裁判外紛争解決）機関　・犯罪被害者支援団体　など

● 利用方法

Q 問い合わせ方法は？

A 各地の事務所に電話で問い合わせます。オペレーターが問い合わせの内容に応じて、トラブル解決のための法制度や関係機関などを紹介します。直接事務所に行って問い合わせることもできます。また、電子メールでの問い合わせにも対応しています。

Q 料金は？

A トラブルを解決するための情報提供や関係機関の紹介、法律相談（利用条件による）は無料です。

Q 相談内容の秘密は守られる？

A 法テラスの職員には、法律で守秘義務が定められているので、問い合わせや相談の内容が、利用者の許可なく外部に漏れることはありません。

●トラブル解決の情報は●
おなやみなし
0570-078374

●犯罪被害に遭ったら●
なく（こと）ないよ
0570-079714

（平日／午前9時〜午後9時、土曜／午前9時〜午後5時）
URL http://www.houterasu.or.jp/

法テラスの民事法律扶助を
受けるために必要な条件

ここでは、P231で紹介した法テラスの業務内容のうち、民事法律扶助を受けるために必要とされる条件を説明します。

A 資力が一定額以下であること

夫婦間の紛争の場合を除き、配偶者に収入または資産がある場合は、原則加算した金額で判断します。

a 月額が一定額以下であること

配偶者に現金・預貯金がある場合は、**夫婦間の紛争の場合を除き**、加算した金額で判断します。

単身者	2人家族	3人家族	4人家族
182,000円以下 (200,200円以下)	251,000円以下 (276,100円以下)	272,000円以下 (299,200円以下)	299,000円以下 (328,900円以下)

※( )内は東京、大阪などの大都市の基準です。
※5人家族以上は、1人増につき30,000円(33,000円)が加算されます。
※医療費、教育費などの出費がある場合は一定額が考慮されます。
※家賃、住宅ローンを負担している場合は、上記収入基準に右記の限度額の範囲内でその全額が加算されます。

単身者	41,000円以下 (53,000円以下)
2人家族	53,000円以下 (68,000円以下)
3人家族	66,000円以下 (85,000円以下)
4人家族	71,000円以下 (92,000円以下)

b 保有資産が一定額以下であること

現金、預貯金、有価証券、不動産(自宅と係争物件を除く)などの保有資産の価値を合計して(法律相談援助の場合は、現金と預貯金のみの合計)、以下の基準以上となる場合には、原則として援助できません。

単身者	2人家族	3人家族	4人家族
180万円以下	250万円以下	270万円以下	300万円以下

※医療費、教育費などの出費がある場合は相当額が控除されます。

B 勝訴の見込みがないとはいえないこと

和解、調停、示談成立等による紛争解決の見込みがあるもの、自己破産の免責見込みがあるものなどを含みます。

C 民事法律扶助の趣旨に適すること

報復的感情を満たすだけや宣伝のためといった場合、または権利的濫用的な訴訟の場合などは援助できません。

生活設計

相談方法・DV・別居

姓と戸籍・親権・お金

離婚の方法・法定離婚原因

婚約破棄と事実婚の解消・外国人との離婚・再婚

PART 6

手続き・資料

民事法律扶助※のプロセス

審査
援助開始決定

代理援助　書類作成援助　附帯援助

関連援助が必要なとき
●受任者等から理由を付した中間報告書を提出

関連援助の申込み
●上訴、保全等の手続き
●関連する裁判提出書類の作成

審査　支出決定

追加費用の支出の申立て

追加費用を要するとき
●受任者等から追加費用支出申立書と疎明資料の提出

事件処理
・裁判前の交渉の代理
・裁判手続きの代理
・裁判所提出書類の作成

着手報告書：
3ヵ月以内にセンターに提出。

中間報告書：
援助開始決定後、2年経過時または必要のあるときにセンターに提出。

受任者は、相手方等から受け取るべき金銭があるときは、特別の事情がない限り、被援助者ではなく、自らこれを受領する。

辞任、解任の申し出
理由を付した文書を地方事務所長へ提出

●地方扶助審査委員の審査において、辞任、解任やむなしと認める場合は承認
●受任者等からの費用返還額を決定

後任の受任者等の選任が困難なとき

決定に不服なとき
●30日以内に不服申立書を提出

不服申立

事件終結
・受任者等より終結報告書の提出
・相手方から金銭を受領すべきときは、受任者が取り立てて保管し、終結決定に従い、立替残金と報酬金を精算する

個別契約の当然終了
●被援助者、受任者等が死亡したとき

終結審査
・終結決定
・報酬金の決定
・償還方法の決定
・預かり金の精算

※法律扶助とは、自分では弁護士や司法書士の報酬や裁判の費用を支払うことの困難な方のために、公的な資金で援助を行うことです。

知っていて
損はない

弁護士への依頼
《選び方のポイントと費用》

どうやって探す？

　親戚や知人などを通じて紹介してもらえる弁護士がいるなら、それが一番です。仕事の内容や人となりを事前に知ることができるので、安心感もあるでしょう。それができない場合は、公的機関に問い合わせて弁護士を紹介してもらう方法があります。問い合わせ先は、法テラス（☞P 230）のほか弁護士会などでもいいでしょう。また、民間の相談機関でも弁護士を紹介してくれますから、インターネットなどで調べてみましょう。

決める基準は？

　トラブルのスムーズな解決に重要なのは、自分と相性の合う弁護士を選ぶこと。事前に評判を聞くのもいいですが、最終的な判断基準は「この弁護士なら信頼できる」と自分自身が思えるかどうかです。まず相談に行き、実際に意見や見解を聞くのが近道でしょう。直接話をした結果、その弁護士と合わないと感じたらほかの弁護士に相談するのもいいでしょう。大切なのは、気持ちを受け止めてくれるだけでなく、冷静な法律家として相談内容を分析・整理してくれることです。

相談する際の注意は？

　大切なポイントは、自分がどうしたいのかをしっかり伝え、理解してもらうことです。自分は離婚をしたいのか、したくないのかをはっきりさせることはもちろん、現在の状況や金銭面も含めた希望を、明瞭簡潔に伝えましょう。他人に話すことに抵抗がある内容でも、隠さず正直に話すこと。弁護士には守秘義務がありますし、依頼人に不利なことは決してしませんから、信頼して相談することです。

もし相性が悪かったら？

　十分に考えて依頼したつもりでも、途中で相性の悪さや不信感を覚えることもあるでしょう。その場合は我慢せず、別の弁護士に依頼し直すことです。着手金は再度かかってしまいますが、わだかまりを抱えたまま相談を続けてもいい結果は得られないでしょう。弁護士を替えても、書類さえきちんと戻してもらえれば調停や裁判で不利にはなりません。なお、新しい弁護士には、すでに一度着手金を支払った旨を伝え、配慮してもらう努力もしてみましょう。

生活設計

相談方法・DV・別居

姓と戸籍・親権・お金

離婚の方法・法定離婚原因

婚約破棄と事実婚の解消・外国人との離婚・再婚

PART 6

手続き・資料

● 弁護士費用の目安

弁護士費用は、弁護士が自由に定めることができます。算定に際しては、手数や労力、内容の複雑さ、請求する金額の規模、依頼者の資力など、さまざまな要因が考慮されます。

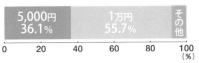

弁護士費用 ＝ **弁護士報酬** ＋ **実費**

- 着手金（初めに支払う費用）
- 報酬金（結果の成功の程度で発生する費用）　など

- 交通費・通信費・印紙代・切手代・書類取り寄せ費用　など

報酬の目安

> 全国の弁護士がどの程度の報酬を得ているかについてのアンケート結果（％は、その金額を答えた弁護士の割合）

◆法律相談の場合
（30分〜）

5,000円 36.1%	1万円 55.7%	その他

0　　20　　40　　60　　80　　100（%）

◆子どもの親権と養育費、慰謝料（200万円）を求める離婚の場合

離婚調停を受任する ▼

●着手金

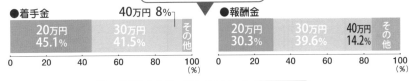

20万円 45.1%	30万円 41.5%	40万円 8%	その他

0　　20　　40　　60　　80　　100（%）

●報酬金

20万円 30.3%	30万円 39.6%	40万円 14.2%	その他

0　　20　　40　　60　　80　　100（%）

調停不調で訴訟になり、離婚が成立した ▼

●着手金

20万円 26.3%	30万円 42.5%	40万円 17.0%	その他

0　　20　　40　　60　　80　　100（%）

●報酬金

20万円 19.6%	30万円 36.2%	40万円 17.8%	その他

0　　20　　40　　60　　80　　100（%）

訴訟段階から受任し、離婚が成立した ▼

●着手金

20万円 26.4%	30万円 52.7%	40万円 11.7%	その他

0　　20　　40　　60　　80　　100（%）

●報酬金

20万円 20.1%	30万円 37.1%	40万円 16.5%	その他

0　　20　　40　　60　　80　　100（%）

出典：2008年版アンケート結果に基づく市民のための弁護士報酬の目安（日本弁護士連合会）

離婚届*の書き方

意外と
知らない

離婚は法的手続きであり、基本的に『離婚届』が受理されれば離婚は成立します。しかし、きちんと受理されるにはいくつかのポイントがあるのです。その注意事項を整理してみましょう。

「離婚の種別」を記載する
- どのような形式で離婚が成立したのかを記入

「未成年の子の氏名」はもれのないよう全員の名前を記入する
- 成人の子については記入しない

「同居の期間」はおおよその同居期間を記入する
- 別居していない場合は記入しない

「別居する前の世帯のおもな仕事」は、世帯主の仕事を記入するのが一般的

署名は必ず本人が行う
- 後日、離婚の意思が問題になったとき、自著であるかどうかが重要な判断基準になる
- 印鑑は実印でなくても認め印でも可
- 夫婦および証人の印鑑はそれぞれ異なるものを使用

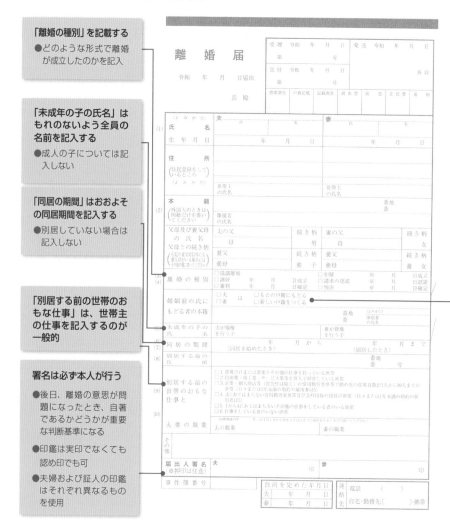

生活設計

相談方法・DV・別居

姓と戸籍・親権・お金

離婚の方法・法定離婚原因

婚約破棄と事実婚の解消・外国人との離婚・再婚

PART 6

手続き・資料

離婚届の提出

● **本籍地または所在地の市区町村役場の戸籍係に提出**
※所在地は住所地だけでなく一時滞在地までが含まれると解釈されます。

● **本籍地以外で届け出る場合は、「戸籍謄本」が必要**

● **届け出は2人で行う必要はない。他人に委託したり郵送で提出したりすることも可能**

● **離婚届が受理された日が、離婚が成立した日**

記入の注意

鉛筆や消えやすいインキで書かないでください。

届出人の氏名欄には、戸籍のはじめに記載されている人の氏名を書いてください。

届出は、1通ごさしつかえありません。

この届書を本籍地でない市区町村役場に提出するときは、口籍謄本または戸籍全部事項証明書が必要ですから、あらかじめ用意してください。

そのほかに必要なもの　調停離婚のとき⇒調停調書の謄本
　　　　　　　　　　　審判離婚のとき⇒審判書の謄本と確定証明書
　　　　　　　　　　　和解離婚のとき⇒和解調書の謄本
　　　　　　　　　　　認諾離婚のとき⇒認諾調書の謄本
　　　　　　　　　　　判決離婚のとき⇒判決書の謄本と確定証明書

	証 人	(協議離婚のときだけ必要です)	
署　名 （※押印は任意）	印		印
生　年　月　日	年　　月　　日	年　　月　　日	
住　　　　所			
本　　　　籍	番地 番	番地 番	

□には、あてはまるものに◯のようにしるしをつけてください。

今後も離婚の際に称していた氏を称する場合には、左の欄には何も記載しないでください（この場合にはこの離婚届と別の届書を提出する必要があります）。

同居を始めたときの年月は、結婚式をあげた年月または同居を始めた年月のうち早いほうを書いてください。

届け出られた事項は、人口動態調査（統計法に基づく基幹統計調査、厚生労働省所管）にも用いられます。

父母が離婚するときは、面会交流や養育費の分担など子の監護に必要な事項についても父母の協議で定めることとされています。この場合には、子の利益を最も優先して考えなければならないこととされています。

・未成年の子がいる場合は、次の□にあてはまるものにしるしをつけてください。
　□面会交流について取決めをしている。
　□まだ決めていない。

　　　　　　　　面会交流　未成年の子と離れて暮らしている親が子と定期的に会ったり、連絡を取り合ったりすること。親権者に、会って話をしたり、一緒に遊んだり、電話や手紙などの方法で交流すること。

・経済的に自立していない子（未成年に限られません）がいる場合は、次の□にあてはまるものにしるしをつけてください。
　□養育費の分担について取決めをしている。
　　取決め方法：（□公正証書　□それ以外）
　□まだ決めていない。

　　　　　　　　養育費　経済的に自立していない子（例えば、アルバイトによる収入があっても該当する場合があります）の衣食住にかかる費用のほか、教育費、医療費など。

このチェック欄についての法務省の解説動画

詳しくは、各市（町）村の窓口において配布している「子どもの養育に関する合意書作成の手引きとQ&A」をご覧ください。面会交流や養育費の分担のほか、財産分与、年金分割等、離婚をするときに考えておくべきことをまとめた情報を法務省ホームページにも掲載しています。

🔍 法務省 離婚　　　　法務省作成のパンフレット

日本司法支援センター（法テラス）では、面会交流の取決めや養育費の分担など離婚をめぐる問題について、相談窓口等の情報を無料で提供しています。無料法律相談や弁護士費用等の立替えをご利用いただける場合もありますので、お問い合わせください。

【法テラス・サポートダイヤル】 0570-078374 【公式ホームページ】 https://www.houterasu.or.jp

◉ 署名は必ず本人が自署してください

証人欄は20歳以上の成人2人の署名捺印が必要
● 夫婦および証人の印鑑はそれぞれ異なるものを使用

「婚姻前の氏にもどる者」とは、婚姻時に姓を変えた人のこと。離婚後の戸籍の選択がどちらなのかをチェックする。もとの戸籍にもどる場合は親の、新しい戸籍をつくる場合は新戸籍の本籍および戸籍筆頭者の名（自分の定めた場所と姓名）を記入する
● 離婚後も結婚時に使用していた姓を継続して使用したい場合は、「離婚の際に称していた氏を称する届」（☞P 85）を提出する。離婚届と一緒にこの届を出す場合は、「離婚によって婚姻前の氏にもどる者の本籍」の欄は何も記入しないこと

● 未成年の子がいる場合、面会交流、養育費の分担について取り決めをしなければならない

離婚調停で必要な書類

　夫婦関係について裁判所に申し立てを行う場合、夫婦関係調整調停を申し立てることになりますが、これには夫婦の関係を元に戻すための円満調停と離婚に向けて話し合いを行う離婚調停の2通りがあります。ここでは離婚調停の際の、それぞれの書類の書き方について解説します。

　（円満調停を申し立てても、話し合いの末に離婚という結論に至る場合もありますが、そうした結果に対しては柔軟な対応が取られますので、ここではあまり気にする必要はありません）。

　必要な書類は42ページに明記した「円満調整」と同じです。しかし、離婚に向けての話し合いとなると、離婚を前提とするうえでの話し合いとなりますので、記入の仕方が異なってきます。

　申立書の書き方は難しいものではありません。訴訟手続きのように、専門的な知識を必要としないため、記入するポイントさえあらかじめ知っておけば、容易に記入できます。

　そこで申し立てに必要な次の書類の書き方について説明していきます（家庭裁判所によっては、FAXで申立書と記載例などを入手できるので、最寄りの家庭裁判所で確認を行うのもいいでしょう）。

・**夫婦関係等調整調停申立書**（☞P 239〜240）
・**事情説明書**（☞P 241）
・**子についての事情説明書**（☞P 242）
・**進行に関する照会回答書（申立人用）**（☞P 243）
・**連絡先等の届出書**（☞P 244）
・**非開示の希望に関する申出書**（☞P 245）

　これらの書類は、離婚調停の申し立てをする場合の申立書記入例です。実際に申し立てを受けた家庭裁判所では、詳細な状況を判断するために、書面で照会したり、直接事情を尋ねる場合もあります。裁判所からの照会や呼出しの要求があった場合には必ず応じる必要があります。

夫婦関係等調整調停申立書（離婚）の記入例①

この申立書の写しは，法律の定めるところにより，申立ての内容を知らせるため，相手方に送付されます。

申立書の写しは相手方に送付される

受付印	夫婦関係等調整調停申立書 事件名（ 離婚 ）
	（この欄に申立て1件あたり収入印紙1,200円分を貼ってください。）
収入印紙　　　円	
予納郵便切手　　円	（貼った印紙に押印しないでください。）

認印を押す

○○ 家庭裁判所 御中	申 立 人 （又は法定代理人など） の 記 名 押 印	田中花子 ㊞
令和 ○○ 年○○月○○日		

申立書を提出する裁判所名を記入する

作成した日を記入する

添付書類	（審理のために必要な場合は，追加書類の提出をお願いすることがあります。） ☑ 戸籍謄本（全部事項証明書）（内縁関係に関する申立ての場合は不要） ☑ （年金分割の申立てが含まれている場合）年金分割のための情報通知書 □	準 口 頭

申 立 人	本 籍 （国 籍）	（内縁関係に関する申立ての場合は，記入する必要はありません。） ○○ 都道府県 ○○市○○町○番地	
	住 所	〒 ○○○－○○○○ ○○県○○市○○町○丁目○番○号	（　　　　方）
	フリガナ 氏 名	タ ナ カ ハ ナ コ 田 中 花 子	大正 昭和 平成 ○○年 ○○月○○日生 （　　○○ 歳）

相 手 方	本 籍 （国 籍）	（内縁関係に関する申立ての場合は記入する必要はありません。） ○○ 都道府県 ○○市○○町○番地	
	住 所	〒 ○○○－○○○○ ○○県○○市○○町○丁目○番○号 ○○アパート○号室	（　　　　方）
	フリガナ 氏 名	タ ナ カ タ ロ ウ 田 中 太 郎	大正 昭和 平成 ○○年 ○○月○○日生 （　　○○ 歳）

相手方に連絡先を知られたくないときは，記入しなくても構わない

対 象 と な る 子	住 所	☑ 申立人と同居 ／ □ 相手方と同居 □ その他（　　　　　）	平成 令和 ○○年 ○○月○○日生
	フリガナ 氏 名	タ ナ カ 田 中 さくら	（　　○ 歳）
	住 所	☑ 申立人と同居 ／ □ 相手方と同居 □ その他（　　　　　）	平成 令和 ○○年 ○○月○○日生
	フリガナ 氏 名	タ ナ カ ジュン 田 中 準	（　　○ 歳）
	住 所	□ 申立人と同居 ／ □ 相手方と同居 □ その他（　　　　　）	平成 令和 　年　　月　　日生
	フリガナ 氏 名		（　　　歳）

（注）太枠の中だけ記入してください。対象となる子は，付随申立ての(1)，(2)又は(3)を選択したときのみ記入してください。□の部分は，該当するものにチェックしてください。

夫婦(1/2)

夫婦関係等調整調停申立書（離婚）の記入例②

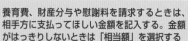

養育費、財産分与や慰謝料を請求するときは、相手方に支払ってほしい金額を記入する。金額がはっきりしないときは「相当額」を選択する

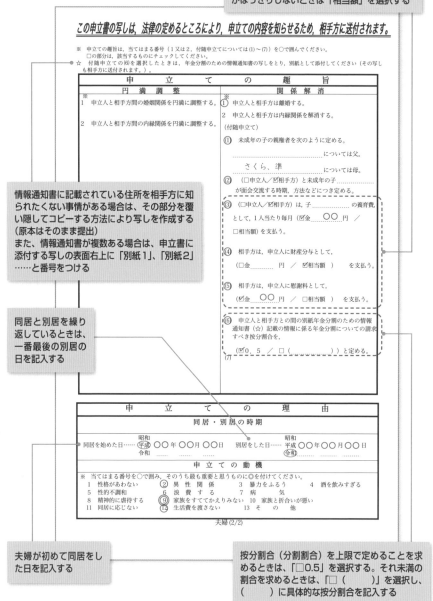

この申立書の写しは，法律の定めるところにより，申立ての内容を知らせるため，相手方に送付されます。

※ 申立ての趣旨は，当てはまる番号（1又は2，付随申立てについては(1)〜(7)）を○で囲んでください。
　　□の部分は，該当するものにチェックしてください。
☆ 付随申立ての(6)を選択したときは，年金分割のための情報通知書の写しをとり，別紙として添付してください（その写しも相手方に送付されます。）。

申 立 て の 趣 旨

円 満 調 整	関 係 解 消
※ 1 申立人と相手方間の婚姻関係を円満に調整する。 2 申立人と相手方間の内縁関係を円満に調整する。	※ ① 申立人と相手方は離婚する。 2 申立人と相手方は内縁関係を解消する。 （付随申立て） ⑴ 未成年の子の親権者を次のように定める。 　　　　　　　　　　　　については父。 　さくら、準　　　　　　　については母。 ⑵ （□申立人／☑相手方）と未成年の子　　　　が面会交流する時期，方法などにつき定める。 ⑶ （□申立人／☑相手方）は，子　　　　　の養育費として，1人当たり毎月（☑金　○○　円／□相当額）を支払う。 ⑷ 相手方は，申立人に財産分与として，（□金　　　円／☑相当額）を支払う。 ⑸ 相手方は，申立人に慰謝料として，（☑金　○○　円／□相当額）を支払う。 ⑹ 申立人と相手方との間の別紙年金分割のための情報通知書（☆）記載の情報に係る年金分割についての請求すべき按分割合を，（☑0．5／□（　　　　　））と定める。 (7)

申 立 て の 理 由

同 居 ・ 別 居 の 時 期

	昭和				昭和		
同居を始めた日……	平成 令和	○○年○○月○○日	別居をした日……		平成 令和	○○年○○月○○日	

申 立 て の 動 機

※ 当てはまる番号を○で囲み，そのうち最も重要と思うものに◎を付けてください。

1 性格があわない	② 異性関係	3 暴力をふるう	4 酒を飲みすぎる
5 性的不調和	6 浪費する	7 病気	
8 精神的に虐待する	⑨ 家族をすててかえりみない	10 家族と折合いが悪い	
11 同居に応じない	⑫ 生活費を渡さない	13 その他	

夫婦（2/2）

情報通知書に記載されている住所を相手方に知られたくない事情がある場合は、その部分を覆い隠してコピーする方法により写しを作成する（原本はそのまま提出）
また、情報通知書が複数ある場合は、申立書に添付する写しの表面右上に「別紙1」、「別紙2」……と番号をつける

同居と別居を繰り返しているときは、一番最後の別居の日を記入する

夫婦が初めて同居をした日を記入する

按分割合（分割割合）を上限で定めることを求めるときは、「□0.5」を選択する。それ未満の割合を求めるときは、「□（　　　）」を選択し、（　　　）に具体的な按分割合を記入する

240

生活設計

相談方法・DV・別居

姓と戸籍・親権・お金

離婚の方法・法定離婚原因

婚約破棄と事実婚の解消・外国人との離婚・再婚

PART 6

手続き・資料

事情説明書（夫婦関係調整）の記入例

【申立人用】

事情説明書（夫婦関係調整）

この書類は，申立ての内容に関する事項を記入していただくものです。あてはまる事項にチェックをつけ（いくつでも可），空欄には自由に記入して，申立ての際に提出してください。

なお，この書類は，相手方には送付しませんが，相手方から申請があれば，閲覧やコピーが 許可されることがあります。

1 この問題でこれまでに家庭裁判所で調停や審判を受けたことがありますか。	☑ ある。（□平成/□令和）○○年○○月頃　　家裁　　　支部 □ 今も続いている。　申立人の氏名 田中 花子 　　事件番号（□平成/□令和）　　年（家　）第　　号 □ すでに終わった。 □ ない。
2 調停で対立すると思われることはどんなことですか。	□ 離婚・内縁関係解消のこと　　□ 同居または別居のこと ☑ 子どものこと（□親権　☑養育費　☑面会交流　□その他　　　　　） □ 財産分与の額　　□ 慰謝料の額　　□ 負債（ローンなど）のこと ☑ 生活費（婚姻費用）のこと　　□ その他（　　　　　　　　　）

3 現在の生活状況

(1) それぞれの同居している家族について記入してください（本人を除く。）。
※あなたが相手方と同居中の場合は，相手方の氏名等は申立人欄に記入してください。

申立人（あなた）				相　手　方			
氏　名	年齢	続柄	職業等	氏　名	年齢	続柄	職業等
田中さくら	○	子	小学生				
田中 準	○	子	幼稚園				
田中 明子	○	母	パート				

(2) それぞれの職業と収入について記入してください。

申立人（あなた）	相　手　方
月収（手取り）　約　　　　万円 賞与（年　回）計約　　　　万円 □実家等の援助を受けている。月　　　万円 □生活保護等を受けている。月　　万円	月収（手取り）　約　　○○万円 賞与（年2回）計約　　○○万円 □実家等の援助を受けている。月　　　万円 □生活保護等を受けている。月　　万円

(3) それぞれの住居の状況について記入してください。

申立人（あなた）	相　手　方
□ 自宅 ☑ 家族所有 □ 賃貸（賃料月額　　　　　円） □ その他（　　　　　　　）	☑ 自宅 □ 家族所有 □ 賃貸（賃料月額　　　　　円） □ その他（　　　　　　　）

4 夫婦で築いた財産の状況について記入してください。

申立人（あなた）	相　手　方
(1)　資産 　　□ 土地　　□ 建物 　　☑ 預貯金（約　　○万円） 　　□ その他　※具体的にお書きください。 　　（　　　　　　　　　　） □ なし (2)　負債 　　□ 住宅ローン（約　　　万円） 　　□ その他　（約　　　万円） 　　□ なし	(1)　資産 　　☑ 土地　　☑ 建物 　　☑ 預貯金（約　○○万円） 　　☑ その他　※具体的にお書きください。 　　（　　　　　　　　　　） □ なし (2)　負債 　　☑ 住宅ローン（約　○○万円） 　　□ その他　（約　　　万円） 　　□ なし

5 夫婦が不和となったいきさつや理由などを記入してください。

夫の借金とたび重なるDVの仕打ちに耐え切れなくなったのと，

子どもたちも夫と離れたいと言い出したので，今回調停を

申し立てました。

令和○○年○○月○○日　　　作成者氏名　田中 花子 ㊞

作成日付と署名を記入する

認印を押す

子についての事情説明書の記入例

【申立人用】

子についての事情説明書

この書類は，申立人と相手方との間に未成年のお子さんがいる場合に記載していただくものです。あてはまる事項にチェックをつけ，空欄には具体的に記入して，申立ての際に提出してください。
なお，この書類は，相手方には送付しませんが，相手方から申請があれば，閲覧やコピーが許可されることがあります。

1 現在，お子さんを主に養育している人は誰ですか。	☑ 申立人 □ 相手方 □ その他（　　　　　　　　　　　　　　　　　　　）
2 別居後，お子さんは誰と一緒に生活してきましたか。 ＊ お子さんと申立人及び相手方が同居している場合には記載する必要はありません。	（☑平成/□令和）　△ 年 △ 月 △ 日から（□平成/☑令和）　△ 年 △ 月 △ 日までは □申立人 □相手方 □その他（　　　　　　　　　　）と生活していた。 （☑平成/□令和）　○ 年 ○ 月 ○ 日から現在までは □申立人 □相手方 □その他（　　　　　　　　　　）と生活している。 → 上記のような状況となっていることについて理由などがあれば，記載してください。 　親権者である相手方が，未成年者を自宅に放置して交際相手と別宅で同棲している。
3 別居後，お子さんは別居している父または母と会ったり，連絡を取ったりしていますか。 ＊ お子さんと申立人及び相手方が同居している場合には記載する必要はありません。	□ 会っている。（　　か月に　　回程度・　　　　　　　　　） ☑ （□平成/☑令和）△ 年 △ 月 △ 日を最後に会っていないが，電話やメールなどで連絡を取っている。 □ （□平成/□令和）　年　月　日を最後に会っていないし，連絡も取っていない。 → 上記のような状況となっていることについて理由などがあれば，記載してください。
4 別居親とお子さんとの交流（面会交流）について，親同士で話し合ったことがありますか。	□ ある。 　□ 次のような取決めをした。→（　　　　　　　　　　） 　□ 取決めはしていない。 　　→取決めできなった事情： ☑ ない。
5 今後，面会交流をどうしたいですか。	□ 面会交流をしたい。　　→方法，頻度等： □ 面会交流することを認める。→方法，頻度等： ☑ まだ決めていない。　　□ その他（　　　　　　　　　）
6 お子さんに対して，夫婦間の紛争の内容や，今後の生活について説明したことはありますか。	☑ 説明したことはない。 □ 説明したことがある。 → 説明した内容やそのときのお子さんの様子について，裁判所に伝えておきたいことがあれば，記載してください。
7 お子さんについて，何か心配していることはありますか。	□ ない ☑ ある → 心配している内容を具体的に記載してください。 　環境の変化により，精神的に不安定。 　学校を休みがちになっている。
8 7以外に，お子さんに関することで，事前に裁判所に伝えておきたいことがあれば記載	

当てはまる項目はチェックを入れる

【 令和○○年○○月○○日　　田中 花子　印】

認印を押す

242

生活設計

相談方法・DV・別居

姓と戸籍・親権・お金

離婚の方法・法定離婚原因

婚約破棄と事実婚の解消・外国人との離婚・再婚

PART 6

手続き・資料

進行に関する照会回答書（申立人用）の記入例

原則的に閲覧やコピーは許可されないので、相手に見られる心配はない

進行に関する照会回答書（申立人用）

この書面は，調停を進めるための参考にするものです。あてはまる事項にチェックを付け（複数可），空欄には具体的な事情等を記入して，申立ての際に提出してください。審判を申し立てた場合にも，調停手続が先行することがありますので提出して下さい。この書面は，閲覧・コピーの対象とはしない取扱いになっています。

1 この申立てをする前に相手方と話し合ったことがありますか。	☑ ある。（そのときの相手方の様子にチェックしてください。） 　☑ 感情的で話し合えなかった。　□ 冷静であったが，話合いはまとまらなかった。 　□ 態度がはっきりしなかった。　□ その他（　　　　　　　　　　） □ ない。（その理由をチェックしてください。） 　□ 全く話合いに応じないから。　□ 話し合っても無駄だと思ったから。 　□ その他（　　　　　　　　　）
2 相手方は裁判所の呼出しに応じると思いますか。	☑ 応じると思う。　（理由等があれば，記載してください。） □ 応じないと思う。 □ 分からない。
3 調停での話合いは円滑に進められると思いますか。	□ 進められると思う。　（理由等があれば，記載してください。） ☑ 進められないと思う。　　意見があまりにも食い違っているから □ 分からない。
4 この申立てをすることを相手方に伝えていますか。	□ 伝えた。 ☑ 伝えていない。 　□ すぐ知らせる。　☑ 自分からは知らせるつもりはない。　□ 自分からは知らせにくい。
5 相手方の暴力等がある場合には，記入してください。	1 相手方の暴力等はどのような内容ですか。 　☑大声で怒鳴る・暴言をはく。　□物を投げる。　☑殴る・蹴る。　□凶器を持ち出す。 (1) それはいつ頃のことですか。 　平成20年 頃 から　　現在　　頃 まで (2) 頻度はどのくらいですか。 　一日 2〜3 回 2 相手方の暴力等が原因で治療を受けたことはありますか。 　☑ない　□ある（ケガや症状等の程度　　　　　　　　　　　　　　　　　） 3 配偶者暴力に関する保護命令について，該当するものをチェックしてください。 　☑申し立てる予定はない。　□申し立てる予定である。 　□申し立てたが，まだ結論は出ていない。　□申し立てたが，認められなかった。 　□認められた。　※保護命令書の写しを提出してください。 4 相手方の調停時の対応について 　☑裁判所で暴力を振るう心配はない。 　□申立人と同席しなければ暴力を振るうおそれはない。 　□裁判所職員や第三者のいる場所でも暴力を振るう心配はない。 　☑裁判所への行き帰りの際に暴力をふるう振るうおそれがある。 　□裁判所に刃物を持ってくるおそれがある。 　□裁判所へ薬物，アルコール類を摂取してくるおそれがある。
6 調停期日の差し支え日等があれば書いてください。 ※ 調停は平日の午前または午後に行われます。	申立人の □ 希望曜日　　　　　　　曜日　午前・午後 　　　（ご希望に沿えない場合もございます。予めご了承下さい。） 　　　□ 差し支え曜日　　　　　　曜日　午前・午後 （すでに差し支えることがわかっている日→　　　　　　　　　　　） 相手方の □ 希望曜日　　　　　　　曜日　午前・午後 　　　□ 差し支え曜日　　　　　　曜日　午前・午後 （※分からなければ記載しなくてもかまいません。）
7 裁判所に配慮を求めることがあれば，その内容をお書きください。	相手と一緒にならないように、入廷、退廷時間をずらしていただければと思います。

当てはまる項目はチェックを入れる

【 令和○○年○○月○○日　　　申立人　田中 花子　㊞

認印を押す

連絡先等の届出書の記入例

期日通知書に書かれた
事件番号を見て記入する

令和〇〇年　☑（家イ）　第　〇〇〇号
　　　　　　□　（家）

連絡先等の届出書（□　変更届出書）

*連絡先等の変更の場合には上記□にチェックを入れて提出してください。

1　送付場所

標記の事件について，書類は次の場所に送付してください。

□　申立書記載の住所のとおり

☑　下記の場所

　　　場所：　東京都〇〇区×××丁目〇番〇号　　（〒〇〇〇-〇〇〇〇）

　　　場所と本人との関係：□住所　☑実家（　　方）　□就業場所（勤務先）

　　　　　　　　　　　　　□その他

□　委任状記載の弁護士事務所の住所のとおり

日中に連絡がと
れる電話番号を
記入する

2　平日昼間の連絡先

　　　携帯電話番号：　〇〇〇-〇〇〇〇-〇〇〇〇

　　　固定電話番号（☑自宅／□勤務先）：　〇〇-〇〇〇〇-〇〇〇〇

□　どちらに連絡があってもよい。

☑　できる限り，☑携帯電話／□固定電話への連絡を希望する。

□　委任状記載の弁護士事務所の固定電話への連絡を希望する。

＊　　1，2について非開示を希望する場合には，非開示の希望に関する申出書
　を作成して，その申出書の下に本書面をステープラー（ホチキスなど）など
　で付けて一体として提出してください。

＊　連絡先等について非開示を希望する場合には，原則として，開示により当
　事者や第三者の私生活・業務の平穏を害するおそれがあると解し，開示する
　ことはしない取り扱いになっておりますので，その他の理由がなければ，非
　開示の希望に関する申出書の第2項（非開示希望の理由）に記載する必要は
　ありません。

　　　令和〇〇年〇〇月〇〇日

　　　☑申立人／□相手方／□同手続代理人　氏名：　田中花子　㊞

認印を
押す

非開示の希望に関する申出書の記入例

令和〇〇年（家イ）第〇〇〇　号

非開示の希望に関する申出書

* 本書面は，非開示を希望する書面がある場合だけ提出してください。

* 提出する場合には，必ず，この書面の下に，ステープラー（ホチキスなど）で非開示を希望する書面を留めて下さい。添付されていない場合，非開示の希望があるものとは扱われません。

1　別添の書面については，非開示とすることを希望します。

※　非開示を希望する書面ごとにこの申出書を作成し，本申出書の下に当該書面をステープラー（ホチキスなど）などで付けて一体として提出してください（ファクシミリ送信不可）。

※　資料の一部について非開示を希望する場合は，その部分が分かるようにマーカーで色付けするなどして特定してください。

※　非開示を希望しても，裁判官の判断により開示される場合もありますので，あらかじめご了承ください。なお，連絡先等の提出書について非開示を希望する場合には，原則として開示することはしない取り扱いになっています。

2　非開示を希望する理由は，以下のとおりです（当てはまる理由にチェックを入れてください。複数でも結構です。）。

☐　事件の関係人である未成年者の利益を害するおそれがある。

☑　当事者や第三者の私生活・業務の平穏を害するおそれがある。

☐　当事者や第三者の私生活についての重大な秘密が明らかにされることにより，その者が社会生活を営むのに著しい支障を生じるおそれがある。

☐　当事者や第三者の私生活についての重大な秘密が明らかにされることにより，その者の名誉を著しく害するおそれがある。

☑　その他（具体的な理由を書いてください。）

　　　以前から暴力を振るわれており，また身の危険が
　　　及ぶと判断したため

令和〇〇年〇〇月〇〇日

　　　氏　　名　　田中花子　　㊞

* 本書面は，非開示を希望する書面がある場合だけ提出してください。

（左余白の注記）ステープラー（ホチキスなど）で留めて下さい。

当てはまる項目は
チェックを入れる

認印を
押す

前もって
知って
おきたい！

離婚手続きの流れ
※協議離婚の場合

① 離婚届を用意し、記入する

① まず、離婚届を用意しましょう。
- 離婚届は、市区町村窓口にあります。
- 自由に取れるところと、窓口で申し出なければ受け取れないところがあり、役所により異なります。
- 通常は、窓口の職員が記入上の留意点を説明してくれます。
- 記入ミスに備え、2部以上を用意すると安心です。

② 離婚届に、各項目について正確に記入しましょう。
- 住所は、夫婦それぞれが現時点で住民票を置いている住所を記入します。
- 離婚届には、夫婦2人の署名・押印がありますか？
- 証人（夫婦の離婚の合意を証明する成人）2名の署名・押印がありますか？

② 離婚届を提出する

◆ 提出する役所はどこですか？
- 夫婦の本籍地の役所
  ⇒離婚届のみの提出でOK。
- 居住地（住民票があるところ）の役所
  ⇒戸籍謄本の提出が必要です。
- 所在地（一時滞在地との意味もあり、本人がその場にいればOK）の役所
  ⇒戸籍謄本の提出が必要です。

3 離婚後の手続きについて、各窓口に確認する

◆ 離婚届を提出しただけでは、戸籍が変更されるのみ！

- 住所・世帯主・マイナンバーカードなどの変更手続きが必要です。
- 児童扶養手当の申請には、離婚後の申請者の戸籍と子どもの戸籍の両方が必要です。
- ひとり親家庭等医療費助成制度や水道料金の減免などの受給は、児童扶養手当の受給資格を満たしていれば認められる自治体が大半です（各自治体に確認のこと）。
- 子どもの姓や戸籍を変更する場合は、家庭裁判所への申し立てが必要です。
- 児童手当と子どもの保育園・幼稚園・学校に関する手当や助成などは、それぞれ担当の窓口に問い合わせが必要です。

4 離婚後の手続きに必要な書類を取り寄せる

◆ 書類によって、取り寄せ先が異なります。

- 住民票
  ⇒離婚前後に住所が変わった人は、新しく住民票を移した地の役所
- 離婚後の自分の戸籍
  ⇒結婚時に筆頭者だった人は、結婚時と同じ
  ⇒新しく戸籍をつくった人は、新しい本籍地の役所
  ⇒親の戸籍に戻った人は、親の本籍地
  ※ 変更後の戸籍が作成されるまでには、通常1週間ほどかかります。
- 離婚後の子どもの戸籍
  ⇒結婚時に筆頭者だった人の本籍地
- 離婚届受理証明書
  ⇒離婚届を提出した役所
  ※ 離婚後の新しい戸籍ができるまでの間、その代用となります。

5 各種手続きを申請する

意外に
知らない
素朴な疑問

離婚手続き Q & A

Q 戸籍謄本と戸籍抄本の違いは？

A 謄本は家族全員、抄本は個人

　戸籍とは、1組の夫婦と未婚の子どもを1つの単位としてまとめて記載した公文書です。戸籍謄本は、この戸籍に記載された全員の原本を証明したもので、戸籍を同じくする全員の身分関係を公的に証明するものです。これに対し、戸籍抄本は家族のだれか1人だけなど戸籍の一部分を抜き出したものです。

Q 本籍地が遠方の場合、どうやって戸籍謄本を手に入れたらいい？

A 郵便で請求することが可能です

　戸籍謄本を取得するのは、通常、本籍地の市区町村役場に申請することになります。しかし、直接足を運ぶことができない場合は、郵便で請求することが可能です。必ず請求する際の書式などを事前に確認したうえで、本籍地の役所に返信封筒入りの郵便で請求しましょう。役所によっては戸籍謄本の請求書をダウンロードできるサービスもあるので、確認してみるとよいでしょう。

Q 離婚届はどこの役所に提出すればいい？

A 本籍地、居住地、所在地の役場に提出

　離婚届は、夫婦の結婚中の本籍地、居住地（住民票があるところ）、あるいは所在地（一時滞在でも本人がその場にいればよい）の役場の戸籍係に提出します。本籍地に届け出る場合は離婚届だけで受理されますが、注意が必要なのは居住地や所在地に届け出る場合。この際は、離婚届と一緒に戸籍謄本が必要になります。

Q 離婚届は夫婦で提出するもの？

A 家族や他人でも構いません

　夫婦で提出する必要はありません。当事者のどちらか一方で構いませんし、家族やまったくの他人に提出を頼むこともできます。ただし、当事者以外の人が提出できるのは、夫婦の本籍地や居住地の役所のみ。また、提出者は、身分証明書と離婚届に押印した印鑑を持参する必要があります。

Q 離婚届は郵送でもOK？

A 郵送できますが確認を忘れずに

　郵送することも可能です。ただし、離婚届は本籍地がある役所で処理されることになっているので、離婚届を本籍地以外の役所あてに送った場合は、処理が終わるまで1～2週間かかります。また、記載ミスなどで訂正の必要が生じた場合でも、直接確認することができません。万一の事故も考えられるので、郵送するなら、受理されたかどうか必ず確認をとっておきましょう。

Q 離婚届は休日や夜間でも提出できる？

A 審査が行われるのは業務時間内

　提出だけなら役所の休日・夜間窓口で構いません。しかし、書類の審査は平日の窓口業務で行われますので、書類に不備があった場合はあらためて日中出向く必要が生じます。一度の提出で離婚が成立しないかもしれないリスクを考えると、平日の昼間に直接持参し、その場で確認してもらうほうが無難でしょう。

生活設計

相談方法・DV・別居

姓と戸籍・親権・お金

離婚の方法・法定離婚原因

婚約破棄と事実婚の解消・外国人との離婚・再婚

PART 6

手続き・資料

チェック
して
おきたい！

手続きに必要な書類を
整理しよう

離婚届を提出するとき

☐ 離婚届

☐ 婚姻中の戸籍謄本
　※夫婦の本籍地以外の役所に提出する場合

☐ 離婚届の押印に使用した印鑑

☐ 官公署等発行の身分証明書（運転免許証・パスポートなど）

☐ 離婚の際に称していた氏を称する届
　※婚姻中の姓を続けたい場合

☐ 住民票
　※外国人と協議離婚をする場合

戸籍謄本は余分に用意しておこう

　戸籍謄本が必要になるのは、離婚届を提出するときだけではありません。離婚後も、子どもの姓の変更や入籍などの際には、離婚後に新しくつくった自分の戸籍謄本や元配偶者の新しい戸籍謄本が必要になります。でも、元配偶者の戸籍謄本をその都度頼んで取り寄せることは通常、気が重い仕事ですし、すぐに手配してくれるとは限りません。あらかじめ3〜4通請求しておけば、スムーズに手続きを進めることができます。

離婚後に必要な手続きをするとき

☐ 住民票

　⇒児童扶養手当の申請や運転免許証の変更手続きなどに必要

☐ 離婚によって別戸籍になった者（筆頭者でなかった側）
　の新しい戸籍謄本

　⇒児童扶養手当の申請やパスポートの変更手続きなどに必要

☐ 筆頭者の離婚後の戸籍謄本

　（結婚時の筆頭者と子どもが記載された戸籍謄本）

　⇒「子の氏の変更許可」申請や子どもの戸籍を変更する場合な
　　どに必要

☐ 離婚届受理証明書

　⇒新しい戸籍ができあがるまでの代用となる

☐ 「子の氏の変更許可」審判書謄本

　⇒子どもの戸籍を変更する場合などに必要

☐ 所得証明書

　⇒児童扶養手当の申請などに必要

COLUMN

児童扶養手当等の申請はすみやかに

　離婚して母子家庭になる人は、離婚届を役所に提出するとき、一緒に児童扶養手当や児童手当の申請を済ませましょう。自治体によって窓口は異なりますが、同じ役所内の別の窓口（支援課などの名称が多い）や役所に併設されている保健福祉センターなど、離婚届提出の窓口に隣接しているのが一般的です。

　申請は月ごとの受付のため、月末に離婚が成立した場合などは、申請が翌月になると前月分は受け取れなくなります。

きちんと済ませておきたい 離婚後の主な各種申請手続き

健康保険・年金の変更

　配偶者の扶養家族として健康保険や厚生年金・共済組合に加入していた人は、自分で健康保険に加入し、国民年金の種別変更をする必要があります。国民健康保険に加入するには、市区町村役場に、それまでの健康保険の**資格喪失証明書**を提出します。国民年金の種別変更は、国民健康保険の手続きと同時に行います。

　給与所得があり、すでに社会保険や厚生年金に加入している場合でも、扶養変更や姓・住所の変更は必要ですので、勤務先に必ず届け出ましょう。

児童手当・児童扶養手当、ひとり親家庭等の医療費助成

　児童手当については、養育の状況により、①**受給事由消滅届**、②**認定請求書**、③**住所変更届**、④**印鑑**、⑤**養育者名義の預金通帳**、⑥**養育者の健康保険証の写し**などが必要になります。

　児童扶養手当の申請には、①**離婚後の戸籍謄本（親子両方のもの）**、②**住民票**、③**申請者名義の預金通帳**、④**印鑑**、⑤**所得証明書（必要ない場合もある）**を持って、市区町村の窓口に申請します。

　ひとり親家庭等の医療費助成についても、同時に申請しておくとよいでしょう。

銀行口座

　児童扶養手当等は、原則として銀行口座に振り込まれます。したがって、離婚によって姓が変わった場合は、**①新しい姓と住所がわかる運転免許証などの身分証明書、②新しい姓で作った印鑑**を持参し銀行の窓口で手続きします。口座をつくった支店以外でも名義変更の手続は可能ですが、他支店での手続きの場合さまざまな確認作業が発生するため、手続きが終了するまでに１週間程度の期間がかかります。

運転免許証

　姓や住所の変更は、免許証センターに行かなくても、新しい住所地の警察署で手続きすることができます。ただし、離婚後に住所地が同じ都道府県内であれば**新しい戸籍（本籍地）が入った住民票**を１通用意するだけですみますが、他の都道府県から転居した場合は、**申請用の写真**が１枚必要になることがあります。変更事項は免許証の裏に記載され、次の書き換え時に新しい名義などが記載された免許証が交付されます。

扶養控除の変更

　扶養家族がいなくなった場合は、勤務先に**被扶養者異動届**を提出する必要があります。それにともない、所得税や住民税など税金の扶養控除と、勤務先によっては扶養家族手当がなくなります。

　子どもの扶養控除・扶養手当については、離婚後も継続します。しかし控除を受けられるのは片方の親だけで、双方が子どもの養育にお金をかけていたとしても、扶養控除を半分ずつ受け取ることはできません。したがって離婚の際には、どちらの親が扶養控除を受けるのかを決めておく必要があります（どちらも扶養控除を受けた場合、罰則の対象となります）。

クレジットカード

　　クレジットカードの名義変更は、カード会社に**名義変更届出用紙**を送ってもらい、必要事項を記入した上で、**新たな姓で作った印鑑**を捺印。書類を返信用封筒に入れて送り返せば手続きが完了します。

　　ただし、利用代金の引き落とし口座が必要なため、**新たな銀行口座**をつくった後に手続きをしないと煩雑な手続きになるので注意が必要です。先に銀行口座の名義変更を行い、新しい口座番号を引き落とし口座として記入してから返送しましょう。

自動車

　　自動車の名義変更（移転登録）は陸運局が窓口です。元配偶者の名義だった自動車を自分の名義に変更するためには、さまざまな書類が必要となります。所有者であった元配偶者に用意してもらうものは、①**譲渡証明書**、②**印鑑証明書**、③**車検証**、④**住民票**、⑤**戸籍謄本**、⑥**委任状**です。本人が用意するのは①**印鑑証明書**、②**車庫証明書**、③**収入印紙500円**です。また、ナンバー変更をする際には**自動車そのもの**を持っていく必要があります。その他、さまざまな手続きが想定されるため、自動車の移転登録は行政書士や代行業者に依頼したほうが合理的です。

印鑑登録

　　姓で印鑑登録をしていた場合、その姓が変わることで印鑑登録は廃止扱いになります。したがって、姓を変更する場合また住所を変更する場合は、新たに印鑑登録の手続きを行う必要があります。なお、他の市区町村に転居した場合は、新しい居住地で手続きを行います。

パスポート

　氏名や本籍の都道府県名を変更するときは、有効期間10年また
は5年の新たなパスポート（切替申請）か、手持ちのパスポー
トと同一残存有効期間のパスポート「記載事項変更旅券」の発給
申請をします。

　申請に必要な書類は、①**一般旅券発給申請書（記載事項変更用）
1通**（申請書は旅券事務所、地域振興事務所にあります）、②**旅
券の記載に変更を生じたことが確認できる戸籍謄本、または抄本
1通**、③**住民票の写し1通**（必要となるのは、(1)住民基本台帳
ネットワークシステムの運用を開始していない市町村に住民登録
をしている人、(2)同ネットワークシステムの利用を希望しない
人、(3)住民登録をしていない単身赴任者や就学先等の都道府県
で申請する人）※詳細は申請先のパスポートセンターに確認して
ください。④**写真(縦45ミリ×横35ミリ)1葉**、⑤**現在持って
いるパスポート**（返納して失効処理します）です。

生命保険の変更

　生命保険の契約にあたり、加入形態で最も多いのが、「夫が生
命保険に加入し、妻が受取人になる」というケースです。

　生命保険の名義を変更する場合は、保険会社から変更届を取り
寄せ、変更の手続きを行います。添付書類として**印鑑証明書**が必
要になるのが一般的ですが、契約者の変更だけなら、訂正承認書
類に**新しい姓や住所のわかる本人確認書類（住民票や運転免許証
等）**を添えるだけで認められるケースもあります。なお、夫（妻）
の保険に妻（夫）の保障をつける夫婦型の保険に加入していた場
合、離婚すると妻（夫）の保障は消滅します。

生活設計

相談方法・DV・別居

姓と戸籍・親権・お金

離婚の方法・法定離婚原因

婚約破棄と事実婚の解消
外国人との離婚・再婚

PART
6
手続き・資料

ご存知 でしたか？ 養育費・婚姻費用算定表の見方

養育費（☞P 124）と婚姻費用（☞P 66）の金額は、従来、夫婦の収入・資産・子どもの有無や人数・生活費の実態・婚姻期間・破綻に至った経緯などを総合的に判断して決められていました。

しかし、個別の事情を詳細に検討するのは時間がかかり、一方で別居時の養育費や婚姻費用はすぐに必要となる定期的なお金です。そこで、裁判所では、2003年にガイドラインとしての算定表（早見表）を公表、その後、2019年に改定されました。

算定表では、夫と妻のそれぞれの年収がわかれば誰でも簡単に養育費や婚姻費用の目安を知ることができます。現在では、裁判所での調停や裁判でも、この算定表を基本として金額が決められているのが一般的です。単純に夫婦の年収だけで決められるため、住宅ローンの負担など不公平な面が多くあるとの指摘もありますが、すばやく金額が決定できて支払いが始まるという点で評価されています。

◆算定表の見方

| 子どもの有無と人数・年齢で使用する算定表を選ぶ | 夫と妻の年収を縦軸と横軸で選ぶ（負担する側は縦軸） | 夫婦の年収が交差するマス目の金額が目安となる金額 | 目安金額をもとに最終的な金額を決定 |

1 縦軸は義務者（負担する側）の年収、横軸は権利者（請求する側。養育費の場合は子どもを育てている親）

2 年収
　給与所得者の場合…源泉徴収票に記載されている「支払金額」（税金控除されていない金額）の欄の金額
　自営業者の場合……確定申告書の「課税される所得金額」の欄の金額

3 算定表の目安金額
　濃いゾーンと白のゾーンを交互に入れて区別し、目安金額を表示。同じゾーンは同じ金額

●次ページ以降に示したものは、算定表の一部（養育費・婚姻費用とも義務者年収〈給与〉1,000万円、権利者年収〈給与〉400万円まで）です。

出典：『判例タイムズ』1111号（一部抜粋）

●養育費　子1人（子／0〜14歳）

義務者（負担する側）の年収

（単位：万円）

義務者年収		ゾーン
1,000	763	10〜12万円
975	741	
950	721	
925	699	
900	681	
875	662	
850	641	
825	622	8〜10万円
800	601	
775	582	
750	563	
725	548	
700	527	
675	512	
650	496	6〜8万円
625	471	
600	453	
575	435	
550	410	
525	392	
500	373	
475	349	4〜6万円
450	331	
425	312	
400	294	
375	275	
350	256	
325	237	
300	218	2〜4万円
275	203	
250	185	
225	165	
200	148	
175	131	1〜2万円
150	113	
125	98	
100	82	
75	66	
50	44	0〜1万円
25	22	
0	0	

権利者（請求する側）の年収

| 自営 | 0 | 22 | 44 | 66 | 82 | 98 | 113 | 131 | 148 | 165 | 185 | 203 | 218 | 237 | 256 | 275 | 294 |
| 給与 | 0 | 25 | 50 | 75 | 100 | 125 | 150 | 175 | 200 | 225 | 250 | 275 | 300 | 325 | 350 | 375 | 400 |

生活設計

相談方法・DV・別居

姓と戸籍・親権・お金

離婚の方法・法定離婚原因

婚約破棄と事実婚の解消・外国人との離婚・再婚

PART
6
手続き・資料

257

●養育費　子1人（子／15歳以上）

義務者（負担する側）の年収

（単位：万円）

給与	自営	範囲
1,000	763	
975	741	14〜16万円
950	721	
925	699	12〜14万円
900	681	
875	662	
850	641	10〜12万円
825	622	
800	601	
775	582	
750	563	
725	548	
700	527	8〜10万円
675	512	
650	496	
625	471	
600	453	
575	435	
550	410	6〜8万円
525	392	
500	373	
475	349	
450	331	
425	312	4〜6万円
400	294	
375	275	
350	256	
325	237	
300	218	
275	203	2〜4万円
250	185	
225	165	
200	148	
175	131	
150	113	1〜2万円
125	98	
100	82	
75	66	
50	44	0〜1万円
25	22	
0	0	

権利者（請求する側）の年収

自営	0 22 44 66 82 98 113 131 148 165 185 203 218 237 256 275 294	
給与	0 25 50 75 100 125 150 175 200 225 250 275 300 325 350 375 400	

生活設計

相談方法・DV・別居

姓と戸籍・親権・お金

離婚の方法・法定離婚原因

婚約破棄と事実婚の解消・外国人との離婚・再婚

PART
6

手続き・資料

● 養育費　子2人（第1子・第2子／0〜14歳）

義務者（負担する側）の年収

（単位：万円）

16〜18万円

14〜16万円

12〜14万円

10〜12万円

8〜10万円

6〜8万円

4〜6万円

2〜4万円

1〜2万円

0〜1万円

権利者（請求する側）の年収

給与	自営
1,000	763
975	741
950	721
925	699
900	681
875	662
850	641
825	622
800	601
775	582
750	563
725	548
700	527
675	512
650	496
625	471
600	453
575	435
550	410
525	392
500	373
475	349
450	331
425	312
400	294
375	275
350	256
325	237
300	218
275	203
250	185
225	165
200	148
175	131
150	113
125	98
100	82
75	66
50	44
25	22
0	0

| 自営 | 0 | 22 | 44 | 66 | 82 | 98 | 113 | 131 | 148 | 165 | 185 | 203 | 218 | 237 | 256 | 275 | 294 |
| 給与 | 0 | 25 | 50 | 75 | 100 | 125 | 150 | 175 | 200 | 225 | 250 | 275 | 300 | 325 | 350 | 375 | 400 |

●養育費　子2人（第1子／15歳以上　第2子／0〜14歳）

義務者（負担する側）の年収

（単位：万円）

給与	自営	区分
1,000	763	18〜20万円
975	741	
950	721	16〜18万円
925	699	
900	681	
875	662	14〜16万円
850	641	
825	622	
800	601	
775	582	12〜14万円
750	563	
725	548	
700	527	
675	512	
650	496	10〜12万円
625	471	
600	453	
575	435	
550	410	8〜10万円
525	392	
500	373	
475	349	
450	331	6〜8万円
425	312	
400	294	
375	275	
350	256	4〜6万円
325	237	
300	218	
275	203	
250	185	
225	165	2〜4万円
200	148	
175	131	
150	113	
125	98	1〜2万円
100	82	
75	66	
50	44	
25	22	0〜1万円
0	0	

| 自営 | 0 | 22 | 44 | 66 | 82 | 98 | 113 | 131 | 148 | 165 | 185 | 203 | 218 | 237 | 256 | 275 | 294 |
| 給与 | 0 | 25 | 50 | 75 | 100 | 125 | 150 | 175 | 200 | 225 | 250 | 275 | 300 | 325 | 350 | 375 | 400 |

権利者（請求する側）の年収

生活設計

相談方法・DV・別居

姓と戸籍・親権・お金

離婚の方法・法定離婚原因

婚約破棄と事実婚の解消・外国人との離婚・再婚

PART 6

手続き・資料

●養育費　子2人（第1子・第2子／ 15歳以上）

義務者（負担する側）の年収

（単位：万円）

給与	自営		
1,000	763		
975	741		
950	721	18〜20万円	
925	699	16〜18万円	
900	681		
875	662		
850	641		
825	622	14〜16万円	
800	601		
775	582		
750	563		
725	548		
700	527	12〜14万円	
675	512		
650	496		
625	471	10〜12万円	
600	453		
575	435		
550	410		
525	392	8〜10万円	
500	373		
475	349		
450	331		
425	312	6〜8万円	
400	294		
375	275		
350	256		
325	237	4〜6万円	
300	218		
275	203		
250	185		
225	165	2〜4万円	
200	148		
175	131		
150	113		
125	98	1〜2万円	
100	82		
75	66		
50	44		
25	22	0〜1万円	権利者（請求する側）の年収
0	0		
	自営	0　22　44　66　82　98　113　131　148　165　185　203　218　237　256　275　294	
給与		0　25　50　75　100　125　150　175　200　225　250　275　300　325　350　375　400	

261

●養育費　子3人（第1子・第2子・第3子／0〜14歳）

義務者（負担する側）の年収

（単位：万円）

1,000	763	18〜20万円
975	741	
950	721	
925	699	
900	681	16〜18万円
875	662	
850	641	
825	622	
800	601	14〜16万円
775	582	
750	563	
725	548	
700	527	12〜14万円
675	512	
650	496	
625	471	
600	453	10〜12万円
575	435	
550	410	
525	392	
500	373	8〜10万円
475	349	
450	331	
425	312	
400	294	6〜8万円
375	275	
350	256	
325	237	
300	218	4〜6万円
275	203	
250	185	
225	165	
200	148	2〜4万円
175	131	
150	113	
125	98	1〜2万円
100	82	
75	66	
50	44	
25	22	0〜1万円
0	0	

権利者（請求する側）の年収

| 自営 | 0 | 22 | 44 | 66 | 82 | 98 | 113 | 131 | 148 | 165 | 185 | 203 | 218 | 237 | 256 | 275 | 294 |
| 給与 | 0 | 25 | 50 | 75 | 100 | 125 | 150 | 175 | 200 | 225 | 250 | 275 | 300 | 325 | 350 | 375 | 400 |

●養育費　子3人（第1子／15歳以上　第2子・第3子／0〜14歳）

義務者（負担する側）の年収

（単位：万円）

給与	自営																	
1,000	763	20〜22万円		18〜20万円														
975	741																	
950	721																	
925	699																	
900	681																	
875	662			16〜18万円														
850	641																	
825	622																	
800	601																	
775	582			14〜16万円														
750	563																	
725	548																	
700	527																	
675	512			12〜14万円														
650	496																	
625	471																	
600	453																	
575	435			10〜12万円														
550	410																	
525	392																	
500	373																	
475	349			8〜10万円														
450	331																	
425	312																	
400	294			6〜8万円														
375	275																	
350	256																	
325	237																	
300	218			4〜6万円														
275	203																	
250	185																	
225	165																	
200	148			2〜4万円														
175	131																	
150	113																	
125	98																	
100	82			1〜2万円														
75	66																	
50	44																	
25	22			0〜1万円														
0	0																	

権利者（請求する側）の年収

自営	0	22	44	66	82	98	113	131	148	165	185	203	218	237	256	275	294
給与	0	25	50	75	100	125	150	175	200	225	250	275	300	325	350	375	400

生活設計

相談方法・DV・別居

姓と戸籍・親権・お金

離婚の方法・法定離婚原因

婚約破棄と事実婚の解消・外国人との離婚・再婚

PART 6　手続き・資料

●養育費　子3人（第1子・第2子／15歳以上　第3子／0〜14歳）

義務者（負担する側）の年収

（単位：万円）

義務者の年収		凡例
1,000	763	
975	741	20〜22万円
950	721	18〜20万円
925	699	
900	681	
875	662	
850	641	16〜18万円
825	622	
800	601	
775	582	
750	563	14〜16万円
725	548	
700	527	
675	512	
650	496	12〜14万円
625	471	
600	453	
575	435	10〜12万円
550	410	
525	392	
500	373	
475	349	8〜10万円
450	331	
425	312	
400	294	
375	275	6〜8万円
350	256	
325	237	
300	218	4〜6万円
275	203	
250	185	
225	165	
200	148	2〜4万円
175	131	
150	113	
125	98	
100	82	1〜2万円
75	66	
50	44	
25	22	0〜1万円
0	0	

権利者（請求する側）の年収

自営	0	22	44	66	82	98	113	131	148	165	185	203	218	237	256	275	294	
給与		0	25	50	75	100	125	150	175	200	225	250	275	300	325	350	375	400

●養育費　子3人（第1子・第2子・第3子／15歳以上）

義務者（負担する側）の年収

（単位：万円）

給与	自営	band
1,000	763	20〜22万円
975	741	22〜24万円
950	721	
925	699	18〜20万円
900	681	
875	662	
850	641	
825	622	16〜18万円
800	601	
775	582	
750	563	
725	548	14〜16万円
700	527	
675	512	
650	496	12〜14万円
625	471	
600	453	
575	435	
550	410	10〜12万円
525	392	
500	373	
475	349	
450	331	8〜10万円
425	312	
400	294	
375	275	6〜8万円
350	256	
325	237	
300	218	
275	203	4〜6万円
250	185	
225	165	
200	148	2〜4万円
175	131	
150	113	
125	98	
100	82	1〜2万円
75	66	
50	44	
25	22	0〜1万円
0	0	

権利者（請求する側）の年収

自営	0	22	44	66	82	98	113	131	148	165	185	203	218	237	256	275	294
給与	0	25	50	75	100	125	150	175	200	225	250	275	300	325	350	375	400

相談方法・DV・別居

姓と戸籍・親権・お金

離婚の方法・法定離婚原因

婚約破棄と事実婚の解消・外国人との離婚・再婚

PART 6　手続き・資料

婚姻
費用

●婚姻費用　夫婦のみ

義務者（負担する側）の年収

（単位：万円）

1,000	763
975	741
950	721
925	699
900	681
875	662
850	641
825	622
800	601
775	582
750	563
725	548
700	527
675	512
650	496
625	471
600	453
575	435
550	410
525	392
500	373
475	349
450	331
425	312
400	294
375	275
350	256
325	237
300	218
275	203
250	185
225	165
200	148
175	131
150	113
125	98
100	82
75	66
50	44
25	22
0	0

領域ラベル：
14〜16万円
12〜14万円
10〜12万円
8〜10万円
6〜8万円
4〜6万円
2〜4万円
1〜2万円
〜1万円
0円

権利者（請求する側）の年収

| 自営 | 0 | 22 | 44 | 66 | 82 | 98 | 113 | 131 | 148 | 165 | 185 | 203 | 218 | 237 | 256 | 275 | 294 |
| 給与 | 0 | 25 | 50 | 75 | 100 | 125 | 150 | 175 | 200 | 225 | 250 | 275 | 300 | 325 | 350 | 375 | 400 |

266

●婚姻費用　子1人（子／0〜14歳）

義務者（負担する側）の年収

（単位：万円）

1,000	763	18〜20万円
975	741	
950	721	
925	699	
900	681	16〜18万円
875	662	
850	641	
825	622	14〜16万円
800	601	
775	582	
750	563	
725	548	
700	527	12〜14万円
675	512	
650	496	
625	471	
600	453	10〜12万円
575	435	
550	410	
525	392	
500	373	8〜10万円
475	349	
450	331	
425	312	
400	294	6〜8万円
375	275	
350	256	
325	237	
300	218	4〜6万円
275	203	
250	185	
225	165	2〜4万円
200	148	
175	131	
150	113	1〜2万円
125	98	
100	82	〜1万円
75	66	
50	44	
25	22	0円
0	0	

権利者（請求する側）の年収

| 自営 | 0 | 22 | 44 | 66 | 82 | 98 | 113 | 131 | 148 | 165 | 185 | 203 | 218 | 237 | 256 | 275 | 294 |
| 給与 | 0 | 25 | 50 | 75 | 100 | 125 | 150 | 175 | 200 | 225 | 250 | 275 | 300 | 325 | 350 | 375 | 400 |

267

生活設計

相談方法・DV・別居

姓と戸籍・親権・お金

離婚の方法・法定離婚原因

婚約破棄と事実婚の解消・外国人との離婚・再婚

PART 6

手続き・資料

●婚姻費用　子1人（子／15歳以上）

義務者（負担する側）の年収

（単位：万円）

給与	自営	（権利者の年収別 区分）
1,000	763	20～22万円
975	741	18～20万円
950	721	
925	699	
900	681	
875	662	16～18万円
850	641	
825	622	
800	601	14～16万円
775	582	
750	563	
725	548	
700	527	12～14万円
675	512	
650	496	
625	471	
600	453	
575	435	10～12万円
550	410	
525	392	
500	373	8～10万円
475	349	
450	331	
425	312	
400	294	6～8万円
375	275	
350	256	
325	237	4～6万円
300	218	
275	203	
250	185	
225	165	2～4万円
200	148	
175	131	
150	113	1～2万円
125	98	
100	82	～1万円
75	66	
50	44	0円
25	22	
0	0	

権利者（請求する側）の年収

自営	0	22	44	66	82	98	113	131	148	165	185	203	218	237	256	275	294
給与	0	25	50	75	100	125	150	175	200	225	250	275	300	325	350	375	400

生活設計

相談方法・DV・別居

姓と戸籍・親権・お金

離婚の方法・法定離婚原因

婚約破棄と事実婚の解消・外国人との離婚・再婚

PART 6

手続き・資料

●婚姻費用　子2人（第1子・第2子／0～14歳）

義務者（負担する側）の年収

（単位：万円）

義務者年収	自営換算	
1,000	763	
975	741	20～22万円
950	721	
925	699	
900	681	
875	662	18～20万円
850	641	
825	622	
800	601	16～18万円
775	582	
750	563	
725	548	
700	527	14～16万円
675	512	
650	496	
625	471	
600	453	12～14万円
575	435	
550	410	
525	392	10～12万円
500	373	
475	349	
450	331	
425	312	8～10万円
400	294	
375	275	
350	256	6～8万円
325	237	
300	218	
275	203	4～6万円
250	185	
225	165	
200	148	
175	131	2～4万円
150	113	
125	98	
100	82	1～2万円
75	66	
50	44	～1万円
25	22	
0	0	0円

権利者（請求する側）の年収

自営	0	22	44	66	82	98	113	131	148	165	185	203	218	237	256	275	294
給与	0	25	50	75	100	125	150	175	200	225	250	275	300	325	350	375	400

●婚姻費用　子2人（第1子／15歳以上　第2子／0〜14歳）

義務者（負担する側）の年収

（単位：万円）

給与	自営																	
1,000	763																	
975	741	22〜24万円																
950	721			20〜22万円														
925	699																	
900	681																	
875	662																	
850	641			18〜20万円														
825	622																	
800	601																	
775	582			16〜18万円														
750	563																	
725	548																	
700	527																	
675	512			14〜16万円														
650	496																	
625	471																	
600	453																	
575	435			12〜14万円														
550	410																	
525	392																	
500	373			10〜12万円														
475	349																	
450	331																	
425	312																	
400	294			8〜10万円														
375	275																	
350	256																	
325	237			6〜8万円														
300	218																	
275	203																	
250	185			4〜6万円														
225	165																	
200	148																	
175	131			2〜4万円														
150	113																	
125	98																	
100	82			1〜2万円														
75	66																	
50	44			〜1万円														
25	22										権利者（請求する側）の年収							
0	0			0円														
	自営	0	22	44	66	82	98	113	131	148	165	185	203	218	237	256	275	294
給与		0	25	50	75	100	125	150	175	200	225	250	275	300	325	350	375	400

生活設計

相談方法・DV・別居

姓と戸籍・親権・お金

離婚の方法・法定離婚原因

婚約破棄と事実婚の解消・外国人との離婚・再婚

PART 6

手続き・資料

●婚姻費用　子3人（第1子・第2子・第3子／0〜14歳）

義務者（負担する側）の年収

（単位：万円）

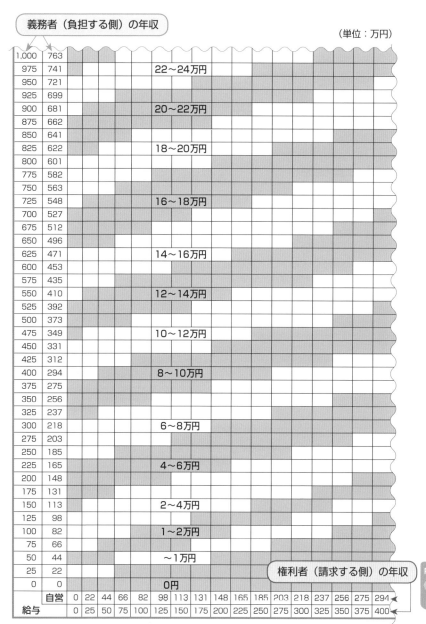

1,000	763																	
975	741			22〜24万円														
950	721																	
925	699																	
900	681			20〜22万円														
875	662																	
850	641																	
825	622			18〜20万円														
800	601																	
775	582																	
750	563																	
725	548			16〜18万円														
700	527																	
675	512																	
650	496																	
625	471			14〜16万円														
600	453																	
575	435																	
550	410			12〜14万円														
525	392																	
500	373																	
475	349			10〜12万円														
450	331																	
425	312																	
400	294			8〜10万円														
375	275																	
350	256																	
325	237																	
300	218			6〜8万円														
275	203																	
250	185																	
225	165			4〜6万円														
200	148																	
175	131																	
150	113			2〜4万円														
125	98																	
100	82			1〜2万円														
75	66																	
50	44			〜1万円														
25	22																	
0	0			0円														

権利者（請求する側）の年収

| | 自営 | 0 | 22 | 44 | 66 | 82 | 98 | 113 | 131 | 148 | 165 | 185 | 203 | 218 | 237 | 256 | 275 | 294 |
| 給与 | | 0 | 25 | 50 | 75 | 100 | 125 | 150 | 175 | 200 | 225 | 250 | 275 | 300 | 325 | 350 | 375 | 400 |

●監修者プロフィール

鈴木　幸子（すずき　ゆきこ）

弁護士（浦和法律事務所）。1982年4月弁護士登録、埼玉弁護士会所属。離婚などの家事事件・一般民事のほか、刑事・労働・医療過誤事件など幅広く弁護活動を手がける。現在、さいたま家庭裁判所調停委員も務めている。
監修に『女性のための法律相談』（ブティック社）、共著に『職場の女性110番』（民事法研究会）などがある。

柳沢　里美（やなぎさわ　さとみ）

弁護士（浦和法律事務所）。埼玉弁護士会所属。64期弁護士登録。

浦和法律事務所のホームページ
https://www.urawa-law.jp/

本書の内容に関するお問い合わせは、**書名、発行年月日、該当ページを明記**の上、書面、FAX、お問い合わせフォームにて、当社編集部宛にお送りください。**電話によるお問い合わせはお受けしておりません。**また、本書の範囲を超えるご質問等にもお答えできませんので、あらかじめご了承ください。
　FAX：03-3831-0902
　お問い合わせフォーム：https://www.shin-sei.co.jp/np/contact-form3.html

落丁・乱丁のあった場合は、送料当社負担でお取替えいたします。当社営業部宛にお送りください。
本書の複写、複製を希望される場合は、そのつど事前に、出版者著作権管理機構（電話：03-5244-5088、FAX：03-5244-5089、e-mail：info@jcopy.or.jp）の許諾を得てください。
[JCOPY] ＜出版者著作権管理機構　委託出版物＞

改訂6版　離婚のための準備と手続き	
2023年3月15日	改訂第6版第1刷発行
2024年5月5日	改訂第6版第2刷発行

監 修 者	鈴　木　幸　子
	柳　沢　里　美
発 行 者	富　永　靖　弘
印 刷 所	株 式 会 社 高 山

発行所　東京都台東区　株式　新星出版社
　　　　台東2丁目24　会社
　　　　〒110-0016　☎03(3831)0743

©SHINSEI Publishing Co., Ltd.　　　　Printed in Japan

ISBN978-4-405-10416-7